POURQUOI
LES SPAGHETTI
BOLOGNESE
N'EXISTENT PAS ?

スパゲッティ・ボロネーゼはなぜ存在しないのか?

フランス式 おいしい調理科学 の雑学

料理にまつわる700の楽しい質問

著：アルテュール・ル・ケンヌ

絵：ヤニス・ヴァルツィコス

訳：広野和美

もくじ

はじめに

「なぜ?」「どうして?」「だから、なぜなの?」

あなたのお子さんにもきっと、何でもかんでも「どうして?」と聞いてくる「なぜなぜ期」があったことだろう。「どうして空は青いの?」「雨はなぜ降るの?」「インゲン豆はどうして緑色なの?」「パスタを茹でると、ふきこぼれるのはなぜ?」この「なぜなぜ期」こそ成長への魔法の杖だ。なぜなら、問いかけながら、今まで考えもしなかったことについてあれこれと思いをめぐらすから。そうやってさまざまなことを学ぶのだ。

だから、料理に関するさまざまな「なぜ?」に関心を向ければ、本当は何も分かっていなかったことに気がつき、昔から言い伝えられてきた調理の常識(まちがいだらけだ!)について考え直すことができるだろう。そして、新たに、さまざまなことに気がつくだろう。たとえば、パスタを茹でるとなぜふきこぼれるのか(ふきこぼれを避けるにはどうすればよいか)、たっぷりの湯で茹でても何の意味もないことや、肉汁は血ではないこと、ほとんどの魚肉が白いのはなぜなのか、どうしてバルサミコ酢は酸っぱくないのか、ヒートショックを避けるために肉をあらかじめ冷蔵庫から出しておいたほうがいいというのはまったくの間違いだということに……。

そうそう、スパゲッティ・ボロネーゼという料理は存在しないということにも!

アルテュール・ル・ケンヌ

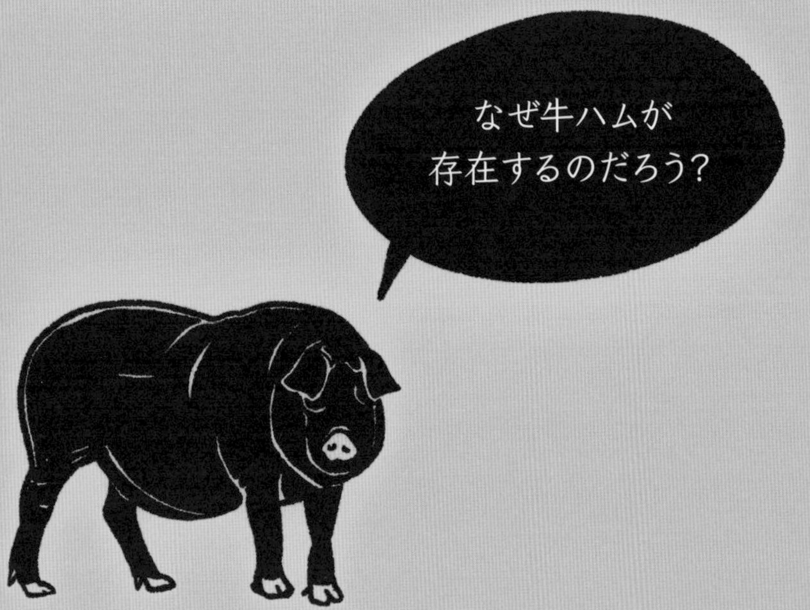
なぜ牛ハムが
存在するのだろう？

LES USTENSILES DE CUISINE
調理器具

いろいろな形のヘラや泡立て器があるけれど、用途に合ったものをきちんと選べているだろうか？　美味しく調理するために、適切な調理器具を正しく選ぼう！

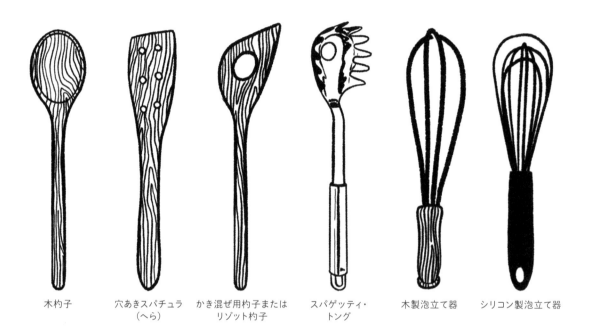

木杓子　　穴あきスパチュラ（へら）　　かき混ぜ用杓子またはリゾット杓子　　スパゲッティ・トング　　木製泡立て器　　シリコン製泡立て器

「木杓子でかき混ぜること」とよく言われるのはなぜ？

それは、ステンレスは料理の味を損ねるという奇妙な通念があるから。ステンレスの杓子を使ってもにおいなどつかないし、味を損ねたりしない。木杓子でかき回そうが、ステンレス杓子でかき回そうが、味に違いはない。木杓子は調理器具を傷つけないということを除けば、ステンレスの杓子より混ぜやすいとか、とろみが出やすいとか、ふんわりできるということはない。

穴のあいたスパチュラや木杓子があるのはなぜ？

穴のあいた杓子やスパチュラは材料をかき混ぜるとき、穴から水分が逃げ、固形材料だけをしっかり混ぜることができる。フライパンの中で野菜や魚や肉をひっくり返したり、フライパンから取り出したりするとき、一緒にソースをたくさん取りすぎないようにするのに理想的な道具。

真ん中に大きな穴のある杓子があるのはなぜ？

普通の杓子でかき混ぜると、粘度のある食材は杓子にくっついてしまう。
穴あき杓子では、材料どうしがくっつきにくく、穴の縁では材料が2倍以上早く混ざるという2つの利点がある。穴あき杓子は、イタリアでは『リゾット杓子』、フランスでは『かき混ぜ用杓子』という名前で呼ばれている。

泡立て器はワイヤーの本数が品質の決め手になるのはなぜ?

泡立て器で材料をかき混ぜると、ワイヤーの1本1本が材料中の成分を分離させて泡にする。ワイヤーが多ければ多いほど、1回かき混ぜるたびにより多くの泡ができる。そのため効率が上がる。

泡立て器は木製やシリコン製でなく、金属製のものを選んだほうがいいのはなぜ?

金属製泡立て器のワイヤーはなめらかで材料をしっかり混ぜることができるが、木製のワイヤーはザラザラしているため、材料がワイヤーの凹凸に絡みついて十分に混ざらない。シリコン製泡立て器は混ぜるには柔らかすぎる。

フラットタイプ　ノーマルタイプ　ワイヤーボール入り　乳化用泡立て器
泡立て器　　　泡立て器　　　泡立て器

ここに注目!

しっかり乳化させるには、乳化用泡立て器が良いのはなぜ?

でも、気をつけて!
乳化用泡立て器はドレッシングなどを乳化させるには最適だが、卵白を泡立てるには適さない。
この泡立て器はどんな仕組みなのだろう? 非常にシンプル。軸がしなやかで先端に玉があるため、材料の中に空気を少ししか取り込まないが、材料を小さな泡にして成分を分離させる。このタイプの泡立て器はダマになった材料を崩して、気泡を作らないで調理材料を滑らかにするのに最適。

なぜ、スパゲッティ・トングは真ん中に穴があいて、縁に歯が幾つもあるの?

あー、また例の穴……。この穴には2つの役割がある。この穴で1人分の生スパゲッティの量が正確に量れること。そして茹で上がったパスタを取り出すときに、この穴から湯を逃がすことができることだ。歯があるのは、パスタを歯の周りに絡ませて取り出しやすくするためだ。

フラットタイプの泡立て器は何に使う?

フライパンにこびりついた焼き汁をこそげ取ってごく少量のソースを作ったり、分離しやすいソースを乳化させたり、気泡が入りすぎないスクランブルエッグをつくるときに使う。

豆知識

ワイヤーボール入りの泡立て器は何に使う?

単なる飾りだと思うかもしれないが、ステンレス製泡立て器の真ん中に入っている小さなワイヤーボールがあることで非常に速く、ふんわりと泡立てることができる。材料に触れるワイヤーが多ければ多いほど、ふんわりするのが早い。手入れがちょっと面倒なのが玉にきずだ。

LES USTENSILES DE CUISINE
調理器具

ボールの底はなぜ丸いの?

底が平らだと、上の方にしっかり泡立ったメレンゲができている
のに、底に白い液体が残ってしまう。丸い泡立て器は角に届かな
いためだ。ボールの底が丸ければ、泡立て器が届かない角がなく、
調理材料を全部しっかりと泡立てることができる。ボールが動か
ないようにするには、ちょっとしたコツがある。ボールの下に濡
れた布巾を1枚敷き、もう1枚をボールの底部に巻きつける。こ
うすれば卵白は完璧に泡立つ!

安定したボール

豆知識

木製まな板が プラスチック製まな板より 衛生的なのはなぜ?

細菌は、主に包丁が当たってできる傷に溜まる。しかし、
科学実験によって、木の材質にもよるが、木製まな板
では木材に含まれるタンニンによって細菌が死滅する
ことが分かっている。一方、プラスチック製まな板で
は細菌は生きたままで、むしろ増殖する。

ガラス製やグラニット(花崗岩)製の まな板は使ってはいけないのはなぜ?

ガラス製やグラニット製のまな板は硬すぎるため、数
回切るだけで包丁の刃がこぼれてしまう。木製まな板
は軟らかく、刃がまな板に食い込んでも傷つかない。

気をつけて!

なぜ、メジャーカップは秤のように正確でないの?

メジャーカップで量れるのは重量ではなく容積だ。液体を量るには最適だが、
砂糖や小麦粉のような固体を量る場合は、全体の容積は材料の粒のサイズに左
右されるだろう。なぜなら、粒が大きければ大きいほど粒と粒のすきまが大き
くなるから、同じ重量でも、粒の大きい材料の容積は大きくなる。

❶ めん棒の素材はそれほど重要でないのはなぜ?

めん棒は、その素材が木でも金属でもポリエチレンでもシリコンでも、ほとんど品質に変わりはない。金属製のめん棒の唯一のマイナス点は、めん棒に触れる手が少し熱くなりやすく、生地が柔らかくなりやすいことだ。そのため、使用する30分程前からめん棒を冷蔵庫で冷やしておくといい。天然素材で手触りが良いからと木製のめん棒を好む人や、後始末が簡単だからとシリコン製のものを好む人もいるだろう。好みのめん棒を使えばいい。シェフはあなたなのだから……。

❷ でも、太さはどうなの?

めん棒は太いほど生地に接する面積が広くなり、生地はきめ細かく均一になる。ちょっと想像してみてほしい。竹の棒もやはり円筒形だけれど、竹の棒で生地を伸ばせるだろうか? 普通の使い方をするなら、直径5〜6cmのもので十分だ。

調理用温度計が必要なのはなぜ?

野菜に火が通ったかどうか確かめるには味見するだけで十分だ。でも、羊のもも肉やロースト肉、塩をまぶした魚などに火が通ったかどうか確かめるのはそう簡単ではない。どのくらい火が通ったか確認するには内部の温度を知るしかない。そのためには、温度計を望みの温度に設定しておくだけでいい。その温度に達したら、温度計が小さな音で知らせてくれる。それこそ、日曜日のご馳走が焼けすぎたり、パサパサになったりしないための秘訣だ。

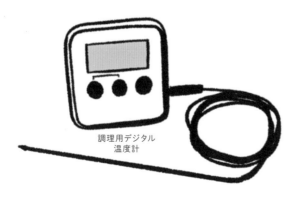

調理用デジタル
温度計

プロの裏技

オーブン用温度計も必要なのはなぜ?

オーブンのサーモスタットは非常に不正確だ。それは、内壁に取りつけられているため、加熱する食品の容積や密度が考慮されないからだ。たとえば、2羽の立派な若鶏とドフィネ風グラタンを一緒に加熱するときには、レモンタルト1個を加熱するより高温にしなければならないため、火を強める必要がある。

オーブン用温度計があれば、オーブンのサーモスタットが実際の温度とどれくらい差があるかが分かる。そうすれば、サーモスタットが180℃を示していても、実際にはオーブンの中は160℃なのか、あるいは200℃なのかが分かる。同時に数皿を一度に調理する必要に迫られたとき、必要な温度を得るためにサーモスタットを活用できるだろう。

LES USTENSILES DE CUISINE
調理器具

クッキングシートに食材がくっつかないのはなぜ？

クッキングシートの表面はシリコンの薄い層で覆われている。シリコンも抗粘着性があり、高温で熱しすぎなければ、何度でも使用できる。また、硫酸紙は硫酸で処理されている。硫酸は長い繊維を溶けやすくして、セルロースゲルを形成する性質がある。食材が張りつくのを妨げているのはこのゲルだ。

アルミホイルは片面に光沢があり、もう片面はマットなのはなぜ？

アルミホイルの製造過程でアルミを2つのローラーの間に挟んで圧延するが、非常に薄くする必要があるため、破れないように2枚のアルミを重ねている。そのため、ローラーに接触する面は光沢ができ、アルミが互いに擦れあう面はくすんだ感じになる。どちらの面を上にしても、その効果に変わりはない。

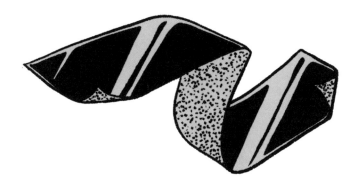

健康のために！

調理するときに、アルミホイルの使用を避けるべきなのはなぜ？

アルミホイルは熱されたり酸性食材に触れたりすると、溶けやすく、ある種の神経阻害物質に変化する可能性がある。アルミホイルを使うなら、食材を保護するためにアルミホイルと食材の間にクッキングシートを敷くとよい。しかし、食材を冷蔵庫で保存するためにアルミホイルに包むのは何の危険性もない。

アルミホイル

クッキングシート

**❶ シリコン製のキッチン用品は金属製のものほど
使い心地が良くないのはなぜ?**

シリコンは金属より軟らかいため、シリコン製キッチン用品は精密さに欠ける。
切ったり、ひっくり返したりがうまくいかない。
唯一の長所はフッ素樹脂加工のフライパンの底
を傷つけないこと。

**❷ でも、シリコン製の刷毛は
天然毛の刷毛より液を
たっぷり塗れるのでは?**

シリコン製の刷毛の「毛」は非常に太く、
本数が少なく、軟らかい。そのため、溶か
しバターやケーキに塗る卵黄、糖衣などが
たっぷりつく。天然毛は非常に細く、わず
かな量の液体しかすくい取れないので、繊
細な艶をつけることができる。シリコン製
の刷毛は捨ててしまおう。その方がいい!

シリコン製の
刷毛

天然毛の刷毛

**❸ シリコン製の型は、
使う前に油脂を塗る必要がないのはなぜ?**

初めて使用するときには油脂を塗る必要があるが、その後は必要ない。最初に塗っておけば型の内側に
油脂の薄いフィルムが残っているし、またシリコンには本来くっつきにくい特性がある。そもそも、食
材がくっつくのを避けるために使うクッキングシートにはシリコンのフィルムがコーティングされてい
るのだから。

**❹ シリコン製の型を
グリルで使ったらダメ?**

グリルの特長は香ばしく焼き上げ
る赤外線の輻射熱(直火)。シリコ
ンは輻射熱が苦手だ。輻射熱にと
ても弱い。たとえ温度が200℃を
超えていなくても、溶けないとは
言い切れない。ケーキをシリコン
製の型に入れグリルで焼くのはお
すすめしない……。そんなことを
すれば、大部分のシリコンがグリ
ルの床に垂れてしまうだろう。

シリコンはグリルの輻射熱に当たると、また庫内の温度が
200℃以上になると、溶け始めることが多い。

LES COUTEAUX
包丁

包丁は食材を切るのに使う。それは今日まで変わっていない。だが、良い包丁の見分け方、その持ち味を保つための手入れ方法、そして包丁の
使い方が食材の味を左右することを知っているだろうか?
試し切りしないで良い包丁かどうかを選別できるだろうか?

包丁の刃に
さまざまな形が
あるのはなぜ?

刃の形によって、それぞれ特有の使い道がある。

カーブが緩やかな**凸刃包丁**は最も一般的。薄刃包丁、ペティナイフ、シェフナイフなどがこれに当たる。小さな凸刃包丁は野菜や小さな肉片を細かく切ることができる。大きな凸刃包丁は野菜を薄切りにしたり、肉を大きく切り分けるのに向いている。

凹刃包丁は、野菜の面取りをして形を整えるといった繊細な作業に向いている小さな包丁。

凹凸刃包丁は一般に肉の骨抜きや魚を三枚におろすのに用いる。

平刃包丁は小さな包丁で、果物や野菜、小さな家禽、小さな魚などを切るような細かい作業をするのに用いられる。

波刃包丁は、柔らかい食材、あるいは反対に非常に硬い食材をギザギザの歯に押しつけながら切ることができる。

凹凸刃包丁

平刃包丁

凸刃包丁

凹刃包丁

野菜の面取り用包丁　　野菜包丁　　骨抜き包丁　　ペティナイフ

トマトナイフ　　　　シェフナイフ　　　サブ・シェフナイフ　　　薄刃包丁　　　　波刃包丁

LES COUTEAUX
包丁

シェフナイフの刃の幅が その他の包丁の刃より 広いのはなぜ？

幅広の刃の利点は、切るときに食材と接する面が広いこと。したがって切り口を揃えて大きくスライスすることができる。

パン切りナイフには なぜギザギザが ついているの？

刃がなめらかだと、切る圧力が刃渡り全体にかかる。ところが、ギザギザがあれば切る圧力はギザギザの突起部分にだけかかる。突起の表面積は非常に小さいため、その圧力は非常に大きくなる。ギザギザがあると、柔らかい食材でも硬い食材でも、ナイフがスムーズに食材の中に入る。

『パン切りナイフで 切った肉は、 なめらかな刃の包丁で 切った肉に比べて でこぼこしているが、 風味がある』

ちょっと深掘り！

パン切りナイフで肉を切ると、 風味が増すのはなぜ？

鋭く研いだ包丁で肉を切ると、切り口はなめらかで申し分ないが、熱の当たる表面積が最も小さい。パン切りナイフで切った肉の切り口は凹凸があり、なめらかとは言いがたい。だからこそ表面積がずっと広がり、加熱するとメイラード反応が盛んに起こって、ソテー肉はこんがりとパリパリに焼けるし、焼き汁をかければエキスがずっとたくさんしみ込み、ソースで煮込めば表面の凹凸にソースがたっぷり入る。

なめらかな切り口をプロの料理人は 『つるんとした切り口』と言うが、表面積は最も小さい。

切り口に凸凹があると、表面積が著しく増える。

ハム・サーモン用ナイフに窪みがついているのはなぜ？

ハムやスモークサーモンのように脂肪が多く柔らかい食材を薄く切るとき、食材が刃にくっつきやすい。窪みがあれば刃と食材の間に空気が入りやすくなり、食材が刃から切り離されて刃の上をすべる。

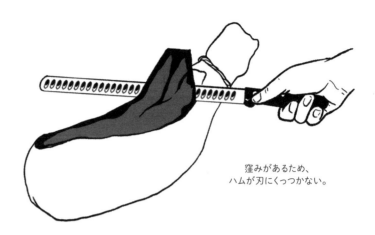

窪みがあるため、ハムが刃にくっつかない。

ここに注目！

トマトナイフの刃先に小さな尖ったギザギザがぎっしり詰まってついているのはなぜ？

トマトの皮は柔らかいが、どんなに鋭いナイフでも切るのは非常に難しい。しかし、パン切りナイフのように、鋭く尖った小さなギザギザがあればナイフが通るたびに強い圧力がかかり、トマトの皮にもてこずらない。刃がよく熟した実をつぶすことなく、スーッと入るからだ。

木製のバターナイフがあるのはなぜ？

木製ナイフの『刃』は縁が少し丸みを帯びているため、不格好な塊を作らないで、きれいにバターを削り取れる。上質のバターを切るには、金属製よりも木製ナイフの方が柔らかく、より「ナチュラルな」感じがする。

『フィレ・ド・ソル※』包丁の刃が非常にしなやかなのはなぜ？

魚の身を傷つけないように三枚におろすには、中骨を支えにして他の骨に沿ってスッと入る刃でなければならない。硬い刃だとたわまないため、小骨についた身が残ってしまう。刃がしなやかなら、小骨に沿って切り込め、身をくずすことなくきれいに切り取ることができる。ほら、プロ並みの美しいフィレにおろせた！

※魚、特に舌平目を三枚におろすための包丁。

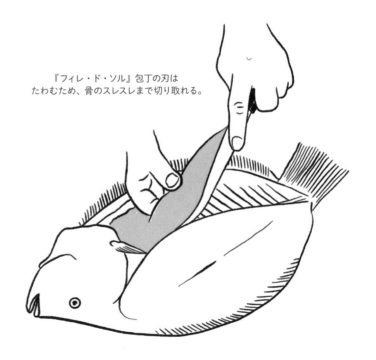

『フィレ・ド・ソル』包丁の刃はたわむため、骨のスレスレまで切り取れる。

LES COUTEAUX
包丁

磁気メタル製の包丁立てを使用するのは
避けるべきなのはなぜ？

包丁は傷つきやすい！ 包丁の刃はかみそりの刃のように薄く、硬い面とぶつかると簡単に傷ついてしまう。そんな繊細な包丁に金属製の包丁立ては硬すぎる。どうしても包丁を壁に掛けたいのなら、刃を傷めない柔らかい木材で表面がカバーされた磁気メタルの包丁掛けを選ぶといいだろう。また、マグネットボールが詰まった中に差し込むタイプの包丁立ては絶対に使用してはいけない。マグネットボールは硬すぎて、刃を傷つける。質の低い包丁にはちょうど良いかもしれないが！

こうした気遣いが面倒なことは分かっているが、良い包丁は丁寧に注意深く扱わなくてはいけない。是非、木製の包丁差しを使おう。

最高級の包丁を
食洗機で洗っては
いけないのはなぜ？

あなたの大切な包丁を食洗機で洗ってはダメ！ 刃先、つまり切る部分は非常に鋭く尖っていて、厚みは数ミクロンほどしかない。最も硬い鋼の刃でさえ、繊細な刃先は非常にもろい。ほんのわずかな衝撃を受けるだけで、刃先がゆがんだり欠けたりする。もちろん、それは目に見えないほどのごく小さな傷みにすぎないが、そのまま使い続けるうちに鋭利さや繊細さが失われる。ゆがんだり欠けたりした刃を元に戻すのは非常に難しい。包丁を食洗器に入れると、たえず他の食器（グラス、ナイフ・フォーク類、皿など）とわずかに触れ合って、取り返しのつかないダメージを受け、刃の質が低下する。包丁の手入れには、腕利きのシェフたちがやっているように、細心の注意を払わなくてはいけない。包丁は手の延長なのだから！

『このように並べれば、包丁はぶつかり合うことがなく、
刃を守ることができる』

❶ 刃の素材がそんなに重要なのはなぜ?

鋼刃の包丁はどれも同じ品質ではない。鋼の炭素含有率が大きいほど、刃は硬くなる。

炭素鋼の刃が最も硬くて鋭い切れ味が長持ちするが、硬いために研ぐのが難しい。鋼刃の炭素含有量は、最も硬度の低いものが0.3%、最も硬いものがヨーロッパでは1.2%、日本では3%と幅がある。この種の包丁は錆びやすいため、やはり入念な手入れが必要だ。

ステンレスの刃は硬くて手入れが簡単なため、最も広く使われている。炭素やクロムあるいはその他の金属を加えると幾分しなやかになる。

セラミックの刃は切れ味が良く軽いが、非常にもろく、わずかのたわみや衝撃で壊れてしまう。手触りが鋼の刃ほど鋭くないため、料理人にはあまり好まれない。

❷ 薄く硬い刃は柔らかい食材を切るのに適しているが硬い食材には向かないのはなぜ?

刃が薄く硬いほど、切れ味が良く、研ぐのは難しい。この種の刃はかみそりのようによく切れるが、もろいため、切れ味が急速に損なわれるのを防ぐためには、野菜や果物、魚など『柔らかい』食材を切るのに限った方がよい。

反対に、刃が厚く軟らかければ、そりの部分はすぐに丸くなり、切れ味が悪くなる。研ぎやすいが、頻繁に研ぐ必要がある。この種の包丁は、刃が骨に当たり、すり減りやすい骨つき肉を切るのに向いている。

❸ 包丁にはHRC（ロックウェル硬さ※のCスケール）の決まった数字がついているのはなぜ?

この数字は52から66までであり、刃に使われている鋼の硬さを示している。数字が小さいほど鋼が軟らかく、大きいほど硬い。硬い鋼は製造の際に細心の技術と集中力を要し、したがって非常に高価である。

刃の硬さは品質に直接影響する。刃が軟らかいほど精密さに欠け、研ぎやすい。反対に、刃が硬ければ刃先は鋭くもろい。研ぐのが難しい。

HRC56までの包丁はごく一般的な包丁で、手ごろな値段で品質もまずまずだ。非常に研ぎやすいが、頻繁に研ぐ必要がある。

HRC56から58までの包丁はドイツの包丁職人が作る硬さレベルで、研ぎやすいが、定期的に研ぐ必要がある。

HRC58から60までの包丁は日本製の包丁に多い。鋭い切れ味が長持ちするが、研ぐのは幾分難しく、経験豊富なアマチュア向け。

HRC60から62までの包丁は非常に精密だが、研ぐのは非常に難しい。正に絶品だが、扱いには繊細なテクニックが必要だ。

HRC62以上の包丁は真の料理好き向けだ。鋼はとても硬く、刃先は非常にもろく、上手に研ぐのは極めて困難だ。

※工業材料の硬さを示す尺度のひとつ。試験方法により、スケールの単位が異なる。

包丁には鍛造した刃とプレス加工した刃があるのはなぜ?

一般的は包丁の刃はプレス加工の刃、つまり、大きな鋼の板から型で打ち抜いた後に研いで仕上げる。

上質の包丁には鍛造した刃がついている。鍛造の刃は金属の分子をハンマーで叩きつぶして小さな結晶に変えるという手作業によって作られる。刃は熱した後に急激に冷やすことで硬くなる。

LES COUTEAUX
包丁

日本の包丁の刃についての2つの疑問

❶ 日本の包丁には刃が左右対称でないものがあるのはなぜ？

ほとんどの包丁は刃の両面についているが、日本製の包丁には刃が非対称になっているものがある。つまり刃が片側にしかついていないのである。このような刃の形状は食品の断面や味に影響する。非対称の片刃包丁だと、包丁を押す圧力は反りの側（研いである方）だけにかかるが、対称になっている両刃包丁は両側に圧力がかかる。真っすぐ切るためには慣れが必要だが、食材の断面がきれいに仕上がるため、風味が増す。

また、片刃包丁は両刃包丁よりずっと薄く、正確に切れる。用途も素材により分かれており、魚をさばくときは「出刃包丁」が使用される。この片刃包丁は魚の骨を切断するときに曲がらないよう、刃が厚く作られている。刺身を切るときには、刃を往復させて素材の切断面を傷ませないように、刃渡りが長い「刺身包丁」が使われる。日本では、美食が文化として捉えられているため、魚のさばき方一つとっても、一種の芸術の域にまで高められているのだ。

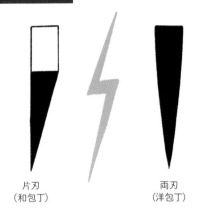

片刃
（和包丁）　　両刃
（洋包丁）

刺身包丁は刃渡りが長い

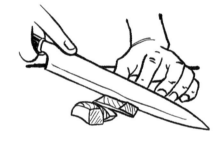

❷ 包丁には「押し切る」のが得意なものと、「引き切る」のが得意なものがあるの？

骨付き肉や、硬い塊の肉類を切るときには包丁の重さを利用し、包丁を前方へ押しながら刃先から刃元へ向かって力を入れ、下方向に刃をおろして切る「押し切り」が向いている。肉を切ることの多い洋包丁は、この押し切り用の構造をしている。一方、魚など身が柔らかく、裁断面を美しく仕上げることが必要な素材は、包丁を手前に引きながら切る、「引き切り」で裁断しないと、組織が壊れて旨味が逃げてしまう。引き切りには、刃が長い刺身包丁などの和包丁が向いている。

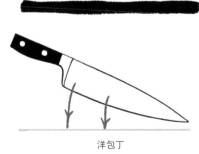

洋包丁

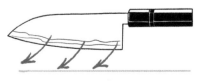

和包丁

右利き用の包丁と
左利き用の包丁が
あるのはなぜ？

良質の包丁の中には、持ちやすく、より正確に切ることができるよう、わずかに出っぱりのある柄がついているものがある。このわずかな出っぱりは、柄をつかむ手指が落ち着く向きについている。つまり、右利き用の包丁は右に、左利き用の包丁は左側についている。

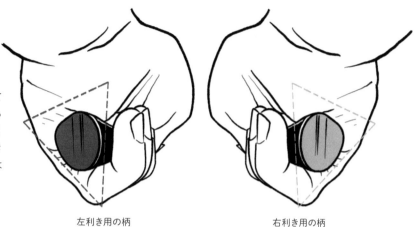

左利き用の柄　　　　　　右利き用の柄

包丁の正しい使い方

切るときに、人差し指を刃の上に置いてはいけないのはなぜ？

刃の上に人差し指を置くと、食材に刃を入れるために上から下に向かって圧力をかけがちになる。無理にそのような動きをすれば、食材は切れるどころか押しつぶされる。その結果、食材の細胞は粉々になり、水分が失われ、切るというより引きちぎれて大きなダメージを受ける。

親指を刃の側面に添えれば正確に切れる？

親指を刃の側面に添えれば、手が前後に動いている間、刃が左右に傾かないか見ることができる。そうすることで、包丁全体の動きを調整できるだろう。これが腕利きシェフの包丁の持ち方だ。

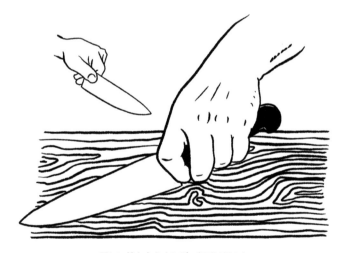

正しい持ち方をすれば、包丁は傾かない。

優しく動かさなくてはいけないのはなぜ？

刃を食材の中に押し込もうとしているのを見るとがっかりする。「切る」というのはデリケートな動作で、食材に合わせる感性が必要だ。決して無理やり押し込んではいけない！ 前から後ろにそっと引くときれいに切れるが、刃を上から下に押しつけると食品は引きちぎれる。手にしているのは包丁で、のこぎりではないのだから。

AIGUISEURS ET FUSILS
砥石・研ぎ器・研ぎ棒

「研ぐ」も「研削する」も、大きな違いはない。しかし、正確できれいに切りたいなら、申し分のない高品質の包丁の手入れ方法を知っておく必要がある。

砥石・研ぎ器・研ぎ棒（やすり）、あるいは研削棒の効果が同じではないのはなぜ？

簡易包丁研ぎ器
台に固定されているため使いやすいが、その効果はおぼつかない。十分に研ぐことは望めず、切れ味も持続しない。安価な包丁にはちょうど良い。

電動包丁研ぎ器
怠け者のための研ぎ器！ 手軽で素早く研げる上に研ぎ具合もそれほど悪くないが、刃の素材を削りすぎるため、包丁の寿命が縮まる。

砥石
そう、包丁を研ぐにはこれが最高！刃は鋭くなり、ピカピカに磨かれる。使い方はさほど難しくないが、非常に丁寧に、正しく使う必要がある。

研ぎ棒
金属製、セラミック製、ダイヤモンド製がある。金属製のものはセラミック製より柔らかく、セラミックはダイヤモンド製より軟らかい。最も効果が高いのはダイヤモンド製のものだ。いずれも、刃をちょっと研ぎたいときに日常的に使用される。

研削棒
研ぎ棒と研削棒はまったく別物だ。これは、切れ味を取り戻すために刃の厚みの一部をかなりの長さにわたって削るために使われる。研ぎ棒のように頻繁に使用されることはない。

なぜ、砥石は特別なの？

包丁を石の上で研ぐと、刃を15度程度の極めて小さい角度に置くことができる。通常、300〜1000のかなり粗い砥粒のものから始め、かみそりほどの薄い刃先に仕上げるには3000〜6000の砥粒の砥石を使う。砥石で研ぐには、たえずこの15度の角度を保てるような細心の注意が必要だ。本当の料理人は、どんな場合でも包丁は自分で研ぎ、他の人には触らせない。料理人にとって包丁は恋人のようなものだから。

研ぎ棒は
やすりの形が
重要なのはなぜ？

丸型やすりは包丁の刃との接触面が小さい。研いでいるときに、やすりの刃に対する角度が変化するため、研磨の質は芳しくない。

楕円型やすりは刃との接触面がもう少し大きい。接触面がこれくらいあれば、やすりの全長で同じ角度を保ちやすく、きちんと研磨できるだろう。

平型やすりは刃との接触面が最も大きい。刃に対して一定の角度を保ちやすいため、シャープナーの中では最も研磨の質が高い。

研ぎ棒や研削棒が
補完的なものに
すぎないのはなぜ？

研ぎ棒や研削棒で繰り返し研いでいるうちに、反りの角度が徐々に小さくなり、切れにくくなる。しまいには反りに対する小さな角度を取り戻すため、刃の厚みを薄くしなくてはならなくなる。研削棒は刃の厚みを薄くするために用いられる。

買ったときは、刃はみごとに
尖っている。

使うにつれて、
反りは丸くなる。

研げば研ぐほど、
反りとの角度が開いてくる。

そうなると、反りの角度を狭くして
切れ味を戻すために、
刃の厚みの一部を削らなくてはならない。
そこで、研削棒の出番となる。

包丁をさまざまな方法で
研ぐことができるのは
なぜ？

シャープナーで正しく研ぐ方法は2つある。
❶ 手でシャープナーをつかんで研ぐ
❷ やすりの先端を台に固定して研ぐ
どちらの方法も、同じ動きなので研磨効果に変わりはない。自分に合った方法を選べばいい。いずれの場合も、刃をやすりに対して20度の角度に置く。シャープナーを刃に軽く押しつけて、やすりの上を半円を描くように滑らせる。次に刃をやすりの反対側の面に押しつけて同じように半円を描くように滑らせる。この動作を10数回繰り返す。

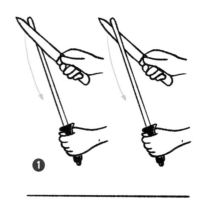

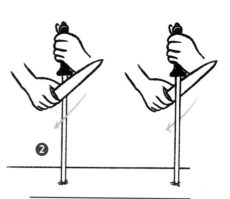

LA BATTERIE DE CUISINE
鍋・フライパン類

鍋・フライパン類は音楽を奏でるのには役に立たない……。でも、安物の楽器の音が良くないのと同じで、安物の深鍋では美味しいスープは作れない！

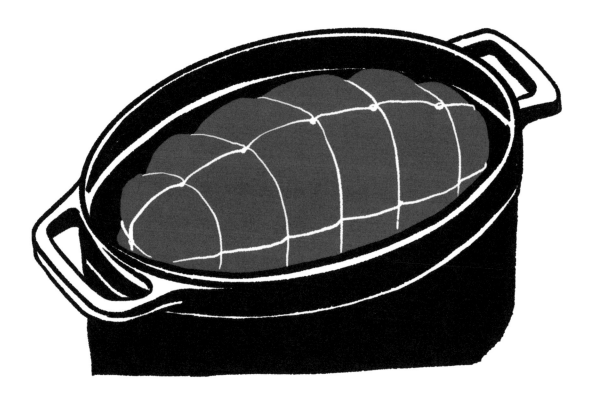

フライパンや鍋などはサイズの選択が非常に重要なのはなぜ？

フライパンや片手鍋などを熱すると、熱が鍋やフライパンの底面に伝わるが、食材を入れると温度が下がる。底面が食材で埋め尽くされていなければ、空いているスペースの温度は下がらないため、食材が占めている部分より高い温度に熱せられ、そこに食材を置けば焦げてしまうかもしれない。鍋やフライパン類は食材にムラなく火が通るように食材の量に適したサイズのものを選ばなければならない。

そして、形も大切……

鍋やフライパンは作ろうとする料理に適した形のものを選ぶことも大切だ。丸いフライパンは野菜をソテーするにはピッタリだが、若鶏やロースト肉には向かない。若鶏はその形のまますっぽり入り、若鶏とほぼ同じ大きさのココット鍋、あるいは楕円形の鍋で加熱すれば、肉のどの部分にもムラなく火が通るだろう。

そして厚みも重要……

フライパンや鍋が分厚ければ、熱はまず鍋の厚みの中で拡散し、それから食材に届くため、熱は鍋のどの面に接している食材にもムラなくいき渡る。そのため、絶えずかき混ぜる必要もなく食材にゆっくり火が通る。分厚い鍋の欠点は、底が厚いと温度の変化に素早く反応しにくいことだ。そのため、加熱中の温度の変化をあらかじめ知っておく必要がある。

鍋やフライパンの素材が料理の仕上がりに影響するのはなぜ？

どんな素材も同じように熱を伝えるわけではない。鉄とステンレスは熱が当たる場所だけが熱せられるが、鋳鉄は受けた熱を吸収した後、器具の底面全体、さらには縁にもその熱を拡散させる。

鉄とステンレスは熱が当たる場所、つまり底面だけがたとえ弱火でも強烈に熱くなる。スピーディーにしっかり焼けるため、すぐに肉汁が出てくる。そのためステーキなどを焼くのに適している。

ノンスティック・コーティング[1]は熱を伝えにくく、肉汁はほとんど出てこない。この素材の調理器具で肉を焼くのは避けたほうがいい。とろ火で加熱する魚や野菜、目玉焼きなどに向いている。

※1：テフロンやフッ素などの、こびり付きを防ぐための表面加工。

鋳鉄（ちゅうてつ）は下から受けた熱がゆっくり伝わる。しかし素材の厚み全体に熱が蓄積されると、その熱は底面全体に広がり、側面にも伝わっていく。肉のブレゼ（蒸し煮）、身がくずれやすい魚、あるいは野菜をゆっくり加熱するのには理想的で、焼き汁がゆっくりと出てくる。

C.Q.F.D.[2]／証明完了！

フライパンや鍋などを火にかけるとき、火力が非常に重要なのはなぜ？

フライパンや鍋が熱を非常によく伝える素材だとしても、底が分厚ければ熱は鍋全体に広がる前に分厚い底に蓄積されるため、火の当たる面積が適切でなければうまくいかない。ためしに、直径30cmのフライパンを中心部5cmにしか当たらない火力で熱してみよう。火が鍋やフライパンの底面全体に当たっていれば、底面の温度はどこでも同じでむらがなく、食材は程よく加熱される。

※2：Ce Qu'il Fallait Démontrerの略語で、数学、哲学の証明の完成を示す。

火力が弱すぎると、フライパンの真ん中しか熱せられない。

フライパンの底面全体に火が当たっていれば、底面全体が熱せられる。

LA BATTERIE DE CUISINE
鍋・フライパン類

ノンスティック・コーティングについての2つの疑問

❶ ノンスティック・コーティングのフライパンがこびりつかないのはなぜ？

この種のフライパンは、食材が底面にこびりついたり、美味しい焼き汁が出てくるのを防ぐある種の塗料でコーティングされている。この塗料は高温に耐えられないことも知っておく必要がある。250℃を越えるとフッ素樹脂は劣化し始め、340℃を超えると有毒ガスが発生する！

擦り傷にも弱く、かなり早く傷む。

❷ ノンスティック・コーティングの中華鍋を買うのを避けるべきなのはなぜ？

ノンスティック・コーティングの中華鍋を発明したような人は、どうかしている！

中華鍋での調理の基本はきわめて高温で非常に素早く加熱することだ。ノンスティック・コーティングの鍋は250℃以上の高温に耐えられない。しかも、中華鍋は700℃を軽く超える高温の炎の上で振り動かしながら使われる。そのために中華料理は素早く火が通るように食材を小さく切って調理され、焦げないように絶えずかき混ぜる。そんな料理にノンスティック・コーティングの鍋を使うなど、まったくナンセンス！

フライパンの縁は丸く広がっていて、ソテー鍋やココット鍋の縁は広がっていないのはなぜ？

フライパンはソテーするのに使われる。つまり、焼き汁ができるだけ早く蒸発して、美味しくカリカリに焼けるように、食材を素早くかなり強火で加熱する。このような加熱をするには、食材が焦げないように、中華鍋でやるように、絶えず食材を移動させる必要がある。縁が丸く広がっていれば、食材がフライパンの中で上下、前後に円を描くような動きをしながら移動できる。この動きがしやすいように、フライパンには長い柄がついているが、ソテー鍋やココット鍋では、食材が鍋底に静かにとどまっているため、縁は垂直で、持ち運びやすいように持ち手が2つついている。

フライパンや片手鍋の底に銅の層が入っているのが高品質の証となるのはなぜ？

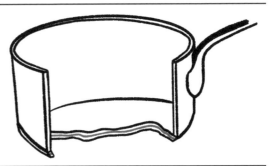

銅は非常に熱を伝えやすい素材だ。火と鍋底の間に薄い銅の層があれば、熱はまず鍋底に吸収されてから鍋全体に拡散される。この層がなければ、火にじかに接している部分だけが熱せられる。

鋼のフライパンは『油ならし』をする必要があるのはなぜ？

フライパンを一級品にするために（表面に塗料を塗ってノンスティックにするというトリックを使うのではなく）、腕利きの料理人たちはちょっとした秘策を使う。鋼のフライパンに『油ならしをする』。つまり、薄い分解オイルの層を作り、熱伝導率の高さを維持したまま、くっつかないフライパンにするのだ。『油ならし』をしたフライパンはステーキやある種の魚や野菜、さらには下はカリカリ、黄身はトロトロの目玉焼きなどを焼くには最上級の一級品だ。

『油ならし』の方法は次の通り。

❶ 新品のフライパンにオイルを薄く塗り、わずかに煙が出るまで熱する。

❷ オイルをオイルポットに戻し、キッチンペーパーで拭いてフライパンを冷ます。新品のフライパンで初めて調理する前に、この作業を3〜4回繰り返す。

❸ 毎回、調理がすんだらフライパンに水を少し注ぎ、1分間、沸騰させてこびりついた焼き汁をはがす。次に、こすらずに湯ですすいだ後、キッチンペーパーで拭く。

❹ もう一度小さじ1杯のオイルを注ぎ、フライパンの内側全体にのばしてなじませ、再びキッチンペーパーでふき取る。

使い込んでいくうちに、フライパンは黒くなり、どんどんノンスティックになる。
『油ならし』をしたフライパンはこびりつかなくなり、10年以上、最高の焼き加減に仕上げることができるだろう！

❶ 薄く塗ったオイルを熱する。

❷ オイルをフライパン全体にのばしてなじませてからキッチンペーパーでふき取る。この作業を3〜4回繰り返す。

❸ 毎回、調理が済んだら少量の水を注いで沸騰させ、ゆすいでからフライパンを完全に乾燥させる。

❹ もう一度小さじ1杯のオイルをフライパン全体になじませ、ふき取ってから片付ける。

……でも、とくに水に浸したままにしたり、食洗機に入れたりしてはいけないのはなぜ？

それは、油ならしをしてあるから！ 油ならしの効果を台無しにするようなことは一切やってはいけない。たとえ、使い込んだフライパンが真っ黒になっても、油ならしの効果が何よりも大切。黒くなればなるほど、油ならしの効果は高くなる。水につけたままにしたら、錆びるかもしれないし、油ならしの効果が損なわれる。食洗機に入れたりすれば、油ならしの効果は失われ、また一からやり直さなければならないだろう。この素晴らしい油ならしの効果が台無しになるなんて、なんて悲しいことだろう！

LES PLATS À FOUR
オーブン用調理皿

大きなものや、小さなもの、ガラス製、セラミック製、ステンレス製、テラコッタ製などさまざまなオーブン用調理皿があるが……。でもなぜ、そんなにいろんな種類があるのだろう？　まごつかなくても大丈夫。説明しよう。

オーブン料理では、調理皿の素材が仕上がりに影響するのはなぜ？

オーブン料理では、グリルで加熱するのと違ってあらゆる側面から熱が当たる。ところが、オーブンの中の熱い空気は食材に熱を伝えるのが非常に遅い。100℃のオーブンの中に数分間、手を入れても平気でいられるだろう。でも、同じ100℃の沸騰した湯の中には1秒たりとも手を入れていられない。調理皿の素材は正にこの食材への熱の伝わり方に影響するのだ。もし、調理皿が熱を吸収し、その後、急速に拡散すれば、食材はオーブンの上から放出される熱い空気に触れる部分より、調理皿に接している部分の方がより速く加熱される。そうなると、一部分だけ他の部分に比べて極端に火が通り、困ったことになる。しかし、調理皿が熱をゆっくり拡散するなら、食材は上も下もむらなく加熱されるだろう。

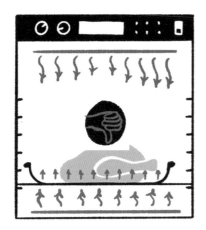

調理皿は、オーブンの下から強く熱せられるため、若鶏は、熱くなった調理皿に接する下側の方がオーブンの上部から放出される熱い空気に当たる上側より、ずっと速く加熱される。

鋳鉄製鍋についての2つの疑問

1 鋳鉄鍋は低温でじっくり加熱するのに最適なのはなぜ？

このことについては何度も述べてきた。鋳鉄製鍋は、オーブン料理を含め何時間もかけて加熱するあらゆる料理にもってこいの調理鍋だ。鋳鉄は熱を吸収すると、あらゆる側面にその熱を伝える。底面だけでなく側面にも、またココット鍋なら蓋にさえも。

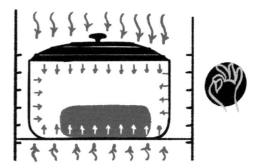

2 でも、大きな牛や豚の肉の塊、あるいは若鶏をローストするにはどうだろう？

鋳鉄があらゆる方向に熱を伝えることはすでに述べた。ロースト肉や若鶏を鋳鉄製のココット鍋に入れてからオーブンに入れると、庫内の空気熱とは別に調理皿のすべての側面から放射熱が発せられる。そのため、肉は下からも側面からもむらなく加熱されるだろう。唯一、気をつけるべきは、底面は他に比べて庫内温度が幾分高いため、底面が加熱されすぎないよう、どの面もむらなく美味しく焼けるように、ココット鍋をオーブンの上の方に置くことだ。

鉄、鋼板、アルミニウム、ステンレスの調理皿は どんな料理に使うべき？

これらの素材は熱を吸収した後、急激に拡散する。そのため、食材の調理皿に接する部分はオーブン庫内の空気熱が当たる部分より急速に加熱される。このような加熱の仕方の利点は、美味しい肉汁ができて素早く黄金色に焼けることだ。したがって、これらの素材の調理皿は、身があまり厚くない魚や薄くスライスした肉、野菜など、あまり分厚くない食材を高温で素早く加熱する料理には最適だ。しかし、ロースト肉や若鶏など大きな塊の食材を高温でじっくり加熱するのは避けた方がいい。なぜなら、上部まで完全に火が通る前に、下側は焦げてしまうから。

鉄やステンレス製の調理皿は急速に熱を伝える。

では、テラコッタ製ココット鍋は どんな料理に使うの？

オーブン用のテラコッタ製ココット鍋は、通常、オーブンで加熱する前におよそ10分間水に浸しておく。水分を吸収したテラコッタ鍋をオーブンに入れると、水分がオーブンの熱で蒸気に変わる。そのため、食材は『立ち込める湯気』の中で加熱され、火の通りが速められ、パサつかない。弱点は、鍋の中に湯気が立ち込めているため、食材に焼き色がほとんどつかないことだ。柔らかくジューシーな若鶏の蒸し焼き（パリパリの皮はほとんど望めないが）、ローストポークやローストビーフあるいはパサつきやすく身がほぐれやすい魚の姿煮には最適。

セラミックやガラスの調理皿は どんな料理に向いている？

これら2つの素材は、金属製の調理皿とは反対に、熱を十分吸収した後、その熱を少しずつ拡散する。ゆっくり、むらなく、しっかりと火が通る。これらの素材の唯一の欠点は、金属製の調理皿に比べて肉汁があまりできないことだ。

セラミックやガラス製の調理皿は 熱をゆっくり伝える。

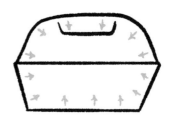

テラコッタ鍋は食材を湯気の立ち込める 中で加熱することができる。

中に網が敷いてある調理皿は何に使うの？

この網は、食材が調理皿に直に接するのを避けるために敷かれている。こうすると、熱せられた空気が網の下から上へと循環して、全体にむらなく火が通る。

調理皿の底に網が 敷かれていると、 熱せられた空気が 食材の上下に循環する。

オーブンもノンスティック・コーティングの調理皿を使ってはいけないのはなぜ？

「鍋・フライパン類」の項で説明したように、ノンスティック・コーティングは250℃を超えると劣化し、さらには発がん性物質が発生して危険だ。オーブンでの使用もおすすめできない。ノンスティック・コーティングの調理皿は、コンロの弱火で魚や目玉焼きを焼くためにとっておくべきだ。そのような用途にはむしろピッタリ！

LES SEL
塩

塩は調理においてどんな役割をしているのか、知らないことが最も多い調味料ではないだろうか。何を根拠にしているのかさえ分からないままに信じられている偏見にあふれており、塩の使い方には人それぞれの流儀がある（たいていは間違っているのだが）。腕利きの料理人たちの間でさえも、意見が分かれている程だ！

塩についての知識が粉々に砕かれる!?

塩には、一般に信じられているような効用などまったくないということを示すために、食品に塩をふると何が起こるか、科学的に正確に測定してみるといい。

さまざまな国の研究者たちが、塩が食品の分子構造にどのような影響をもたらすか、食品の繊維中にどのくらいの速度で浸透するかなどについて分析した。その結果、実験をするまでは想像もしていなかったような信じがたいことが分かったのだ。塩についてあなたが聞いていること、あるいは知っていると思っていることはすべて、粉々に砕かれるだろう！

塩についての4つの実験

ここで非常に簡単な、10分もかからない小さな実験をしてみよう。くだらないなんて思わないでほしい。

これらの実験を通して、塩が食品にどのように作用するかを理解するための基礎知識を得ることができるだろうし、調理での塩の使い方について言われているあらゆることの真否を確かめることができるだろう。

めんどくさがってやらなければ、分からないままだ。ぜひ、これらの実験はやってみることをおすすめする。そうすれば、食品への塩のふり方が変わってくるだろう……。

実験1

グラス半分の水の中に、塩をひとつまみ入れて、溶けるまでにどれくらいの時間がかかるか観察しよう。

答え

分子構造が違う質の悪い精製塩を除き、塩の結晶はすぐに湿り気を帯びるが、完全に溶けるまでには6〜30分かかる。溶けるまでの時間は塩の品質によって変わってくる（ヨウ素が添加された精製塩、フルール・ド・セル、海塩など）。

このことは非常に重要なポイントだ。なぜなら、ほとんどの人々は塩は食品に接すると、ほんの数秒で溶けて食品の中に浸透すると考えているのだから。だが、塩が水に溶けるのに時間がかかるのだとしたら、食品にかけられた塩が溶けて中まで浸透するまでにどれほどの時間を要するか想像してみてほしい。ものすごく長い時間がかかるのだ。調理に要する時間よりずっと長い時間が……。

グラス半分のオイルの中に塩を
ひとつまみ入れて、溶けるまでに
どれくらいの時間がかかるか観察しよう。

答え

さて、何世紀も待ったとしても、塩は
オイルの中では溶けない！ これもま
た非常に重要なことだ。つまり、食品
に塩をふり、加熱するためにオイルか
バターを使うと、オイルやバターは塩
の結晶の一部を包み込んで、塩が溶け
るのは遅らせる、あるいは溶けるのを
完全に妨げる。

実験3

親指と人差し指で塩を
ひとつまみ取り、次にその指を離す。

答え

塩は落ちる。もちろん当たり前だ。
しかし、それがどういう意味か誰も
考えない。塩をふった食材をひっく
り返すと、塩には重さがあるから、
大部分の塩は調理皿の中に落ちてし
まう。塩は必死で食材にしがみつい
たりしないのだ！

実験4

皿の上に塩を数粒置いて、
上から息を吹きかけてみよう。

答え

塩はあなたの息で飛び散る。
これも当たり前だ。食材を
きつね色に焼くと、食材の
表面に含まれる水分が蒸気
になって爆発する。息を吹
きかけると、食材の下にあ
るオイルの粒子が調理皿の
外に飛び散って跳ね返るの
は、これと同じ現象だ。そ
れでも塩は食材に必死にし
がみついていると思う？

結論

食材にふりかけた塩が溶けるに
は、ステーキや魚のフィレを焼
き上げるのよりずっと時間がか
かる。
加熱するためにオイルを加える
と、塩はほとんど溶けないで結
晶のまま残っている。
調理中に食材をひっくり返せば、
塩は食材から落ちてしまう。
食品が熱せられて出てくる蒸気
で塩は跳ね返される。

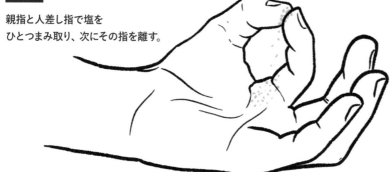

LES SEL
塩

なぜ、私たちは塩について本当は何も知らないのに、何でも知っていると思い込んでいるのだろう?

私たちは塩のことは何でも分かっていると思っているが、「真実」だと思われていることのほとんどは、間違っている。
そんな誤った思い込みの幾つかを紹介しよう。

「肉の大きな塊には加熱中に
たっぷり塩を
ふりかけるべきだ!」

「肉は加熱の直前に
決して塩をふってはいけない。
そんなことをすれば、
肉汁が全部失われて、
パサパサになってしまう!」

「肉や魚には加熱直前に
塩をふるべきだ!
そうすれば、塩は
焼き皮の中に閉じ込められて、
美味しくなる!」

正確ではない

これは、塩は素早く溶けて肉の中に浸透する、また、肉の塊が大きいのだから塩はたくさんかける必要があるという思い込み。

ところが実際はそうではない。塩が水に溶けるのには時間がかかる(5分以上)ということを私たちは見てきた。肉に擦り込んだ塩は20分経っても完全には溶けない。だから塩が肉の中まで浸透するにはさらに時間がかかる。塩がほんの1mm浸透するより早く肉は焼き上がってしまう。それでも、やっぱり加熱中に塩をふるのだろうか。なんという石頭……。

うそ

これは、塩をふると肉が乾燥するという思い込み。

塩が溶けるには非常に長い時間がかかることはすでに書いた。溶けるのに時間がかかるのだから、肉汁を吸い上げるのにどれほど時間がかかることだろう? しかも、肉の表面は加熱中に乾燥するから、ほとんど水分がなくなっている。塩が溶けるのはなおさら難しい。

だから、こんな馬鹿げた考えは忘れよう。

馬鹿げている

これは、焼き皮が周りの塩を取り囲みながら縮んでできるという思い込み。

フゥー! 調理皿の周りの跳ね返りのことは何だと思っている? 跳ね返りは、食材に含まれる水分が熱くなった調理皿に触れて蒸気になって飛び出すことで起こるのだ。これは、食材の周りにあるオイルのごく小さな滴がたくさん飛び出したもので、そのとき、食材に付着している塩もほとんどが一緒に押し出される。あなたはやはり、塩は食材にへばりついていると思っていないだろうか? 凝固したドリップの塊の中にせいぜい数粒が残っているにすぎない。いずれにしても、塩は焼き皮の中に閉じ込められて「残る」ことはないだろう。

さあ、こんな考えはやめよう!

「決して、加熱直前に
肉に塩をふってはいけない。
そんなことをすれば、
肉自体からしみ出た水分で
煮ることになる!」

「家禽を調理するときには、
肉にくまなく塩がいき渡るように、
家禽の体腔内に塩を擦り込む
必要がある!」

「ポトフを煮込むときの
水や魚を茹でる水には塩を入れては
いけない。そんなことをすれば、
肉や魚の風味が
失われてしまう!」

「風味を引き立てるために
塩を入れるべきだ。
塩は味を良くするから!」

大間違い

これは、塩は肉に含まれる水分を排出させ、この水分が肉を加熱している間じゅう、逃げ場がなくて肉の下に閉じ込められているという思い込み。

加熱中、塩には溶ける十分な時間もないし、肉汁の一部を吸収する時間もない。したがって、肉は肉汁で煮られることはないだろう。あなたが焼いている肉が肉汁で焼けるとすれば、それは他の理由によるものだ。これについては後で述べよう。

これもまた、お蔵入り。

くだらない

これは、家禽の体腔内に擦り込んだ塩は肉の中に広がるという思い込み。

家禽の内側を見たことがあるだろうか? 体腔の周りにある胸郭の大部分は骨だ。加熱中に塩が骨の中を通過するとでも思っているのだろうか? とんでもない! 塩は体腔の低い位置、つまり背中にとどまっているが、そこは骨が最もたくさんあるところでもある。

家禽が小さな翼を広げて立ち上がり、その塩が胸骨の他の部分にくっついて、全体に浸透するとでも考えているのだろうか? なんと想像力の豊かなこと……。

さあ、こんな考えは忘れてしまおう!

正しくない

これは、塩は肉や魚のエキスの一部を吸収するという考えからくるものだ。

まさか。正確には反対のことが起こっているのだ。水の濃度が高ければ(塩は水の濃度を高める)、水の濃度はそれ以上高くはならない。したがって、肉や魚のエキスを吸収しようとはしないのだ……。

まったく、こんな考えはうっちゃっておこう!

まちがっている

これは、食品に塩をふると味が良くなるという思い込み。

塩はよく言われるように味を良くするのでなく、風味を変化させる。食品によっては、苦みや酸味を低減させる。塩は唾液の分泌を増やす。口の中に唾液がたくさんあれば風味の感じ方が変わる。唾液によって風味が抑えられたり、風味が強まったりする。

さあ、もうひとつ、考えを改めよう!

これらの主張はすべて間違いだ。それなのに、何度も耳にすることばかり……。
考え方の根本は必ずしも間違っていないのだが、いずれも、考慮されていないことが少なくともひとつはあり、
そのために、最初の考えの方向性を外れて、ずるずると間違った考えの方に走ってしまうのだ。

LES SEL
塩

あらかじめ肉に塩をふっておくと、肉がよりジューシーで、柔らかくなるのはなぜ？

もちろん、肉に塩をふれば塩味がつく。しかし、塩には他にも重要な特性がある。
加熱中に肉汁が失われるのを減らすことができ、そのために、肉はジューシーさを保てるのだ。証明してみよう。

確かに、加熱前に肉に塩をふると肉汁は失われるが、ほんの少しにすぎない！

肉汁が失われないわけではない、しかし（なぜなら、「しかし」と言える理由があるから）、ごくわずかだ。思っているよりずっと少ししか失われない。ためしにやってみてほしい。ステーキ肉に塩をふり、30分後にステーキ肉が肉汁に浸っているかどうか見てみよう。ほとんど肉汁が出ていないことに気がつくだろう。つまり、肉にあらかじめ塩をふっておけば、ほとんど肉汁は失われない。次に、これが重要なポイントだが、肉は逃げた肉汁を再び吸収するのだ。塩をふったステーキ肉をラップに包んで24時間そのままにしておくと、皿の底に肉汁がまったくないことに気がつくだろう。肉にあらかじめ塩をふっておくと、肉汁がほんの少ししか失われない上に、失った肉汁（肉の重量のおよそ1〜2%）を再び吸収して、逃げた肉汁と同じ量を取り戻す。

魚を塩水に20分間、浸しておいても水分は失われない！

ソミュール漬けの原理は、食材をソミュール液（塩と水を合わせた溶液）に浸しておくと、ソミュール液が食材に浸透し、次にその食材に含まれる水分を吸収するというもの。その後、吸収した水分を排出する。しかし、20分では、ソミュール液は浸透するだけで、水分を吸収するまでには至らない。

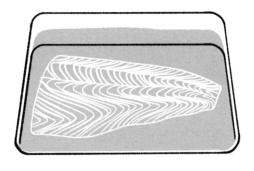

塩漬けの例

腕の良いハム・ソーセージ職人は、自家製のパテやテリーヌのファルス（詰め物）を作るとき、加熱する24時間前に材料に塩を加えておく。これは「塩漬け」と呼ばれ、最近始まった技法ではなく、正確には中世以来ずっと続けられている技だ。
それはファルスに塩味をつけるためだって？　確かに。では前日に塩を加えるのはなぜだろう？　塩味をつけるためなら、加熱する直前にすれば十分なはず。ところがそうではないのだ。前日に塩を加えればすべてが変わる。加熱直前に塩を加えるよりも、24時間前に塩を加えた方が、ずっとジューシーなファルスができ上がる。

ソミュール漬けの例

昔は、白身魚のフィレを調理する前に海水に浸すことを習わしとしていた一流シェフたちがいたものだ。そうしておけば、白身魚は透明感が増して加熱してもあまりパサパサにならない。今では、魚料理のスペシャリストは白身魚のフィレを加熱する前に20分間、塩水に浸しておく。そうすると、フィレは信じられないほど柔らかくてジューシーになり、艶やかな色合いが増す。要するに、この調理方法は最高！

肉や魚に含まれるタンパク質は加熱されるとねじれて縮まる。縮まるときに、肉や魚の身に含まれる水分、つまり肉汁や魚の汁の一部を絞り出す。ちょうど、濡れた布巾を絞ると、水が絞り出されるのに似ている。

濡れた布巾を絞ると、
布巾に含まれていた水が絞り出されるように、
タンパク質は加熱されるとねじれて、汁が絞り出される。

この現象によって失われる水分の量は非常に大きい。肉はその重量の20%（ポトフ肉の場合は40%）、魚はその重量の25%も失われる場合がある。

塩にはあまり知られていない重要な特性がある。それは、**タンパク質の構造を変性させる**という特性だ。タンパク質の構造が変性すると、タンパク質はねじれにくくなり、その結果、水分はあまり絞り出されなくなる。しかも、塩を加えることの効果はもうひとつある。塩の作用によって、加熱してもタンパク質があまり収縮しないため、肉や魚は硬くならずに柔らかさが保たれるのだ。さらに、魚のフィレの場合は3つ目の効果がある。塩は、白身魚に含まれ、表面に白い泡を生じさせるアルブミンが加熱によって増加し、凝固するのを妨げる。そのため白身魚はぐんと透明感を増し、艶やかな色になる。素晴らしい！

塩の効果：あらかじめ塩をふった肉や魚は、加熱するとよりジューシーで柔らかくなる。

ロースト肉の塩漬けの例

行きつけの肉屋で買ってきた1kgのロースト・ビーフ用の肉を思い浮かべてみよう。焼いた後では、肉の重さは800〜850gになっているだろう。それは水分がかなり失われたからだ。でも、この肉を加熱する1〜2日前から塩漬けにしておくと、焼いた後でも900〜950gはあるだろう。塩漬けしなかった肉に比べて、水分の損失量は半分以下になっている。つまり、肉汁が100gも多くとどまっている。塩漬けしなかった肉よりずっと柔らかいのは言うまでもない……。

ではなぜ、塩は加熱前にふるのが良いと誰も教えてくれないのだろう？

それは、何といっても塩の本当の効果について知っている人がほとんどいないから。その上、塩の本当の効果を知っているごく一部の一流シェフたちが自分だけの秘密として胸の奥にしまっているから。テレビの料理番組や雑誌の料理記事で、繰り返し語られてきたことをひっくり返すのは、非常に難しい。それはちょうど、地球が丸いことをずっと昔から科学者が立証しているのに、地球は平らだと断固として主張するようなものだ。

LES SEL
塩

塩が肉に浸透するのに、長い時間がかかるのはなぜ？

塩が肉の中に浸透するには、繊維の中を移動しなければならない。それが非常に時間がかかるのだ。なぜなら、肉に含まれる水分は細胞の間に閉じ込められていて、その細胞は繊維の中に閉じ込められ、繊維は繊維束の中に、繊維束はさらに繊維束の束の中に、その束はまた繊維束の束の束の中に……閉じ込められているからだ。このような水分の中を移動するには、想像以上に時間がかかる。

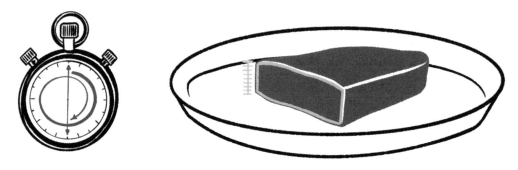

でも、塩が魚に浸透するのに、それほど時間がかからないのはなぜ？

魚肉の繊維は肉の繊維とは異なる構造をしている。魚肉にはコラーゲンがごくわずかしか含まれていないので、肉よりもずっと繊細だ。さらに塩は肉よりずっと速く浸透する。

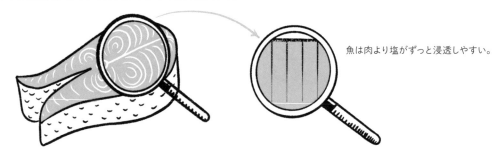

魚は肉より塩がずっと浸透しやすい。

野菜には塩漬けの効果がほとんどないのはなぜ？

野菜にはタンパク質がほんのわずかしか含まれていない。したがって、塩は野菜の水分を保持する効果はほとんどない。それに、塩には脱水効果があり、濃度が20％以上の食塩水は野菜から水を吸い出してしまう。

卵では塩の効果が非常に早く現れるのはなぜ？

非常にたくさんの水分を含んでいる卵の液体組織は塩の溶けるのを促進するため、塩は肉や魚に比べて非常に早く卵の中に浸透する。茹で卵やオムレツを作るには、火にかける15分前に塩をふれば、十分にジューシーさを保てる。

肉と魚に塩が浸透する時間

塩が1mm、そうたったの1mm浸透するのに、これだけの時間がかかる。

肉の場合

豚の骨付きあばら肉、仔羊の骨付き背肉または背肉、皮なし若鶏のむね肉またはもも肉は、塩が浸透するのに**30分**かかる。

牛のリブロースまたはあばら肉、仔羊の肩肉の肉側、フィレ・ミニョン、仔牛のあばら肉、ランプ肉の薄切りは、塩が浸透するのに**1時間**かかる。

仔牛のロースト肉、牛または豚のヒレ肉またはロースト肉、仔羊の上方腹部肉またはもも肉は、塩が浸透するのに**1時間30分**かかる。

家禽の皮またはハム、肉の脂身は、塩が浸透するのに**数日**かかる。

魚の場合

フィレの身側は、塩が浸透するのに**約5分**かかる。

魚の皮側は、塩が浸透するのに**数日**かかる。

では、いつ塩をふればいい?

肉の場合

塩が肉の深部まで浸透してタンパク質に反応するまでに時間がかかるため、加熱する前日に塩をふる必要がある。そうすれば肉はジューシーで柔らかくなる。加熱前にふりかける塩と加熱後にふりかける塩は同じ量にする。多すぎても少なすぎてもいけない。

魚の場合

白身魚のフィレは、加熱する20分前に水1ℓに60gの塩を加えた塩水に浸すのが理想的。

LES SEL
塩

海塩とそうでない塩があるのはなぜ?

いずれも海水に由来する。海塩は海水を塩田で蒸発させてできた塩を集めたもので、海塩でない塩は数百年前に蒸発してしまった海に残った塩が結晶化した岩塩である。岩塩は大きなプレート状をしているものや、正にごつごつした岩の形をしているものがある。その他のあらゆる塩は海塩と岩塩という2つのタイプから派生したものだ。

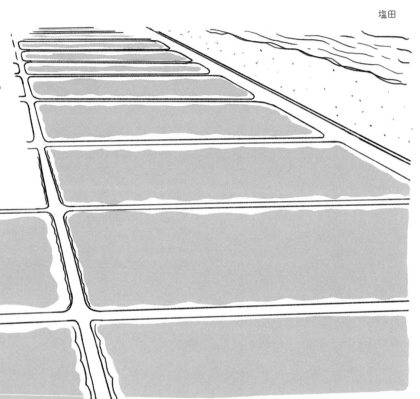

塩田

塩の結晶にはさまざまな大きさや形のものがあるのはなぜ?

結晶の大きさや形は粉砕の方法による。粉砕すればするほど結晶は細かくなる。塩田の表面にできた塩の層を集めたフルール・ド・セル（塩の華）などのような塩や、塩田の底の層から集めた粗塩は、結晶の特殊な形を残しておくために粉砕しない。

粗塩

フルール・ド・セル

精製塩

色も非常に変化に富んでいる

もともと白いフルール・ド・セルを除いて、海塩はややグレーがかっている。精製すると白くなる。

塩のできる周囲の自然環境の影響で色のついた塩もある。たとえば、**ハワイアン・ブラックソルト**は火山岩に由来する黒砂が混じっているために黒色をしており、**ハワイアン・レッドソルト**は塩を乾燥させる工程で加える赤土によって赤く染まっている。**シャルドネ燻製塩**や**ハレンモン燻製塩**のように、燻製されているためにわずかに栗色をしている塩もある。

岩塩では、**ヒマラヤピンクソルト**や**ペルシャのブルー岩塩**などのように、含有するミネラルによって色がついている塩もある。ヒマラヤ岩塩は鉄分が、ペルシャのブルー岩塩にはシルビナイトが含まれている。

塩鉱

塩によって、品質も味も違うの？

海塩

フルール・ド・セルは、最高級の塩。塩田の表面に浮かび上がってくる小さな結晶でできている。非常にきめが細かく、噛むとカリカリとした食感が味わえる。特別な味わいを保つため、フルール・ド・セルは必ずテーブルに料理を出してからふる。

グレーの粗塩は、素晴らしい天然塩。精製されていないため、たくさんの無機質が含まれ、さまざまな風味がある。湿り気のあるまろやかな味の塩で、野菜との相性は抜群。

白い粗塩は、グレーの粗塩を精製したもの。塩辛く風味に乏しい塩で、味にこれと言った特徴がない。でも、塩味はつく。

精製海塩はグレーの粗塩を粉砕したもので、うっすらとグレーがかっている。その特徴はグレーの粗塩と同じ。

精製塩または精製食卓塩は、粉砕した白い粗塩。ヨウ素や防湿剤が添加されているものもある。まったくのところ、何ら良いところのない塩だ！　おまけに、他の塩に比べて非常に溶けにくい。パスタ類や野菜を茹でるときに使うには良い。

イギリス原産の**マルドンソルト**は、軽やかな輝きを放ち、カリカリとした食感が特徴の塩で、溶けにくい。一流シェフたちはよく、テーブルに料理を出してからこの塩をサッとふりかける。

ハレンモンソルトもイギリス原産でプチプチとした食感が軽やか。

岩塩

ヒマラヤピンクソルトはカリカリとした食感でわずかに酸味がある。

ペルシャのブルー岩塩は、スパイシーな風味がかなり引き立つ塩。

LE POIVRE
コショウ

塩と同様に、調理におけるコショウの使い方についてもさまざまな固定観念がある。たとえば、コショウは加熱前、それとも加熱中、あるいは加熱後にふり入れるべき？ 人それぞれに断固として主張は曲げない。そのことについて議論するなどもってのほかで、誰もが自分のやり方が正しいと信じている。まるで政治信条のように……。

コショウには、まだびっくりすることがあるの？

科学的な問題と捉えているなら興味深いことを教えよう。質問の真意は、コショウの風味は食材の中まで浸透するのか、あるいは、食材の表面にとどまっているのか、また、加熱中に高温にさらされると、あるいは液体の中にふりいれると、コショウはどんな反応をするのかということだろう。さあ、習慣を変える覚悟をしよう！

コショウについての3つの疑問

塩と同様、コショウは調理においてどんな役割をしているのか理解するために、短時間でできるちょっとした3つの実験をしてみよう。そうすれば、コショウを決していい加減に使ったりしなくなるだろう。さあ、私を信じてほしい！ やってみなければ、何も変わらない……。

実験1

中火にかけたフライパンに挽いたコショウをひとつまみ入れ（自分で挽いても、市販のものでもいずれでも構わない）、5分間、熱する。どうなるか観察し、味わってみる。

答え

加熱している間、煙が立ち、焦げたにおいが漂う。味わうと、えぐみで喉と鼻が刺激され、目がヒリヒリして、くしゃみが出る。5歳の息子が「ウェー、パパ、何やってんの！ 超ヤバい！」と叫ぶ。焦げたコショウは、加熱前に食材にふりかけたコショウと同じように作用することを理解しよう。加熱前にコショウをふりかけると、こんな風味になる。

実験2

肉のカルパッチョ2切れを用意する（または非常に薄いボンレスハム1枚を半分に切ったものでもよい）。2枚のカルパッチョ（または半分に切ったボンレスハム）を重ねて上の1枚にコショウをふり、1時間おく。その後、下側の1枚を味わってみる。コショウの風味がするだろうか？ 次に上の1枚を味わってみる。コショウの風味がする？ 2枚に風味の違いはあるだろうか？

答え

下側のカルパッチョにはコショウの風味は4分の1ミリたりとも浸透していない。つまり、コショウの風味は肉の表面にとどまっているということだ。魚や野菜でも、コショウの風味は1時間たっても内部には浸透しない。加熱しても同じだ。コショウを加熱する2～3時間前からふりかけても、結果は同じだ。

実験3

片手鍋にグラス1杯の水を入れ、
コショウを10粒加え、
ふたをして約20分、煮立たせる。
これを冷ましてから味わってみる。

答え

もう、においがする。奇妙なほどにすぐに香る。味わってみると、ウヘェ！ はっきり言って、美味しくない。コショウは煮立たせると煎じられて苦く、えぐい味がすることが分かっただろう。

結論

コショウは熱すると焦げる。コショウの風味は食材の表面にとどまり、内部には浸透しない。
コショウは煮立たせると苦く、えぐい風味がする。

LE POIVRE
コショウ

コショウはなぜ食材の中に浸透しないの？

たいていの食材の主要な成分は水で、肉や魚は80％が水、野菜では水の占める割合はさらに大きい。食材の成分である水に溶け、その水に運ばれて食材の中を移動する塩と異なり、コショウは水に溶けない。そのため、コショウの風味は食品の内部を移動しないで、表面に「単に」置かれたままになっている。

塩は水に溶け、コショウは水に溶けない。

なるほど。
では、コショウで
マリネした市販のパヴェ※が
コショウの風味がするのは
なぜ？

コショウやエシャロットでマリネされた市販のパヴェは、マリネ専用の注射器でで何カ所も、しかもさまざまな深さにマリネ液が注入されている。肉の中の至るところでコショウの風味が引き立つのはそのためで、コショウを肉の表面にふりかけているのではない。

※肉や魚、野菜を敷石のように形作った料理。

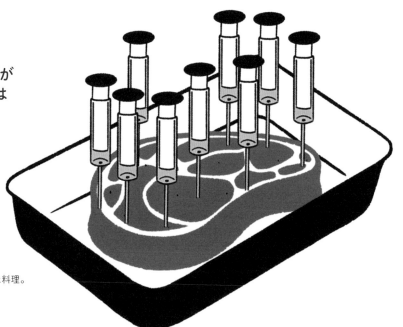

これが科学！

加熱前や加熱中にコショウをふりかけるのは、
なぜ馬鹿げているの？

科学的研究によって、コショウの風味をもたらす成分であるオレオレジンは180℃に加熱されると数分でほぼ完全に消えてしまい、120℃では30分で50％が消えてしまうことが分かっている。辛みと刺激性をもたらす成分のピペリンも加熱されると数分で分解される。いずれにしても、コショウを40～50℃以上の温度で加熱すれば、その特性のほとんどが失われ、えぐみと苦みが生じる。このことを発見したのは私ではない。料理の知識があるわけでもなく、料理をする習慣もない科学者たちが明らかにした事実だ。そういうことだから、どうしようもない。要するに、コショウは加熱されるとその特性が変質してしまう。

コショウを加熱すると焙煎されて風味が増す気がするのは勘違い?

まず、焙煎するには、コーヒー豆を焙煎するのと同じように、苦みが強くなるのを避けるため、加熱温度と加熱時間を非常に厳密に設定する必要がある。次に、すでに見てきたように、コショウは高温に弱い。
だから、コショウを焙煎することはできない、焦げているだけだ!

コショウ　　　　　　コーヒー豆

ブイヨンやポトフは、調理中にコショウをふり入れては絶対にダメなのはなぜ?

コショウはそのまま加熱されたり、沸騰している湯やブイヨンの中で加熱されることに耐えられない。このことは前述の実験1・3ですでに見てきた。
中世の人々はコショウをブイヨンに入れていたが、それはコショウに強力な殺菌作用があるからだった。コショウを入れることで腐った肉による食中毒にかかることを抑えることができたのだ。
ポトフやブイヨンの調理中にコショウを入れるのは邪道。いずれにしても、コショウの風味は肉の中に浸透しないのだから……。

マリネ液にコショウを粒のまま使うのは避けた方が良いのはなぜ?

コショウの風味は粒の中心部にある。マリネ液に粒のまま入れても、表面にある辛み成分だけが液に広がり、風味を利かせることができない。
粒を細かく砕けば風味を生かせる。マリネ液に加える前にコショウ粒を粗く砕いておかなければならない。でも、忘れないように。コショウの風味がつくのはコショウがついているところだけで中には浸透しないことを。

コショウの粒は、マリネ液に加える前に
包丁の平らな部分で砕く。

LE POIVRE
コショウ

コショウは挽くと風味に影響するのはなぜ?

コショウの辛み成分は粒の表面にあるが、風味と香り成分は粒の中心部にある。コショウを細かく挽くと辛みが強くなり、他の成分の作用を消してしまう。しかし、粒を乳鉢で砕くか、粗く挽くなら、風味も香りも十分に利かせることができる。

コショウは粒の大きさが質の決め手なのはなぜ?

粒が大きいほど、風味と香り成分がたくさん閉じ込められている。粒が小さければ、風味と香りはあまり期待できない。コショウは粒の大きさが質の決め手になる。大型スーパーにはごく小さな粒のコショウが多いことに気がつくだろう……。

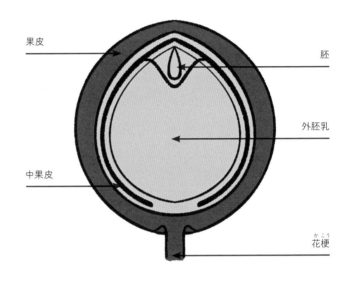

果皮

胚

外胚乳

中果皮

花梗（かこう）

粉コショウを買うべきではないのはなぜ?

粉コショウは、形が悪かったり、破れていたり、選別や乾燥の際によけられた、粒では売り物にならないものばかりを粉に挽いたものだ。粉コショウは刺激が強く、吸うと咳き込む。細かく粉砕されているため、何が入っているか分からない。それが売り手の狙いなのだ!

それにしても、粉コショウを嗅ぐと、くしゃみが出るのはなぜ?

くしゃみが出るのはコショウのせいではない。粒の選別のときに取り除かれなかったごく小さなほこりが鼻腔に直に上ってくるのだ。嗅いでくしゃみが出るようなコショウは質が悪い証しに他ならない。

いろいろな色のコショウがあるのはなぜ？

コショウの実は成熟度と下処理によって色が変わってくる。十分に大きくなっているものの、まだ熟していない実は緑色で、**グリーンペパー**と呼ばれる。

グリーンペパーが熟すと黒くなり、これは**ブラックペパー**と呼ばれるようになる。

さらに熟すと、実はオレンジ色になる。これを雨水に約10日間つけておき、その後、赤くなった果皮をむいて天日で乾燥させる。これが**ホワイトペパー**だ。

さらに熟させると、実はストロベリー・レッドになる。これが**レッドペパー**である。

グリーンペパー  ブラックペパー  ホワイトペパー レッドペパー

コショウの種類によって風味や香りが違うのはなぜ？

風味と香りもまた、主に成熟度によって変わってくる。たとえば、グリーンペパーは爽やかでピリッとした辛さはほとんどないが、ブラックペパーは果皮にピペリンがたくさん含まれるため、ピリ辛さが増し、ウッディーで刺激が強い。ホワイトペパーは香りが非常に強いが、あまり辛くなく（果皮を取り除いたため）、レッドペパーは辛く、まん丸の形をしている。

グリーンペパーをあまり見かけないのはなぜ？

グリーンペパーは非常に傷みやすく、保存しにくい。広口瓶に入ったソミュール液漬けのグリーンペパーをよく見かけるが、フリーズドライ、つまり、マイナス温度で乾燥させると風味が長持ちする。まろやかなコショウでテリーヌやパテ、赤身の肉によく合う。

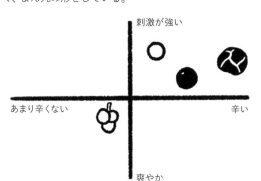

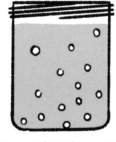

ソミュール漬けのグリーンペパー

グレーペパーがないのはなぜ？

グレーのコショウは質の悪いコショウの在庫を減らすために企業が発明したものだ。実は、『グレーペパー』は粉末ブラックペパーと粉末ホワイトペパーを混ぜたもの。だから、本物のグレーペパーは存在しない。グレーペパーには、戸棚の奥から引っ張り出したあらゆるものが入っているかもしれない……。

グレーペパーなんて、決して買ってはいけない！

ホワイトペパーはなぜブラックペパーより高いの？

熟した果物の実をすぐに売らないで木に残しておくと、栽培者にお金が入らない。それが一つの理由。もう一つの理由は、ホワイトペパーはブラックペパーより軽い。ブラックペパー30kgと同じ粒数のホワイトペパーはせいぜい20～25kgにしかならない。つまり、ホワイトペパーが出来上がるまでにはより多くの日数と、作業が必要なのに、その重量は軽いから……。

HUILES ET AUTRES GRAS
オイルとその他の油脂

そう、オイルや油脂は調理の必需品だ。どちらかといえば、あまり良い評判を聞かないが、使用するオイルや油脂によって料理の風味や弾力性、歯ざわりが違ってくることを忘れてはいけない。さあ、オイルと油脂の長所だけを生かすにはどうすればいいか見ていこう。

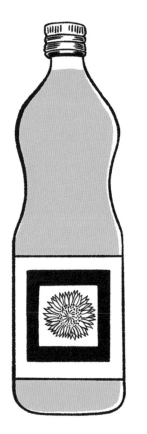

なぜ、油脂には良い油脂と悪い油脂があるの?

すべての油脂が健康に悪いわけではない。それどころか、油脂の中には心臓血管系疾患の予防のために是非とも摂取すべきものさえある。とりわけオメガ3、オメガ6、オメガ9脂肪酸を含むいわゆる **"不飽和" 脂肪酸** がそうだ。これらの油脂の摂取は多くの医師が推奨している。さまざまな種子やクルミ、アボカド、オリーブオイル、特定の野菜や魚にはこれらの不飽和脂肪酸が含まれている。

悪い油脂には、加工食品(遠ざけるべき!)に含まれる**トランス脂肪酸**と、ふつう常温では固体の形を呈している**飽和脂肪酸**(バター、チーズなど)がある。悪玉コレステロールの増加や心臓血管系疾患を予防したり、糖尿病になるリスクを減らしたりするために、飽和脂肪酸は、控えめに摂取するのが望ましい。

なぜ、油脂は凝固するの？

すべての油脂が同じ温度で凝固するわけではない。成分の大部分が不飽和脂肪酸であるオイル[1]の融点はかなり低く、常温では液体だが、成分の大部分が飽和脂肪酸である油脂は融点がずっと高く、常温で固まる。しかし、オイルの中にも冷蔵庫に入れるとドロドロになり、さらには固まるものがある。

※1：個体が融解し、液体になる温度。

魚の中に、いわゆる『脂がのっている』ものがあるのはなぜ？

実際に脂肪が多いわけではなく、海藻を食べるために体内にオメガ3脂肪酸がたくさん蓄積されているのだ。青魚（イワシ、サバ、ニシン、カタクチイワシ）やサケ科の魚（サケ、マス）は『脂がのっている』と言える。養殖魚には天然魚に比べてオメガ3脂肪酸があまり含まれていないのは、餌が違うからだ。

ある種の調理食品を保存する瓶に、油脂の層で蓋をするのはなぜ？

昔は、冬の間も肉が食べられるように、秋に豚を下処理しておいた。下処理した豚が空気に触れて酸化しないように、油脂の層の下に隔離しておくのが最も良い保存方法だった。今日では、冷蔵庫が普及しているため、そのような処置をする必要はない。しかし、この油脂の層があると、口当たりがまろやかになり、リエット[2]などは乾燥するのを防げるため、今もこの方法が続けられている。

※2：リエットはフランス語で「豚肉の塊」という意味。みじん切りや角切りにした豚肉にラードや塩を入れて煮詰め、瓶などの容器に入れて固めて作る、保存食として生み出されたフランス料理。

ちょっと深掘り！

オイルが直射日光と高温を避けて保存する必要があるのはなぜ？

オイルは直射日光や高温にさらされると酸化して急速に劣化し、臭くなる。これはちょっと専門的な話だ。友達の前で格好つけたいなら、なぜ臭くなるか説明してみよう。紫外線が当たったり、高温にさらされたりすると、脂肪酸の二重結合が壊れて酵素原子との結合に置き換わる。それが急速な劣化をもたらす。抗酸化物質がほとんど含まれていないオイルほど、このプロセスが速く進行する。逆に抗酸化物質が豊富なオイルは劣化が遅くなる。

HUILES ET AUTRES GRAS
オイルとその他の油脂

『バージン』オイル、あるいは『エクストラバージン』オイルと記載されていない精製オリーブオイルがあるのはなぜ？

オリーブオイルの品質等級は、精製オリーブオイル、オリーブオイル（総称）、バージン・オリーブオイル、エクストラバージン・オリーブオイルの4つで表示される。

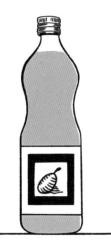

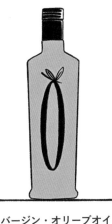

精製オリーブオイルは、酸度が2%を超えている工業的精製プロセスを経ないと食用に適さないオイルから作られる。等級は最も低い。

オリーブオイル（バージンの記載なし）は、精製オリーブオイルとバージン・オリーブオイルをブレンドしたもの。

バージン・オリーブオイルは、ある種のワインでされるように、他のオリーブオイルで割っていないオリーブオイルのこと。オイルを抽出しやすくするためにペースト状につぶした果実を、少し加熱している。

エクストラバージン・オリーブオイルの製法には冷圧搾法と冷抽出法の2通りがある。いずれの場合も、加熱しないで採油するため、採油量は非常に少ないが、品質はバージン・オリーブオイルより高い。冷圧搾法ではオリーブペーストを押しつぶしてオイルを流し出す水圧プレスが使用される。冷抽出法ではオリーブペーストをこねてオイルを抽出する。今日、最もよく行われているのはこの方法だ。バージン・オリーブオイルの酸度は2%以下であれば良いが、エクストラバージン・オリーブオイルは0.8%以下であることが求められる。しかし、最高品質の一級品には酸度がさらに低いものもある。

では、グリーン果実オリーブオイル、完熟果実オリーブオイル、ブラック果実オリーブオイルの違いは？

高品質のオリーブオイルなら、レベルに『フルーティー』タイプと明記されているだろう。
グリーン果実オリーブオイルは、熟す数日前のグリーンから薄紫色に変わりつつある実から採油されている。口に含むと、ほんの少し苦味があり、草の香りと共に生のアーティチョークの風味が漂う。フルーティーなグリーン果実オリーブオイルは最も広く使用されている。
完熟果実オリーブオイルは、よく熟した黒い果実から作られ、苦味がほとんどなく、まろやかで、花や果物、アーモンドなどの香りがする。
ブラック果実オリーブオイルは、昔ながらの製法によるオリーブオイルで、熟した果実を数日間発酵させてから採油する。カカオやきのこ、トリュフの香りが立つ。

豚の脂についての2つの疑問

❶ 良質の生ハムの脂を保存しておくべきなのはなぜ？

気をつけて！　街角のスーパーで見かける薄くスライスした「安物の」生ハムの脂のことを言っているのではない。ちゃんとした豚肉加工品店で売っている生ハムの脂、愛情込めて飼育された、豚のモモ肉の特別の条件の下で数カ月間乾燥させ、熟成させたハムの脂のことを言っているのだ。そんなハムの脂には非常ににバラエティに富んださまざまな風味がある。

その脂を捨ててはダメ。もったいない！

ハムを切る前に、立派な脂のかたまりを切り取って渡してくれるように頼むといい（そして、ハムの周りについている脂をちょっと食べてみるといい）。フライパンか片手鍋にバターやオイルの代わりにその脂を入れて熱してみてほしい。この脂は魚や野菜のソテー、目玉焼き、たんぽぽサラダの調理にオイルの代わりに使えばパーフェクトな仕上がりになる。

❷ ラルド・ディ・コロンナータは、なぜ、あんなに美味しいの？

はっきり言って、この脂は最高だ。軽やかで（そうそう、脂なのに軽やかなのだ）、スパイシー、香りが豊かで、みごとに真っ白……。トーストしたパンにそのままのせて食べるもよし、ほんのりと焼き色をつけたアスパラガスを巻いて食べるもよし、固茹でのインゲンやホタテに添えるもよし。そもそも、このラードがこれほど有名なのはなぜだろう？　夏の間、餌がほとんどないために、ダイエットを強いられていた昔ながらの品種の豚たちは、夏が終わり、どんぐりの季節がやってくると、文字通り、どんぐりを貪り食う。そのおかげで背中には分厚い脂の層がぎっしりとできる。12月から1月に丸々と太った豚を屠畜した後、この立派な背脂を切り取り、塩を塗り、大きな大理石の桶に敷き詰めた香辛料（コショウ、マスタード、シナモン、クローブなど）の層の間にねかせる。この桶を地下貯蔵庫の中に入れて、6カ月以上熟成させる。

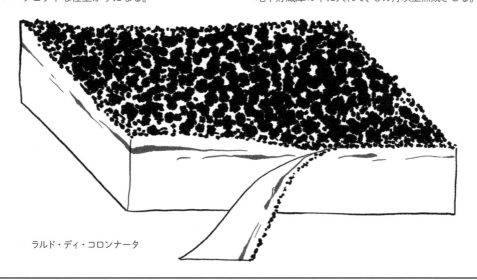

ラルド・ディ・コロンナータ

プロの裏技

ロースト用の肉を焼いた後に出た脂をとっておくべきなのはなぜ？

さあ、腕利きの料理人が夢中になってやっている秘技をこっそり教えよう！　ロースト用の牛か豚肉または家禽の肉を焼いた後、残った焼き汁を冷蔵庫で冷やしておく。夜の間に、焼き汁に含まれる脂が浮き上がり、表面で固まる。その脂には風味が詰まっているので、サラダのドレッシングのオイルに加えると、ずっと美味しいドレッシングになる（「ドレッシング」の項、P.182参照）！

HUILES ET AUTRES GRAS
オイルとその他の油脂

使ってはいけないオイルについての3つの疑問

❶ ひまわりオイルを食用に使うのは避けたほうがいいのはなぜ？

ひまわりオイルは高温に強く、オメガ6脂肪酸がたくさん含まれているが、オメガ3脂肪酸はほとんど含まれていない。つまり、バランスが良くない。その上、ひまわりオイルは調理後、食材にオイルの薄い膜が残ってオイルが切れにくい。もっとバランスが良く、調理後オイルがしっかり切れて食材が油っこくならない菜種オイルがお奨めだ。

❷ ヤシ油（ココナッツオイル）も良くないの？

数年前からココナッツオイルについて、何かとあげつらわれている。曰く「ビタミンやミネラルが豊富で、料理に使うにはパーフェクトなオイルで、健康にもとても良い」。まるで、この上ない大発見のような騒ぎ方だ。だが、すべて真実ではない。なぜなら、ココナッツオイルはバターよりも多くの飽和脂肪酸を多く含み、ミネラルは一切含まれていないし、ビタミンもほとんど含まれていない。一体誰がこんなひどい間違いを信じ込ませているのだろうか……。要するに、ココナッツオイルはパームオイルよりも良くないのだ。

❸ では、パームオイルはなぜ良くないの？

パームオイルはさほど高価ではなく、熱や酸化に強く、ふんわりと、しかもパリパリの揚げ物ができる。加工業者にとっては良いことばかりだ。ところが、長鎖脂肪酸が非常に多く、この長鎖脂肪酸は身体に良くない。さらに、パームオイル生産のためのアブラヤシ栽培が東南アジアの森林減少問題をもたらしている。パームオイルを含む製品を避けた方が良いのは、それらの理由からだ。

ガチョウ、カモ、牛、豚の油脂も使えるのはなぜ？

ベルギーでは、フライドポテトは伝統的に牛脂で揚げるが、フランスの南西部ではカモ脂で揚げることがある。どんな動物の油脂も発煙点がかなり高いので調理に使いやすいし、とりわけ動物の油脂は風味が高い。ためしに、いつものオイルの代わりにガチョウかカモの脂でジャガイモを炒めてみてほしい。

健康のために！

普段の料理にラードを使うのをやめたのはなぜ？

ラードは豚の脂身あるいは背脂を熱して得られる油脂だ。昔は、次の2つの理由からラードを使っていた。

1）オリーブオイルやバターより安かったから。
2）35〜40℃にならないと溶けないので保存しやすく、涼しい場所なら数カ月間保存できたから。

残念なことに、この油脂には飽和脂肪酸がたくさん含まれているため、数々の心臓血管系の病気の原因となる。

1 オイルの発煙点が問題になるのはなぜ？

発煙点とは、オイルが分解し、変質して有毒成分を発し始める温度のことで、こうなると風味が悪くなる。
発煙点を超えてはならない。それはオイルが耐えられる限界温度で、超えてしまえば、せっかくの料理が台無しだ。

さまざまなオイルや油脂の発煙点

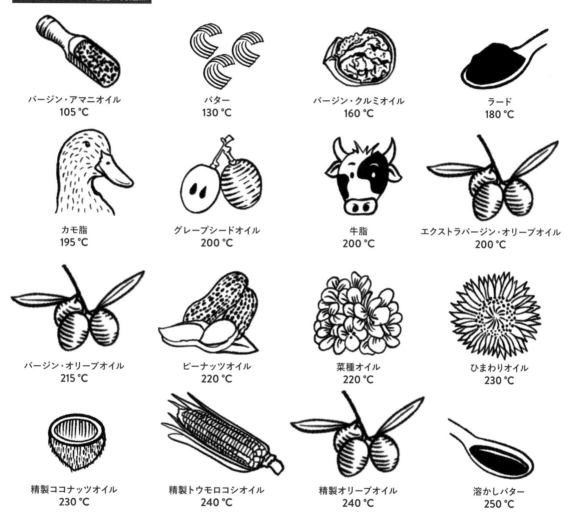

バージン・アマニオイル 105 ℃	バター 130 ℃	バージン・クルミオイル 160 ℃	ラード 180 ℃
カモ脂 195 ℃	グレープシードオイル 200 ℃	牛脂 200 ℃	エクストラバージン・オリーブオイル 200 ℃
バージン・オリーブオイル 215 ℃	ピーナッツオイル 220 ℃	菜種オイル 220 ℃	ひまわりオイル 230 ℃
精製ココナッツオイル 230 ℃	精製トウモロコシオイル 240 ℃	精製オリーブオイル 240 ℃	溶かしバター 250 ℃

2 バージンオイルは精製オイルより発煙点が低いのはなぜ？

バージンオイルには非常に細かく砕かれた実（クルミやオリーブなど）の微細片が含まれ
ている。これらの微細片はすぐに燃えて、オイルを分解させ、煙を発生させる。精製オイ
ルはこれらの微細片が洗い流されているため、発煙点がより高い。そのため、加熱には精
製オイルを使う方が好ましく、味付けにはバージンオイルを使うのが好ましい。

HUILES ET AUTRES GRAS
オイルとその他の油脂

食材の加熱にオイルを使うのはなぜ？

ご存知のように、180℃に熱したオーブンの中に手を入れても平気なのに、同じ温度でフライドポテトを揚げているオイルの中に手を入れることなどできない。なぜなら、空気はなかなか熱を伝えないが、オイルは非常によく熱を伝えるからだ。それが食材を加熱するのにオイルを使う主な理由だ。オイルは熱の伝導を速め、食材が非常に具合よく加熱される。

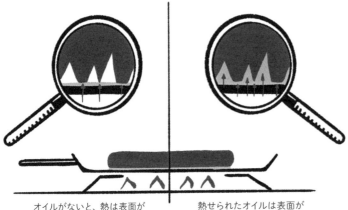

オイルがないと、熱は表面が
凸凹している肉の中まで
十分に伝わらないため、
肉が焼けるのに時間がかかる。

熱せられたオイルは表面が
凸凹している肉の中までいき渡り、
ムラなく火が通る。

フライパン、ソトーズ（ソテー鍋）、ココット鍋などで、最初に火が通るのは熱源に接する部分だ。その後に食材の中まで火が通るとしても、火の通り方にはムラがある。そのため、ときどきかき混ぜなければならない。しかし、加熱する際にオイルを少量加えれば、熱源と食材の接触面積が広がり、ずっと速く、ムラなく均一に火が通る。
オーブンでは、オイルは熱を吸収し、空気よりずっと効果的にたくさんの熱を拡散するため、食材の加熱が加速される。

フライパンにオイルを入れるより、食材をオイルで包み込んで焼く方が良いのはなぜ？

食材の成分のほとんどは水であることを忘れないでほしい。覚えているだろうか、水は100℃以上には熱せられないのだ！ そのことは今後、何回となく身をもって経験するだろう。食材に含まれる水分が多ければ、その食材を加熱しても100℃を大きく超えることはない、せいぜい110℃か120℃止まりで、それ以上の高温にはならない。食材をオイルで包み込めば、オイルがフライパンに接触して非常に高い温度に熱せられても、食材の水分によって温度が下がるため、オイルは燃えない。ところが、オイルをじかにフライパンに入れれば、オイルは熱源の温度で直接熱せられるため、簡単に200℃あるいはそれ以上に達してしまい、燃え上がる危険がある。

食材とフライパンの
間にあるオイルは
燃えない。

フライパンに入れたオイルが
食材で覆い尽くされていないと、
オイルが燃える可能性がある。

❶ なぜ、揚げ物はすごく美味しいのだろう?

フライドポテトを作るとき、熱が食材の内部に伝わり、中まで火が通る間に食材の表面にある水分がほとんど瞬時に蒸発する（フライ鍋から小さな泡が上がってくる）。同時に、食材に含まれる糖分がカラメル状になり美味しそうな風味が広がる。一口味わってみると、外側はカリカリ、中身はしっとり、ふんわりの2つの異なる食感が楽しめ、子どもも大人も幸せな気分になる。

❷ ベニエ※は特別……

ベニエの場合は少し違う。ベニエ用の衣あるいは天ぷらの衣でくるんだ魚や野菜を揚げる場合、衣は絶縁体の役割をする。衣の外側は熱したオイルに接するとすぐに乾燥し湿気を中に閉じ込める。魚や野菜は非常に湿気の多い環境の中で加熱されるため、しっとりと仕上がる。

※卵を加えた揚げ衣をつけて揚げるフリッターや、生地を揚げて膨らませたもの。「こぶ」を表す中世のフランス語 buegnet から変化した語。

衣がベニエをオイルから隔離し、エビは蒸気の熱によって加熱される。

❸ 天ぷらは?

天ぷらは揚げ物の最高峰だ！
天ぷらの衣はものすごくカラッとしていて、ふわふわ飛んでいきそうなほど軽い。野菜や魚は二度揚げすれば歯ごたえのあるカラッとサクサクの天ぷらになる。美味しい天ぷらを作るための重要なコツ、それはオイルの質だ。日本の料理長はそれぞれ、さまざまな油をブレンドするが、配合率は誰にも教えない。一般に、ブレンドのベースとなるオイルはごま油と綿実油だ。綿実油は非常に粘り気があるのに、食材に付着しない性質があり、サクッと軽い天ぷらができる。

❹ 揚げた後、食材をキッチンペーパーの上に置く必要があるのはなぜ?

油っこくない揚げ物を作るコツは、揚げた後に2〜3枚重ねたキッチンペーパーの上に置き、別のペーパーで上から軽く叩く。こうすれば、オイルの80％は取り除くことができる。その後、金網またはザルの上に置いて油を落とせばさらに効果的！

LE VINAIGRE BALSAMIQUE
バルサミコ酢

バルサミコ酢はレストランのテーブルや一般家庭のキッチンに、まるでありふれた食品でもあるかのように置かれようになった。でも、本物のアチェート・バルサミコ・トラディツィオナーレを味わったことがあるだろうか？　まったくの別物だ！

バルサミコ酢は酢とは言えないのはなぜ？

バルサミコ酢は酢とはまったく別物だ。少しも酸っぱくないどころか、甘美な香りがして甘くさえある。では、何なのだろう？

バルサミコ酢は酸味が強い酢の特徴をほとんど備えていないのだから、むしろ薬味のような調味料と捉えるべきだ。酢は通常アルコールと酸を発生させる酢酸菌により醸成される。バルサミコ酢は、イタリア北部のモデナ地方で11世紀から作られ始めた。煮詰めたブドウの搾り汁（果汁＋果皮＋種子）の醸造酢であるバルサミコ酢には、さまざまな樹種の樽の中で12年以上寝かせて発酵させた伝統的製法による最高級のアチェート・バルサミコ・トラディツィオナーレ（なかには50年、さらには100年もの長期にわたり熟成させたものもある）から、カラメル色に煮詰めて旨味を与えるために香料を添加した単なるワインビネガーに過ぎないものまで、さまざまな品質のものがある。

アチェート・バルサミコ・トラディツィオナーレ・ディ・モデナ DOP の醸造には、大小容量の異なる5個以上の樽のかたまり「バッテリーエ」が必要となる。バッテリーエの樽の中には7割程度しかモスト・コットは入れず、そのまま一年熟成させる。約1年の熟成を経た後、隣の樽から小さな樽へと蒸発した液体分を補充する。一番大きな樽には、母樽から液体を補填し、また熟成させる。これを最低でも12年繰り返し、ようやく12年目に、一番小さな樽からごく少量のアチェート・バルサミコ・トラディツィオナーレ・ディ・モデナ DOP が採取できるようになる。

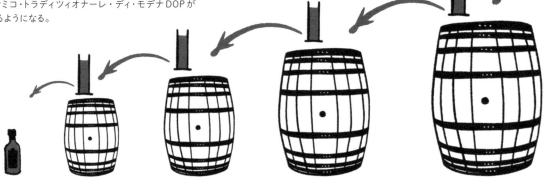

本物のバルサミコ酢がこんなに美味しくて、希少で、こんなに高価なのはなぜ？

アチェート・バルサミコ・トラディツィオナーレ・ディ・モデナ DOP:
伝統的な製法による、本物のバルサミコ酢。トレビアーノ種またはランブルスコ種のブドウを圧搾し、その果汁を布で漉して一晩煮詰める。これを「モスト・コット」とよび、醸造にはこのモスト・コットのみを使うことが義務付けらている。これを半年寝かせてアルコール発酵を促し、発酵したモストコットの澱を取り除き、上澄みを母なる樽（母樽）に入れて、酢酸発酵を開始させる。母樽に入れたモストコットはバルサミコ酢の元を作る重要な種酢となる。母樽に詰めるモストコットの量は2/3程度。1/3に空気を入れることで、空気接触が必要な酢酸発酵を促す。この母樽に入れた種酢をアカシヤ、栗、桜、桑などの種類の違う樽へ2/3程度の量を入れる。

熟成には寒暖の差が激しい環境が必要なため、気温差の激しい屋根裏に保管する。暑い夏に発酵が進み、寒い冬に熟成させるのだ。熟成の過程で一部の酢は自然に蒸発する。
蒸発して目減りした分量を、毎年10月頃に、母樽→大きい樽から小さい樽へと順に継ぎ足していく。
本物のバルサミコ酢がどれほど貴重なものであるかということが分かるだろうか。このような作業を経ると、150kgのブドウの実から得られる本物のバルサミコ酢は100gにも満たないのだ！
この熟成過程が終わると、バルサミコ酢愛好家協会の審査を受ける。バルサミコ酢の品質を評価、認証し、『アチェート・バルサミコ・トラディツィオナーレ』という公式名称を付与する権限があるはこの機関だけ。バルサミコ酢は酢というよりむしろ、わずかに酸味があり、まろやかでこの上なく豊かな風味が口の中にいつまでも残る調味料と言った方がいいだろう。それはちょうど極上のワインのように特別なもの。ほんの数滴たらすだけで、料理全体に風味と香りが満ち溢れる。グリルした野菜や仔牛の一切れ、パルメザンチーズ、イチゴやバニラアイスクリームに添えれば最高のご馳走だ。

コンディメント・バルサミコ:
アチェート・バルサミコ・トラディツィオナーレに次ぐ品質のバルサミコ酢で、古いバルサミコ酢に若いバルサミコ酢をブレンドしたもの。かなり濃厚で甘みがあり、品質は非常に高い。アチェート・バルサミコ・トラディツィオナーレと同様、主に高級食料品店で販売されている。

アチェート・バルサミコ・ディ・モデナ　IGP:
モデナ地方で生産されるワインビネガーだが、材料は他の地方のものである場合がある。通常はワインビネガーに少量の濃縮されたブドウの搾り汁、着色用のカラメル、その他の物質が添加されている。品質的には中程度のビネガーで、4つの等級に分かれている。ブドウの葉っぱのマークが4つついているものが最も高級。

安価なバルサミコ酢:
主に大型スーパーでよく見るこの製品は、さまざまなビネガーをブレンドし、カラメル、増粘剤、甘味料が添加されており、ブドウの濃縮果汁が入っているものもある。かなり酸っぱく、これといった風味もない。同等の値段のもっと質の良い他のビネガーを選んだほうがいいだろう。

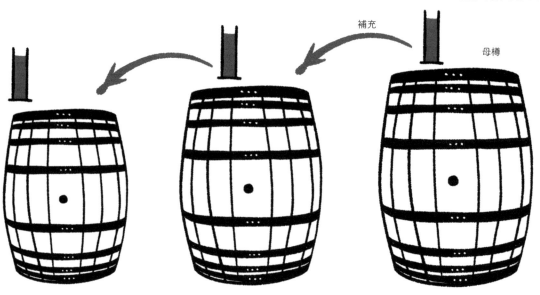
補充
母樽

LES PLANTES AROMATIQUES
香草（ハーブ）

バジル、パセリ、シブレット、コリアンダー、タイム、オレガノ、エストラゴン、ローリエなどなど。香草を添えると、料理が香りたち、生気に満ちる。そうだ、ミントも！

乾燥ハーブに
風味がほとんどない
のはなぜ？

ハーブの風味は葉の表面や葉肉中にある油囊（ゆのう）の中に含まれている。植物が乾燥すると、この小さな油囊も乾燥し、風味も香りも急速に失われる。一般に、ハーブは乾燥した土を好む。だから、小さなガラス瓶に入った乾燥ハーブは避けたほうがいい。何のメリットもないのだから……。

タイムやオレガノ、ローズマリーは
乾燥したものでも良いのはなぜ？

タイム、オレガノ、ローズマリー、ローリエのような木本類（もくほん）の香草はすこし事情が違う。かなり乾燥した気候の地域で生育するこれらの植物は、バジルやシブレットなどの草本類（そうほん）に比べると葉が硬く、芳香分子はその硬く分厚い葉肉の中に埋もれている。これらの芳香性植物は長時間の加熱にも耐えられ、長期保存用の乾燥にも耐えられる。しかし、これらの木本類も数週間もたてばやはり風味も香りも大部分は失われることを知っておこう。

タイムの枝

フレッシュハーブは湿らせたキッチンペーパーに包んで
保存する必要があるのはなぜ？

一旦切り取ったフレッシュハーブは茎からも葉からも水を吸い上げない。したがって、ハーブはすぐに萎れてしまう。しばらくの間保存する最善の方法は、軽く湿らせたキッチンペーパーに包んで、閉じた袋に入れておくことだ。

新鮮なハーブ　　　解凍したハーブ

急速冷凍したハーブを解凍すると、
なよなよしてベタベタになるのはなぜ？

ロゼワインのボトルを冷凍庫に入れたことをすっかり忘れて、ひび割れたボトルの中でピンクの氷の塊になっているのを見たことがあるだろうか？　冷凍すると、ワインの体積が増えて、ガラスのボトルは耐えられなくなるからだ。さて、ハーブを冷凍すると、正にこれと同じことが起こるが、それは分子レベルでのこと。ハーブに含まれる水分の体積が増え、水分を蓄えていた細胞が壊れてしまう。解凍すると、分子組織はもはや元に戻れず、水分を保持することができなくなっている。その結果、ベタベタした哀れな姿になる。風味も香りもフレッシュハーブとは比べものにならない。

ハーブを細かく刻むことについての4つの疑問

① ハーブは細かく刻んで使うことが多いのはなぜ？

香草の風味や香りは葉の表面ではなく葉肉の中にある。パセリを舌の上に置いてもあまり風味を感じないだろう。しかし、噛むと風味が口の中に広がる。香草を刻めばその風味が一気に辺りに広がる。

② でも、刻まない場合もあるのはなぜ？

ポトフやブッフ・ブルギニョンのように長時間煮込む料理では、香草の風味を食材にゆっくり、何時間もかけて移す必要がある。香草の葉を細かく刻んで風味が移るのを早めても何にもならない。そんなことをすれば、細かく刻まれた葉がソースやブイヨンの中に散らばってしまう。ゆっくり加熱する料理では香草は刻まないこと！

③ ハーブを刻むのは散らす寸前にするべきなのはなぜ？

ハーブを刻むと、切り口で酵素反応が起こり、葉の風味と組織が変質する。刻んだハーブは急速にその風味を失い、萎れてしまうのだ。

④ よく研いだ包丁で刻む必要があるのはなぜ？

鋭く研がれた包丁なら、ハーブを押しつぶさないで切ることができる。切れ味が鋭ければ切り口の面積は小さく、酵素反応は少なくてすむ。よく切れる鋏で切ってもいい。刃こぼれのない鋭い鋏なら、非常に具合が良い。それでもやはり、よく切れる包丁ならなおさら良い。

切る前に、ハーブを十分に乾かす必要があるのはなぜ？

ハーブが湿っていると、刻むときに酵素反応が促進される。その上、加熱すると湿ったハーブの水分が蒸発し、芳香成分も道ずれにするため、風味が失われてしまう。もったいない！

ハーブをフードプロセッサーにかけてはいけないのはなぜ？

フードプロセッサーにかけると、ハーブは刻まれるだけでなく、粉々にされ、ペースト状になってしまう。そうなると信じられないほど多くの酵素反応が起こり、本来の風味が損なわれてしまう。ハーブをフードプロセッサーにかけるのは絶対に避けるべき。怠け心を起こさずに、包丁か鋏で刻んでほしい！

LES PLANTES AROMATIQUES
香草（ハーブ）

香草の正しい使い方

木本植物の香草は加熱し始める段階で加え、草本類の香草は最後に加えるべきなのはなぜ？

芳香性植物は木本類と草本植物という非常に性質の異なる2つの種類に分類できる。

木本類は、タイムやローズマリー、ローリエ、などで、芳香成分は幹（木）と分厚くて丈夫な葉に含まれ、とりわけ幹から養分を吸収する。そのため、分厚い葉の風味が食材に移るまでに時間がかかる。これらの香草は加熱の始めに加える。

草本類は、バジル、パセリ、エストラゴンなどで、芳香成分は非常に薄い葉（シブレットの場合は茎）に含まれ、葉が養分を吸収する。加熱にはほとんど耐えられない。芳香分子の組織は非常にもろく、加熱されるとすぐに萎れ、風味の大部分が失われる。そのため、加熱が終わる寸前に加える。

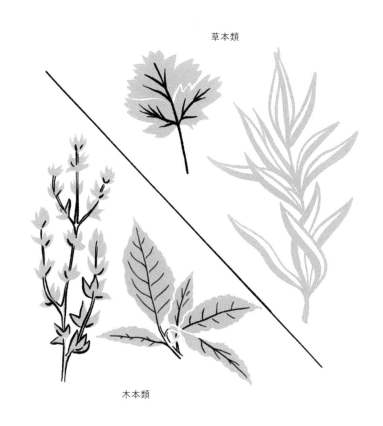

草本類

木本類

パセリは草本類なのに、ある種の料理では加熱し始めるとすぐ加えるのはなぜ？

それはルールの例外だ。長時間煮込む料理の場合、重要なのはパセリの葉ではなく茎で、茎が風味をもたらす。この太い茎が、数時間加熱されることでどんどん料理に風味が増してくる。

ローリエの中央の葉脈を取り除く必要があるのはなぜ？

ローリエの風味は葉肉の中にある。中央の葉脈を取り除けば、料理に風味がより早く広がる。短時間で仕上げる料理の場合にはこの方法が理想的。葉を細く帯状にカットしても良い。

ブーケガルニを
ポロネギの葉先で包むのはなぜ？

ポロネギの葉は、ブーケガルニがあらゆる方向に揺さぶられたときにばらばらになるのを防ぐ。こうしておけば、タイムの小さな葉がブイヨンの中に散らばったりしない。しかも、香草をまとめておけば、取り出しやすい。

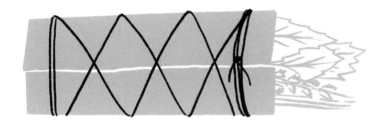

ソースを作るときに、
ハーブを最後に
入れなければ
ならないのはなぜ？

ハーブを入れるのが早すぎると、ハーブがソースの薄膜に覆われてしまう。それは脂肪分の被膜で、噛んでもハーブの風味が感じられなくなる。風味を十分に味わえるように、ハーブは必ず、最後に入れること！

パセリの葉を
フライパンで熱すると、
なぜ飛び跳ねるの？

これには面白いからくりがある。パセリの葉が熱くなったフライパンに接触すると、パセリに含まれる水分がたちまち蒸気に変わってはじけ、葉をあらゆる方向に飛び跳ねさせる。しかも、「タカタカタカタカ」と小さなはじける音が聞こえる！

美味！

ハーブはフライにできるの？

そう、ハーブのフライは最高に美味しい！ 180℃に熱したオイルの中で葉と茎をそのまま丸ごと揚げればいいだけだ。メイラード反応が起こって葉に含まれる糖分がカラメル色になり、甘い風味が広がって、パリッパリの食感が楽しめる。野菜のソテー、肉または魚のグリルに合わせると最高！

AIL, OIGNON ET ÉCHALOTE
ニンニク、タマネギ、エシャロット

黒ニンニクは焦げたニンニクではないことを知っていただろうか？
ニンニクやタマネギは切り方によって味が変わることを、
上等な包丁を使えば、タマネギをスライスするのは少しも大変ではないことも？

ニンニクの茎がよく三つ編みにして
まとめられているのはなぜ？

ニンニクの茎の下の部分には風味と香りが詰まっている。茎の一部をつけたまま2〜3週間乾燥させると、この茎の香りが球根の鱗片の方に移り、香りが豊かになる。地中海諸国でニンニクが三つ編みにして売られているのをよく見かけるのは、このことが良く知られているからだ。

エシャリオン

タマネギ

ニンニク

豆知識

白ニンニク、ピンクニンニク、
紫ニンニクなどがあるのはなぜ？

1年のさまざまな時期に収穫される熟成度が異なるニンニクの変種。**白ニンニク**は最もよく出回っているニンニクで、4月から6月まではフレッシュで水分を含んでいるが、5月から7月になると乾燥してくる。その後、数カ月間保存される。**ピンクニンニク**は春先に収穫されるニンニクで、ピンク色は一番上の白い表皮を取り除くと現れる。7月から出回る美味しいニンニク。**紫ニンニク**は夏の終わりから秋にかけて出回るニンニク。味はやや辛いが、加熱すると和らぎ、軽く甘みを帯びてくる。

エシャリオンとエシャロットは
混同されやすいけれど、その違いは？

エシャリオンは非常に大きなエシャロットのようだが、球がひとつしかない。エシャロットには2〜3個の分球がある。実際、これは細長いタマネギでエシャロットより甘い。生のまま薄切りにしてサラダに入れたり、イタリアでよくやるように、バルサミコ酢と赤ワインを混ぜたソースの中でブレゼ（蒸し煮）したりして食べる。

赤タマネギは
加熱した方が良いの?

赤タマネギの繊維に含まれる赤い色素は加熱すると青紫色に変わることがある。赤タマネギは生で食べるか、軽く焼いて食べるのが良い。

甘いタマネギは
なぜ甘いの?

甘いタマネギには他の種類のタマネギより糖分が多く含まれている。25%も多いものもある。また硫黄化合物の含有量が少ないため、切ると風味を変質させる酵素反応があまり起こらない。そのため、涙もあまり出ない。

ニンニクが
青緑色になるのは
なぜ?

ニンニクの鱗片をつぶしたり、みじん切りにしたりすると、酵素反応が起こる。ちなみに、ある種のあまり若くないニンニクの鱗片では2つの酵素反応が、互いに影響し合うことなく同時に起こることが分かった。この2つの酵素反応が相互に作用し合うと変色する。でも、心配ご無用。青緑色になったニンニクは何の害もない。中国では、むしろ新年に食べる特別な食材だ。

黒ニンニクはなぜそんなに特別なの?

黒ニンニクは日本で評判の特産品だ。ニンニクの頭を高温(およそ70℃)多湿(80〜90%)の環境内で最長で90日間熟成させると、艶やかな白色からゆっくりと炭のような真っ黒に変色する。このニンニクには、非常に高級なバルサミコ酢を思わせるような、ほんのりとした酸味のある甘草かプラムのような風味がある。非常に高価だが、もし見つけたら迷わず手に入れて、このピュアな喜びを味わってほしい。

タマネギはぶつけたり、落としたりすると
すぐに傷むのはなぜ?

タマネギは何かに強くぶつかると、繊維組織が傷つき、酵素反応が起こる。衝撃を受けた箇所が柔らかくなり、次第に腐り始める。玉が硬くしっかりしているかどうか、買う前によく見た方が良い。柔らかい部分があれば、良くないサインだ。

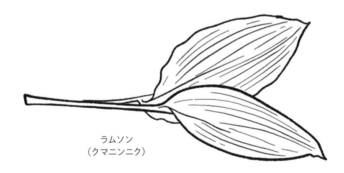

ラムソン
(クマニンニク)

クマニンニクはなぜ、
めったに手に入らないの?

クマニンニクという名称は、熊が冬眠から目覚めたときにこの植物を喜んで食べると言われていることからつけられた。2月になると、日陰に生える下草の中から芽を出す。限られた季節にしか出回らない野生の植物なのだ。この植物は丸ごと食べられる。葉も球根(硬いけれど)も花も。最も美味しくなるのは春先、3月から4月にかけて花が咲き始める直前だ。薄い葉は柔らかく、ほんのりと辛みのある甘さで、ニンニクのデリケートで軽やかな風味が広がる。美食家たちが大喜びする絶品だ。野山で見つけたら、来年もまた生えてくるよう球根を引きちぎらないように気をつけて、下の方で葉を切ろう。

AIL, OIGNON ET ÉCHALOTE
ニンニク、タマネギ、エシャロット

タマネギの薄切りについての3つの疑問

① タマネギをスライスすると涙が出るのはなぜ？

タマネギは細胞のさまざまな場所に硫黄化合物と酵素が含まれている。スライスしてタマネギの細胞をこわすと、この硫化化合物と酵素が相互に作用し、催涙ガスの組成に似た成分が発生する。その威力がどんなものか想像できるだろうか？　この成分が鼻を通って目に到達すると、目はそのガスを洗い流して目を保護しようとして涙を出す。この作用に大きな問題がある。というのは、硫化アリルは水分と反応すると硫酸に変わるからだ。目を保護しようと涙を出せば出すほど、硫酸が生成される。タマネギが硫酸を生成するほどの威力が発揮できなくなるまで、この悪循環は続くのだ。

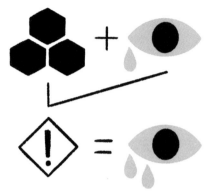

タマネギの細胞に含まれた成分を壊すと、催涙ガスに似た成分が発生する。

② 包丁の刃の状態が酵素反応の起こる頻度を左右するのはなぜ？

包丁の刃がよく研がれていれば、切れ味は鋭く、切っても細胞はあまり壊れない。そのため酵素反応はあまり起こらず、目を刺激するガスはあまり発生しない。反対に、よく研がれていない包丁や刃こぼれのある包丁を使えば、たくさんの細胞が壊れ、ガスがたくさん発生する。タマネギをスライスするときに一番重要なのは、最高に切れ味の良い包丁を使うことだ。泣かないためには、たいていそれで十分だ。

**③ タマネギを切ってすぐ水に晒せば、
涙が出ないのはなぜ？**

刺激成分は、涙に接触して硫酸に変わる代わりに、水に反応する硫酸に変わり、水と共に流れる。お湯を使えばもっと効果が上がる。お湯と言っても熱湯を使わないように！
また、タマネギは水に晒すと風味も歯ざわり感も失われると聞いたことがある。そう、その通り。だから輪切りしたタマネギを流水に晒すのは、ほんの数分にした方がいい。猛スピードでスライスするのも手だ。もうひとつ、タマネギの皮をむく前に30分だけ冷凍庫に入れるという方法もあるが、これはあまり効果がない。あとは、ゴーグルをつけるという攻略法がある。これは非常にうまくいくが、めんどうだ。現実的ではない。

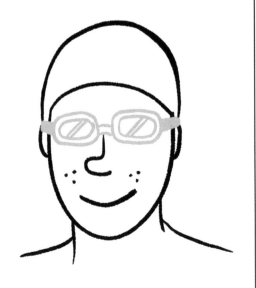

ニンニク片は切り方が味に直に影響するのはなぜ？

ニンニク片を切ると、カットしたちょうどその部分の細胞中で酵素反応が起り、アリシンという無色で刺激臭のある液体が発生する。切り方によって、酵素反応の程度とニンニクの風味が強まったり、弱まったりする。

 非常に切れ味の良い包丁でカットすると、たとえゆっくり時間をかけてカットしても、酵素反応は抑えられ、ニンニクは穏やかな風味を保つ。

 包丁の刃でつぶすと、傷つく細胞の数はかなり少ないが、普通にカットするより幾分刺激臭の強い風味を放つ。

 ガーリックプレスでつぶすと、多くの細胞が押しつぶされ、風味の刺激臭はより強くなる。加熱する場合には注意が必要！ 押しつぶされたニンニクはすぐにえぐくなるから。

 すり鉢でつぶすと、よりたくさんの細胞が押しつぶされ、風味はさらにきつくなり、加熱しすぎるとえぐく、苦くなる。

 ピューレ状にすりつぶすと、すべての細胞が破壊され、多くの酵素反応が起こり、風味は非常にきつく、さらには耐えられないほどになる。

タマネギの切り方も味に影響するの？

ニンニクと同様、タマネギも切り方が酵素反応に大きく関わっているため、風味に影響する。
タマネギは両端（先端と根元）が細くとがった楕円形に近い形の繊維でできている。

 繊維に沿って切る 繊維に沿って切ると細胞は断ち切られないため、酵素反応はあまり起こらず甘い風味を保てる。このように切ったタマネギは加熱しても形が崩れず、食感は均一になる。

 垂角に切る 繊維の向きと交差するように切ると細胞は断ち切られる。より多くの酵素反応が起こり、風味はより強くなる。食感はまちまちで、外側はしっかりしているが、中心部はホロホロとしている。

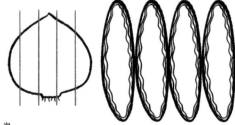

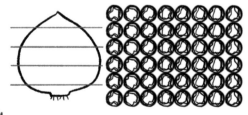

 大きな角切りにする 酵素反応が盛んに起こり、味はかなり際立つ。加熱すると食感は非常に軟らかくなる。

 小さな角切りにする 酵素反応が最大限に起こり、風味が非常に際立つ。加熱すると食感はスポンジのように軟らかくなる。

……では、エシャロットも？

タマネギとまったく同じ。エシャロットを繊維の向きと平行に切れば、甘い風味がし、加熱しても崩れずしっかりとした食感が得られる。繊維に対して垂直に切れば、風味はより強くなるが、食感はもうひとつだ。

AIL, OIGNON ET ÉCHALOTE
ニンニク、タマネギ、エシャロット

では、どうやったら、
美味しいガーリックピューレが作れるの？

ガーリックピューレ（またはガーリッククリーム）を作るには、
生ニンニクをつぶすのではない。まったく別のことをするのだ。
❶ ガーリックピューレを作るには、皮をむいていないニンニク
片をごく弱火にかけたオイルの中で30〜40分煮る。
❷ オイルごと濾し器に通し、オイルは再利用する。
（オイルは、立派な仔羊のジゴ（もも肉）にかけるのに使う）
❸ 同じ濾し器でニンニクを押しつぶす
（ニンニクを牛乳の中で煮ても非常にうまくできる）
❹ 濾し器から出てきたピューレを集め、鶏むね肉に添えたり、
シンプルにトーストに塗っても美味しい。このように調理すると、
ニンニクは非常に甘くなる。

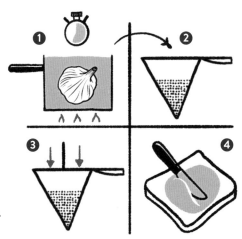

まちがいだらけの常識

消化を良くするために、
ニンニクの芽を
取り除くほうがいいと
よく言われるのはなぜ？

実際は、ニンニクの芽は消化に何ら
影響しない。しかし、芽は苦く、他
の部分より硫黄化合物が多く含まれ
ている。芽を残しておくと、苦味が
出て、吐息が臭くなる。だから、取
り除いたほうがいいのだが、消化を
良くするためではない。それは単な
る言い伝えだ。

タマネギを肉のブイヨンに入れる前に、
半分に切って軽く焦がすのはなぜ？

軽く焦がすとタマネギの焼いた、あるいは軽く焦がした部分が液体の中にわず
かに溶け出し、肉のブイヨンが美味しそうな茶色になる。でも、軽く焦がすだ
けで、真っ黒に焦がしてはダメ！ 焦がしすぎると、タマネギは苦味をもたらし、
ブイヨンは不愉快な黒っぽい色になる。

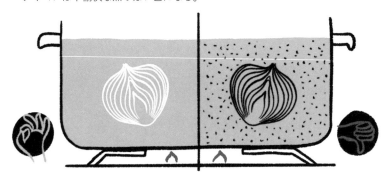

ニンニクを食べると、吐く息が臭くなるのはなぜ？

ニンニクが持つ成分のアリシンには硫黄化合物が含まれ
ている。生ニンニクをかじったり、食べたりすると吐息
が臭くなるのはこの硫黄化合物の仕業だ。この臭い吐息
から解放される唯一の方法は、アリシンと結合すると無
臭の新しい分子を形成する働きを持つものを食べたり飲

んだりすることだ。果物や生野菜のなかにはそんな可能
性のあるものがたくさんある。たとえば、リンゴ、ブドウ、
キウイ、きのこ、レタス、バジル、ミントなど。フルー
ツジュース、グラス1杯の牛乳、あるいはヨーグルトも
非常に効果がある。

ニンニクを加熱するとき、焦がしてはいけないのはなぜ？

ニンニクには果糖が多く含まれているため、高温での加熱に弱い。果糖はハチミツにも含まれている糖分の一種で、高温で加熱されると乾燥し、急速に焦げて、苦く、えぐくなる。たとえばボローニャ風ソースなどのソースの中で長く加熱するのは問題ない。ソースには水分が含まれている上に、加熱温度が100℃を超えることはないので、ニンニクは焦げない。

美味！

ではなぜ、ローストする若鶏の下にニンニクの鱗片を丸ごと入れておいてもいいの？

鱗片を包んでいる皮は保護膜と断熱材のような作用をする。皮が熱の大部分を遮って、ニンニク鱗片の中まで熱が通るのを妨げている。たとえオーブンの庫内が180℃に熱せられていても、それよりずっと低い温度でしか加熱されないため、ゆっくりと若鶏の脂漬けになる。

『ニンニクの脂漬けと
一緒に食べる
若鶏のローストは
驚くほど美味しい。
コンフィはとても柔らかく、
甘い。まるで
ボンボン菓子のよう……』

アイオリについての2つの疑問

❶ 本物のアイオリソースにはニンニクとオリーブオイルしか入っていないのはなぜ？

アイオリという言葉は、カタルーニャ語の《ail i oli（ニンニクとオイル）》からきている。だから、本物のアイオリソースはニンニクとオリーブオイル以外のものは一切入っていない。卵黄も入っていない（卵黄をいれたら、それはニンニク入りのマヨネーズだ）！

❷ アイオリソースにはニンニクとオリーブオイルしか入っていないのに、なぜ粘り気があるの？

マヨネーズはオイルと卵黄に含まれる水分との乳化液（ソースの項を参照）だが、アイオリは正にマヨネーズのような乳化液だ。アイオリソースの作り方は、まず、成分の90％が水分であるニンニクをすり鉢で非常に細かいピューレ状になるまですりつぶす❶。次に、オリーブオイルを一滴ずつ加え、乳化液が安定してきたら、少しずつオイルを加える量を増やす❷。このソースは作るのが非常に難しく、経験を積んだ料理人でさえ苦労する。そのため、乳化しやすいよう、つなぎに卵黄やジャガイモあるいはパン・ド・ミ（食パン）を加えることがある。だが、そうやって作ったソースは本物のアイオリソースとは風味がまったく違う。

本物のアイオリソースは卵黄の代わりにニンニクを入れてマヨネーズのようにドロッとさせる。

LES PIMENTS
唐辛子

とげがないのにチクチク、熱していないのにヒリヒリ、鼻水が出る、涙が出る。
それなのに、好きなもの……。あぁ、それは唐辛子！

唐辛子を食べると喉が
チクチクするのはなぜ？

唐辛子が強烈に辛いのは主に防御システムの働きをする分子であるカプサイシンの作用によるものだ。唐辛子に含まれるカプサイシンの量が多ければ多いほど辛さが強烈になるが、この刺激物質には匂いも味もなく、単にそう感じる感覚があるにすぎない。しかし、すべての唐辛子がこのように辛いわけではない。なかには、ピーマンのように非常に穏やかな味のもの、甘いものさえある。その他は、アンティル諸島産のハバネロのように、辛さに強い激辛好きさえ我慢の限界に達するほど、本当に辛い。1912年にウィルバー・スコヴィルが辛さの単位スコヴィル値を開発したが、料理では、辛さの値を1から10までで測定する簡略バージョンが使用される。

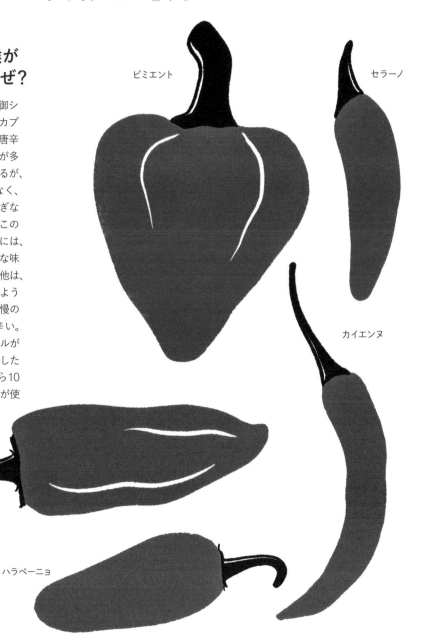

ピミエント

セラーノ

カイエンヌ

ポブラノ

ハラペーニョ

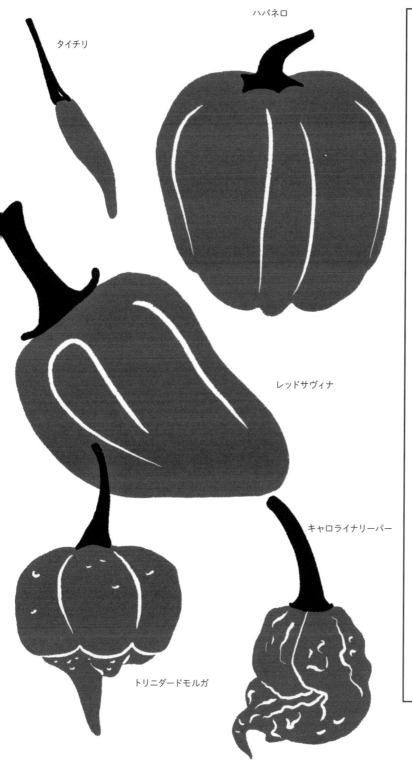

タイチリ

ハバネロ

レッドサヴィナ

キャロライナリーパー

トリニダードモルガ

なぜ「唐辛子はヒリヒリする」と言われるの？

人はみんなすぐにそう言う。けれども、本当は唐辛子の辛み成分は焼けつくように辛くはない。身体が騙されているだけ。説明しよう。ちょっとびっくりするような専門的な話だが、口の中には、通常、温度の上昇を感知する役割をもつニューロンがあり、このニューロンは、食べ物が熱いと感じられる42℃前後で活動し始める。ところが、カプサイシンはニューロンにまちがえるよう誘導する。すると、ニューロンのセンサーは、口の中の温度が1℃たりとも上がっていなくても、熱さと痛さの情報を脳に送る。

しかも、この同じセンサーが、数滴のメントールを口に入れると口の中が冷たいというメッセージを送って脳にそう感じさせるのだから面白い。

ある種の唐辛子は他のものに比べて辛さを長く感じるのはなぜ？

唐辛子の焼けつくような辛さの原因はカプサイシンであることを述べた。しかし、カプサイシンの仲間、カプサイシノイド類の中には他にも辛みを感じさせる分子がある。たとえば、ジヒドロカプサイシン、ホモジヒドロカプサイシン、ノルジヒドロカプサイシン、ホモカプサイシンなど（難しそう？）。これらの分子は効果が長く続くものもあれば、短いものもある。分子構成の形によって、ある唐辛子は他の唐辛子に比べて辛い感覚が長く続く。

LES PIMENTS
唐辛子

暑い国々ではとくに
辛い料理が好まれるのはなぜ？

唐辛子には強力な抗菌・殺菌作用がある。暑い風土で冷蔵庫がない場合、唐辛子を使用することで、とくに肉を使った食材をより長く保存できる。

料理に唐辛子を使う場合、
少しずつ加える必要があるのはなぜ？

一旦、唐辛子を料理の中に入れてしまうと、取り出すことができない。入れすぎたと思っても後の祭りだ！　激辛度を和らげる唯一の方法は、水、ヨーグルト、野菜、魚、肉などを加えながら、辛味を薄めるか、その他の材料を全て増量して、材料中の唐辛子の比率を下げることだ。
だから、最善の方法は唐辛子は少しずつ加えてその都度辛さの度合いを確かめることだ。

初めに、唐辛子をほんの少量加える。

味見して、辛みが足りないようなら、もう少し唐辛子を加える。

味見して、まだ辛みが足りないようなら、さらにもう少しだけ唐辛子を加える。

まちがいだらけの常識

「唐辛子を食べすぎると胃に穴が開く」と言われるのに、それでも好んで唐辛子を食べるのはなぜ？

おや、まあ、異議を唱えるようで申し訳ないが、唐辛子を食べても、たとえそれが、ものすごい激辛唐辛子だとしても、胃に穴が開いたりはしない。それはまったくまちがった先入観だ。米国の科学者たちが、唐辛子ベースの調剤を数人の被験者の胃に直接注入し、その影響を胃カメラで観察した。何も起こらなかった！意外に思うかもしれないが、胃に最も大きな負担をかけるのは酢、またはアスピリンの服用だ。

なぜ、唐辛子のピリッとした辛みが好まれるの？

人はちょっぴりマゾヒストで、刺激的な辛さに喜びを感じる。決して誇張ではない。人間の身体はつらく感じるような刺激を受けると、痛みを感じなくする強力な作用があるエンドルフィンを放出する。このホルモンは阿片にかなり似ていて、幸福感、さらには陶酔感をもたらす。エンドルフィンによる高揚感を求める人は、ジョギング、水泳、有酸素運動など耐久スポーツをする人々に多いと言われている。

唐辛子を食べると、汗が出たり、涙が出たり、鼻水が出たりするのはなぜ？

身体が熱くなりすぎたと脳が信じるからだ。そして防御メカニズムが始動する。汗は体温を下げるため（スポーツをしたときのように）、鼻水や涙は刺激物質を追い出すため（刺激臭で息が詰まりそうになるときのように）。

唐辛子の辛さを和らげるために種を取り除く必要があるとよく言われるのはなぜ？

辛み成分は種の中にあると言われているが、それは正しくない。カプサイシンの10分の9は胎座、つまり唐辛子の芯部にある小さな白っぽい「ワタ」とよばれるところにある。胎座の周辺に種がついているため、カプサイシンをいくらか吸収し、わずかに辛くなっている種もある。カプサイシンが種の中にあると勘違いされる理由は、種を取り除くと胎座、つまり辛み成分が最もたくさんある部分をかき削る必要があるからだろう。

水を飲んでも舌のヒリヒリを和らげることはできないのはなぜ？

唐辛子を食べると、カプサイシンが熱を感知する口の中のニューロンに付着する。問題は、カプサイシンが水に溶けないということだ。水を何リットル飲んでも辛み成分対策には何の効果もない。

では、牛乳やヨーグルトを飲むとヒリヒリが和らぐのはなぜ？

それは、牛乳に含まれるある種のタンパク質や脂質がカプサイシンを吸収したり、引き剥がしたりするから。牛乳を飲んだ後、カプサイシンは受容体にもう付着していないため、辛みをわずかしか感じなくなる。できれば、唐辛子を食べる前に飲んだ方が効果的だ。

LE LAIT ET LA CRÈME
牛乳とクリーム

牛乳とクリームは子ども時代のことを思い出させてくれる。夏のキャンプで飲んだ新鮮な牛乳の味、牛乳瓶をひっくり返してしまったこと……。どの思い出も、スーパーの乳製品売り場に並んでいるものとは何の関係もないが……。

豆知識

フランスのスーパーには さまざまな種類の牛乳が 並んでいるのはなぜ?

あらゆる用途に応えるため、また、衛生上の規格、輸送や保存条件による違いである。牛乳本来の特性の違いと、保存上の処理の違いを区別する必要がある。こうした違いは、牛乳だけでなく、山羊乳や羊乳にもある。

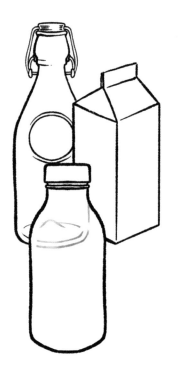

牛乳の品質

生乳は最も味が良く、乳脂肪分が最も多く含まれている。加熱殺菌せず瓶詰めされ、保存期間は瓶詰後3日間。その味の濃さ、脂質の多さ（乳脂肪分の含有率は牛の種類によって違いがあり3.5〜5%）に初めて飲んだ人は驚く。小さな子ども、妊婦、高齢者は衛生上の理由から飲まない方がいい。

- +

全乳には生乳の最低含有率と同じ3.5%の乳脂肪が含まれているため、最も生乳の代用品になりやすい。低温殺菌またはUHT（超高温瞬間殺菌法）処理をするときに、あらかじめ乳脂肪分を分離（脱脂）し、後で正確な必要量を戻す。風味を生かす料理に使用される。

- +

低脂肪乳は、全乳の半分しか乳脂肪分が含まれていない。したがって風味もそれだけ薄い。全乳と同様、殺菌処理をするときにあらかじめ脱脂し、1.5〜1.8%の乳脂肪分を戻す。全乳より味は薄いが、料理に使用できる。

- +

脱脂乳は、殺菌処理した後、乳脂肪分を戻さない。味も薄く、他の牛乳より水っぽい。料理には使用しないほうがいい。乳脂肪分は0.5%に満たない。

- +

エバミルクは、水分の60%を蒸発させた牛乳。クリーミーでカラメルのような風味がある。全乳、低脂肪乳、脱脂乳のそれぞれから製造できる。

- +

粉ミルクは、水分をすべて取り除いた牛乳。保存期間は長く、常温で1年間保存できる。粉ミルクも、全乳、低脂肪乳、脱脂乳のいずれからでも製造できる。

- +

加工乳は、ビタミンまたはミネラル（カルシウム、マグネシウム、鉄分など）を添加した牛乳。主に、子どもや妊婦、高齢者向けのとされている。

- +

フランスの牛乳殺菌方法

生乳を除いて、全乳であれ、低脂肪乳であれ、脱脂乳であれ、何らかの処理工程を経る。

生乳（Le lait cru）は、殺菌処理が一切施されない。そのため、非常に短い期間しか保存できない。

`[-` ▭ `+]`

マイクロフィルター殺菌乳（Le lait micro-filtré）は、まず乳脂肪を分離し、乳脂肪のみを低温殺菌する。続いて乳脂肪分を取り除いた脱脂乳をマイクロフィルターでろ過し、細菌や微生物を除去する。殺菌した乳脂肪を脱脂乳に調整しながら加えることで、生乳に近い味の高品質の牛乳になる。

`[-` ▭ `+]`

低温殺菌原料乳（Le lait thermisé）は、57〜68℃でおよそ15秒間加熱して、特定の病原性微生物を殺す。この牛乳は、生乳を使わないチーズの製造用牛乳で、店頭には並ばない。

`[-` ▭ `+]`

低温殺菌乳（Le lait pasteurisé）は、72〜85℃でおよそ20秒間加熱して、生乳に含まれる危険な微生物を99.9％殺菌。加熱処理によって風味やテクスチャーがある程度失われる。

`[-` ▭ `+]`

UHT（超高温殺菌）乳は、140〜155℃の高温で数秒間加熱した後、急速に数秒間冷却する。約90日間常温で保存できるが、何の風味もなく、料理にはまったく向かない「死んだような」牛乳だ。

`[-` ▭ `+]`

「植物性ミルク」は ミルクではないの？

遠慮なく言おう。「植物性ミルク」なんてものは存在しない！ ミルクに似てはいるがミルクではない製品を売り込むために、企業がごまかして使用している名称だ。実のところ「植物性ミルク」は水と種子などの汁を牛乳を思わせる白色にするために、何らかの材料が添加されている。同じような例で、「大豆ヨーグルト」も「植物性チーズ」も「植物性バター」も存在しない。美味しいかもしれないが、いずれも、ヨーグルトでも、チーズでもバターでもない。2010年に、幾つかの例外が承認され（きっとすぐに、もっと増えるだろう）、ココナッツミルクだけが唯一、正式に「○○乳」という名称をつけることが認められた。偽の名前に騙されないよう……。

『ケフィアは、牛や山羊の乳をベースに調合され、
1％足らずのアルコールとわずかな炭酸ガスを含む
素晴らしい、発酵飲料だ。』

では、バターミルクはミルクとはまったく違うの？

バターミルクを知らない？ それは残念！
バターミルクは中東で好まれているケフィアに似た発酵ミルクで、その製造はフランス人の祖先ガリア人の時代に遡る。バターを作るためにクリームを撹拌すると白っぽい液体ができる。これがバターミルクで、牛乳に含まれる乳酸菌により酸味がでる。これは伝統的な製造方法で、現在は低脂肪乳に乳酸菌を加えて作られることがほとんどだ。飲むヨーグルトより水っぽく、本当の「ミルク」ではないが、飲んでも非常に美味しい。

LE LAIT ET LA CRÈME
牛乳とクリーム

乳房から出てきたばかりの牛乳を飲んではいけないのはなぜ？

理由のひとつは、動物由来の製品のため、生乳にはたくさんの微生物が含まれていること。もうひとつの理由は、牛が搾乳されるとき、乳房の表面にいる微生物が牛乳を汚染する可能性があるからである。

菓子職人や料理人が生乳を使いたがるのはなぜ？

生乳は加熱されていないため、他の牛乳よりずっと風味がある。また脂肪分が多いためクリーミー。非常にリッチな牛乳だからだ。

では、生乳で作ったチーズに問題がないのはなぜ？

悪い微生物は、チーズの熟成期間中に死滅してしまう。その結果、良い、または害にならない微生物、良い菌類しか残らない。それらはすべてチーズに風味をもたらすために必要なものばかりなのだ。

牛乳は母乳より消化が悪いのはなぜ？

牛乳には母乳の3〜4倍のタンパク質が含まれている。しかし、赤ちゃんの消化器官はそれほど多くのタンパク質を消化したり、排出したりできない。その結果、タンパク質は胃酸の中で凝固し、消化を遅らせ、結腸の中で、いわゆる腸内フローラの「腐敗」が進行し、赤ちゃんが不快感を覚えることになる。

歳をとると、牛乳を消化しにくくなるのはなぜ？

牛乳にはラクトースという糖分が含まれている。問題はこのラクトースだ。というのは、牛乳をきちんと消化するためには、ラクターゼという特別の酵素が必要で、この酵素は子どもの体内に存在するが、4〜5歳になると通常は消滅する。しかし、1万年前に特定の民族に遺伝子の突然変異が起こり、大人も牛乳を問題なく消化できるようになった。北ヨーロッパや北米の80％以上の人々は牛乳を消化できるが、アジアやアフリカ、南米の人々は牛乳がなかなか消化できない。

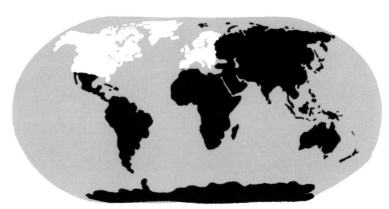

遺伝子の突然変異によって、世界の一部の民族が大人になっても牛乳を受けつけられるようになった。

❶ 牛乳を温めると皮膜ができるのはなぜ?

牛乳は、成分の85%が水分だ。残りはタンパク質、糖分、脂質など。牛乳を温めて、温度が70〜80℃に達すると、水分が蒸発してタンパク質が凝固し、皮膜を作りながら表面が盛り上がってくる。

❷ 牛乳が沸騰すると溢れるのはなぜ?

表面にできた膜は、熱せられた影響でやはり表面に浮き上がってきた脂質の分子を逃すまいとせき止める。皮膜は脂質と共に濃縮凝固して厚くなり、温度が70〜80℃に達すると蒸気の泡が出てくるが、厚くなった皮膜にブロックされる。すべてが一緒になってさらに盛り上がり、遂にはあふれてしまう。これを避けるには、皮膜を取り除き、蒸気の泡を縁から逃すことだ。

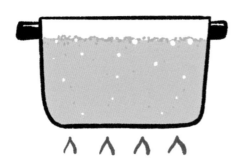 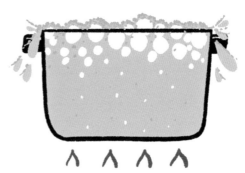

牛乳が熱せられる。凝固したタンパク質が
脂質を包み込みながら表面に皮膜を作る。

牛乳が沸騰する。蒸気の泡が上がってきて、
これをブロックする皮膜を持ち上げる。遂にあふれる。

❸ 牛乳が沸騰したら、鍋に蓋をする必要があるのはなぜ?

牛乳が十分に温まったら(加熱中は溢れないように絶えずかき混ぜれば、皮膜はできない)、蓋をする。そうすれば、蓋が蒸気を閉じ込めて、牛乳が蒸発するのを防ぐことができる。そうしないと、また皮膜が張ってしまう。せっかく、膜が張らないようにかき混ぜていた努力が水の泡だ。

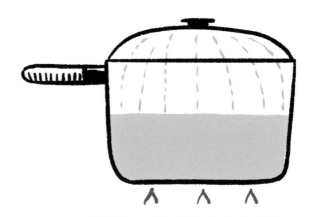

蒸気は蓋のところまで上がってくるが、また牛乳の中に
落ちる。そのため牛乳の水分はなくならない。

LE LAIT ET LA CRÈME
牛乳とクリーム

豆知識

フランスの食料品店には
さまざまな種類のクリームが
並んでいるのはなぜ？

さまざまな種類のクリームには、乳脂肪分の含有量、なめらかさ、風味など、それぞれ異なる特徴がある。未加工生クリームを除いて、すべてのクリームは低温殺菌した牛乳から乳脂肪分を分離するために遠心分離器にかけて脱脂乳と乳脂肪分に分離される。次に、乳脂肪分を用途に応じて、量を調整した脱脂乳で希釈する。加熱しても凝固しないように、乳脂肪分が25％以上含まれていなければならない。

フランスのクリームの種類

クレーム・フレッシュ・クリュ・リキッド（La crème fraéche crue liquide） 生乳を脱脂して、表面に浮き上がってくる乳脂肪を集めたもの。乳脂肪分が30〜40％含まれている。熱に非常に強いが、むしろその風味を生かすために生のまま使用される。

クレーム・フレッシュ・クリュ・エペス（La créme fraîche crue épaisse） 乳酸菌を加えた生乳の生クリーム。乳脂肪分はやはり30〜40％含まれている。そのまま、あるいは風味とまろやかさを生かすためにソースの仕上げに用いられる。

クレーム・フルレット（La créme fleurette）「フルール・ド・レ（牛乳の花）」とも呼ばれ、これもやはり脱脂して表面に浮き上がってくる乳脂肪分を集めたものだが、低温殺菌されている。乳脂肪分が35％含まれているため、非常に熱に強く、ホイップするのに適している。

クレーム・リキッド（La créme liquide） 高温殺菌された液状の生クリーム。この高温殺菌処理によって風味の一部が失われている。乳脂肪分の含有量はクレーム・フルーレットより少なく（20％以下）、加熱すると凝固する可能性がある。

クレーム・フレッシュ・エペス（La créme fraîche épaisse） クレーム・リキッドに乳酸菌を加えて発酵させたもので、酸味があり、熱に非常に強い。フランスでは、ノルマンディーのイジニーと中東部のブレス地方にAOC（原産地統制呼称）に認定された濃厚生クリームがある。

ダブルクリーム（La créme double） 乳脂肪分が60％含まれている未加工濃厚生クリーム。非常に風味が豊かで料理には最適。英国で見かけることが多いが、フランスではめったに目にしない。

クレーム・レジェールまたはクレーム・アレジェ（Les crémes légères ou allégées） 乳脂肪分の大部分を取り除いたクリームで、風味に欠け、増粘剤が添加されている。熱に弱く、要するに料理には向かない。

クレーム・エーグル（La créme aigre） 乳脂肪分が15〜20％しか含まれないため、主に生で使用される。かなり酸味が強く、英米ではサワークリームという名前で知られている。

熱処理方によるクリームの違い

クレーム・フレッシュ・クリュ・リキッドとクレーム・フレッシュ・エペス 熱処理を一切加えていない。そのため、非常に短期間で、具体的には瓶詰後2、3日で使い切る必要がある。非常になめらかで風味が豊か。

-	+

クレーム・パストゥリゼ（La crème pasteurisée） 牛乳より低温で、牛乳より長時間の12〜20分間、熱処理された低温殺菌クリーム。なめらかさも味も劣る。

-	+

クレーム・ユ・アッシュ・テ（Crème U.H.T） 超高温で熱処理されたクリームで、開封前は常温で保存できるが、料理で使用するには何のメリットもない。

-	+

美味！

クレーム・クリュ（LA CRÈME CRUE）をめったに目にしないのはなぜ？

このクリームは熟練職人が手作業で生乳を脱脂して、乳脂肪分を集めて作られる。低温殺菌処理も高温殺菌処理もされていないため、数日間しか保存がきかない、非常に高品質のクリームなのだ。乳製品の専門店か牧場で販売されている。

気をつけて！

低脂肪クリームや
リキッドクリームは
温めるのを
避けるべきなのはなぜ？

その理由は、乳脂肪分が少ししか含まれていないから（当然だ。乳脂肪分が低減されているから）。クリーム中に含まれるカゼインというタンパク質は熱したり、酸性食品に接すると凝固するリスクが増す。ソースを作るには、脂肪分が十分含まれているものを選ぶべきだ！

それでも、
低脂肪クリームを
使うことはできる？

低脂肪クリームはとてもじゃないが美味しいとは言えない。低脂肪クリームは風味もないし、自然なクリーミーさに欠ける。とろりとした食感を出すために、業者は増粘剤の添加を余儀なくされている。そうしないと、牛乳のようにサラリとした液状だから。健康には悪くない。だから、やむを得ない場合はどうぞ……。

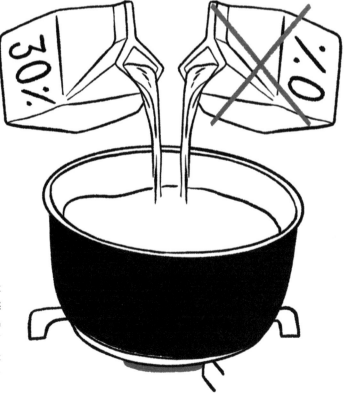

LE LAIT ET LA CRÈME
牛乳とクリーム

ちょっと深掘り！

自分でクリームから
バターを作れる？

乳脂肪分をたくさん含むクリームを、長い間攪拌するとバターの粒ができる。自分でバターを作るには、

❶ 乳脂肪分が30％以上含まれるリキッド・クリームを泡立て器またはミキサーで10〜15分間泡立てると、黄色いペースト状のもの（バター）と、白い液体（バターミルク）に分離する。

❷ すべてをざるで濾してバターを集め、水ですすぐ。

❸ これを数分間、ねっとりするまで捏ねる。用途によっては塩を加えよう。

❹ 冷蔵庫で保存する。1週間後、食事に友人を呼んで自慢するといい。

瓶入りまたはテトラブリック容器のクレーム・アングレーズ※1は
本物のクレーム・アングレーズではないの？

クレーム・アングレーズの本当のレシピは、牛乳1ℓに対して卵黄16個（そう、たくさんの卵黄）を使い、バニラは加えない！「クレーム・アングレーズ」と表示されたテトラブリック容器や瓶入りのものは、牛乳1ℓ当たりの卵黄の量がずっと少ない。そしてバニラエッセンスが添加されている。これは本物のクレーム・アングレーズとは別物だ！

※1：カスタードクリームの一種、小麦粉を入れないため、サラリとしている。

正しい使い方

凝固したクレーム・アングレーズを元に戻すには
どうすればいいの？

クレーム・アングレーズは目に見えないごく小さなクリームの塊が集まったものだ。長く加熱しすぎると、小さな塊がくっついて大きくなり、大きな塊になる。でも慌てないで！ 凝固したクレーム・アングレーズを瓶に入れて大きな塊を壊すように揺すれば、そのうち、目に見えないほどの小さな塊に戻る。

シャンティイ※2についての3つの疑問

※2:砂糖を加えて泡立てた生クリーム。

❶ シャンティイを作るには、クレーム・フルレットを使う必要があるのはなぜ？

そもそもシャンティイとはなんだろう？ シャンティイはクリームに空気を取り込んで泡立てたクリームで、小さな子どもから大人まで、みんな大好きだ。クリームの中に空気をしっかり閉じ込めるためには、乳脂肪分が必要。乳脂肪分がないと、しっかりとツノが立つムースができない。なぜなら、空気の泡を閉じ込めて、ムースの気密性を保持するのは乳脂肪分の分子だから。クレーム・フルレット（生クリーム）には乳脂肪分が35％以上含まれている上、風味が高いため、パーフェクトなホイップクリームが作れる！

❷ クレーム・フレッシュ・エペス（濃厚生クリーム）は乳脂肪分を含んでいるのに、ホイップクリームに適さないのはなぜ？

それは正に濃すぎるから。このクリームは、空気を取り込んで雪のように白く泡立てるには濃厚すぎる。この濃厚なクリームを思いきりかき混ぜると、クリームは少しだけ液状になりクレーム・フルレットのようにピンとツノが立たない。どうしようもないのだ……。

❸ クリームも泡立てるための器具も十分に冷やしておく必要があるのはなぜ？

これはちょっとした秘策だ。その理由は、ひとつの例を示すだけで簡単に理解できるだろう。例えばバターを冷蔵庫に入れると固くなるが、常温では非常に柔らかい。
クリームにも乳脂肪分が含まれているのだから、まったく同じことが起こる。つまり、乳脂肪分は冷蔵庫に入れると固くなり、常温では柔らかい。問題は、乳脂肪分が柔らかいと空気の泡を閉じ込めておくことができないため、ホイップクリームはツノが立たない。また泡立てている間に、温度が少しずつ上がってしまう……。だから、クリームを泡立てる前に、器具もすべてしっかり冷えるように1～2時間冷蔵庫に入れておこう。氷を張った容器にクリームを入れたボールを入れて泡立ててもいい。そうすれば、素晴らしいホイップクリームができるだろう。

店頭に並んでいるホイップクリームのスプレー缶には「シャンティイ」という名称が表示されていないのはなぜ？

もちろん、それは本当のクレーム・シャンティイではないからだ！
スプレー缶の中には、クリームの量を減らしてボリュームを出すために乳化剤を添加したクレーム・ユ・アッシュ・テ（超高温で瞬間殺菌されたクリーム）が入っている。さらに、量を増やすためにガスが添加されている。そのガスには通常、亜酸化窒素が使われている。はっきり言うと、空気とわずかなクリームしか入っていない。しかも、そのスプレー缶は冷蔵品売り場でなく、常温でUHT（超高温殺菌）牛乳と一緒に置かれていることに気がつくだろう。本物のクレーム・シャンティイとは何の関係もない。でも、子どもたちはこのスプレーのボタンを押してクリームが出てくるのを見るのが大好きだ。たまには、彼らを喜ばせてやるのもいいかな？

LE BEURRE
バター

なめらかで、塩気があり、軟らかいバター。牛のでも、そうでなくても、塗って良し、ホウレンソウを炒めて良し、バターのことを詳しく知っていて悪いことはない。

バターの色についての3つの疑問

❶ 白い牛乳から黄色いバターができるのはなぜ？

バターの色はカロテンというオレンジがかった黄色の天然色素によるものだ。この色素はニンジンの中にもみられるが、牛が食べる新鮮な青草の中に大量にあるため、牛乳の中にもこの色素が含まれている。本当は牛乳は黄色っぽい色なのだが、光を反射すると白く見える。バターは光をほとんど反射しないため、私たちにはバターの本当の色、黄色に見えるのだ。

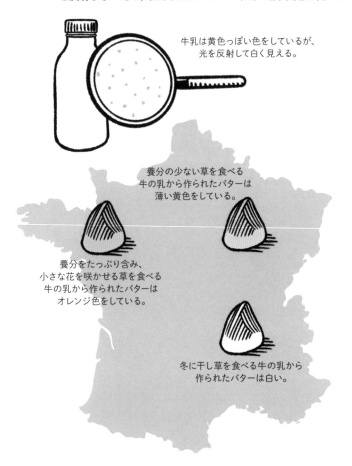

牛乳は黄色っぽい色をしているが、
光を反射して白く見える。

養分の少ない草を食べる
牛の乳から作られたバターは
薄い黄色をしている。

養分をたっぷり含み、
小さな花を咲かせる草を食べる
牛の乳から作られたバターは
オレンジ色をしている。

冬に干し草を食べる牛の乳から
作られたバターは白い。

❷ バターの色が原産地によって違うのはなぜ？

雨のよく降る地域（フランスなら、たとえばブルターニュ地方やノルマンディー地方など）で飼われている牛は養分をたっぷり含んだ草を食べるため、そのような牛の乳から作られるバターは濃い黄色をしている。雨の少ない地域で飼われている牛は、滋養に富んだ草が少ない。そのような牛の乳から作られるバターは白っぽく、風味も乏しい。

❸ 季節も影響するの？

春には、養分をたっぷり含み小さな花を咲かせる草が生い茂る。それを食べる牛の乳は美味しい。バターも風味に富んでいて、濃い黄色や、明るいオレンジ色になることさえある。冬に生える草は滋養に乏しく、カロテンが少ない。したがって、冬に作られるバターは薄い黄色で、白いこともある。でも、気をつけて。バターの色が季節によって変わりすぎないように、冬のバターには工場でカロテンが添加されていることも！

バターの味が
季節によって
変わるのはなぜ?

牛が1年を通して同じ牧草地にいれば、草の質がバターの味に直に影響する。春は花を咲かせ、滋養に富んだ草が生い茂る。夏は乾燥して草は萎れ始めるが花はついている。秋には再び生い茂り養分を蓄える。そして冬は牛たちは主にまぐさを食べる。したがって、バターも季節によってさまざまな風味がする。

羊や山羊のバターを見かけないのはなぜ?

フランスでは、ほとんど自然食品店にしか置かれていない。山羊のバターは特にイギリス諸国で、羊のバターはギリシャで多く見かける。山羊の乳で作ったバターは牛乳で作ったバターに比べて匂いがきついが、羊の乳で作ったバターはかなり穏やかでクリーミーだ。お試しあれ!

なぜ、バラット※の
バターは
他のバターより
風味が豊かなの?

牛乳を分離してできたクリームを撹拌すると、バターの粒ができる。この粒を集めて洗い、捏ねてから塩を加え混ぜ、板状に成型する。

一般的なバターは通常低温殺菌し、急速冷凍したクリームが使用されている。撹拌は機械で行い、あっという間にバター粒ができる。しかし、バラットのバターは冷却しただけの未加工クリームを使い、1～2時間かけて撹拌する。次に、牛が食べた餌に応じて、バターの粒を多少とも長い時間かけて捏ねると、複雑で美味しい風味と香りが広がってくる。

※手動で撹拌する装置のこと。

バターに塩をふる人が
いるのはなぜ?

ありふれたバターでなく、上質のバターには上質の塩をふろう。バターに塩をふることを「泣かせる」と言う。なぜなら、その通りのことが起こるから。塩はバターに含まれる水分を吸収する。次に、水分は急速に蒸発する。そうするとバターはより濃厚で、美味しく、風味が溢れる。しかも、冷蔵庫やフリーザーがなかったころ、バターに塩をふることでより長く保存できた。

有塩バターの中には、
塩の結晶を感じるものがあるのはなぜ?

通常、有塩バターには精製塩が添加されているが、舌乳頭を刺激するカリカリという食感を得たいなら、バターの保存期間中に溶けないような塩の結晶が加えてあるバターを求めるといい。塩の結晶入りバターは通常、普通の有塩バターより高価だが、美味しさのためには、背に腹は代えられない……。

LE BEURRE
バター

バターが必ず密閉されているのはなぜ?

バターが小箱にきちんと収められていない場合は厚紙かアルミ箔で包装されていることに気がついたことがあるだろうか? その理由は簡単。油脂であるバターはさまざまな風味を吸収しやすく、外気に触れたままにすると、たとえ冷蔵庫の中でも数分で味が劣化する。そもそも、昔の調香師は数々の花の芳香分子を取り込むのに、精製油脂を使っていたくらいだ。

ちょっと深掘り!

店頭に並んでいる柔らかいバターは、「偽物」ではないの?

大騒ぎしないで大丈夫、パニックにならないで! バターを冷蔵庫に入れても固くならないように、化学成分を添加しているわけではない。その原理は「結晶の細分化」と言われるもので、バターを溶かし、次にゆっくり冷却する方法だ。冷却のプロセスでは溶けたバターの全体が同じ速度で凝固するわけではない。ある部分は他の部分より早く固くなる。途中で、まだ柔らかい部分を取り出して、再び捏ね、もう一度、成型する。そうすると、保存温度が4〜5℃でも柔らかいままになっているが、風味は落ちる。

シェフの秘技

食材をバターでこんがり焼くときは、ブイヨンを少々加える必要があるのはなぜ?

バターは130℃を超えると焦げる（右図を参照）。バターの温度がこの温度まで上がるのを避けるための最善の方法は、ブイヨンを少しだけ加えることだ。そうすることで、温度はブイヨン中の水分が達し得る最高温度、つまり100℃前後にとどまる。これぞ、一流シェフが教えたがらない秘技だ。

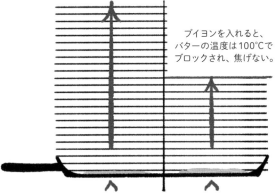

ブイヨンを入れないと、バターの温度は急上昇し、130℃を超えると焦げる。

ブイヨンを入れると、バターの温度は100℃でブロックされ、焦げない。

ブール・ノワゼット（BEURRE NOISETTE）は焦げたバターではないの?

"エイのブール・ノワゼット添え"は焦がしバターを使った格好の例だ。でもパニックにならないで! シェフは焦げたバターであなたを毒殺しようとしているのではないのだから。ノワゼットはヘーゼルナッツの意味だが、ヘーゼルナッツは入っていない。焦がしバターの色が、ナッツのような褐色だからである。これに酸味や、ケイパーを数粒加えることもある。

焦げたバター

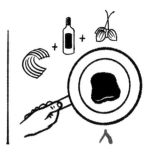

ブール・ノワゼット（焦がしバター）

① なぜ、バターは焦げるの?

バターの成分のうち、約80%が脂肪分、16%が水、残りの4%がタンパク質だ。
バターを熱しても、水分が含まれているため、最高でも100℃前後を超えることはない。しかし、水分が蒸発してしまうと温度は急速上昇する。すると、タンパク質と乳糖が褐色になり始める。
これが有名な「ブール・ノワゼット(焦がしバター)」だ。さらに加熱を続けると、焦げてしまい、すっかりダメになる。焦げ臭くなって、えぐくなる。

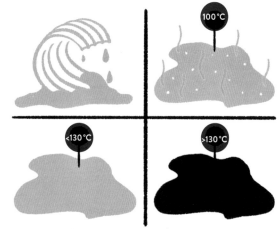

バターは加熱すると溶け、バターに含まれる水分は蒸発する。
それから、ヘーゼルナッツのような褐色になり、最後には焦げる。

② ……バターにオイルを混ぜても焦げる?

よく言われているのとは違い、オイルに混ぜたバターを熱しても焦げる。やはり、130℃前後で褐色になり、さらに温度が上がると焦げる。バターはオイルの中で薄められているため、褐色が薄く感じられるだけで、味はえぐく、きつい。
そのことを確かめるには、焦がしバター(ブール・ノワゼット)から焦げたバターに変わる様子を観察しやすいように、バターとオイルを混ぜたものをグラス容器に入れて直に加熱すれば十分だ。

③ 澄ましバター(LE BEURRE CLARIFIÈ)が焦げないのはなぜ?

バターが焦げる原因となるもの、つまりタンパク質と乳糖を取り除けば、バターもオイルのように、250℃の発煙点まで大丈夫だ(この温度を超えてはならない)。
澄ましバターならフライドポテトも作れる!
❶ バターを湯煎鍋で溶かす。
❷ 浮いてきた粒子を取り除く。
❸ 溶けたバターを濾し布に通す。そのとき、底にたまった白っぽい脱脂乳が入らないように気をつける。濾された液体を冷まし、冷暗所で保存する。

④ 肉のソテーやローストの仕上げにバターを加えると、とても美味しくなるのはなぜ?

バターにはオイルにない風味がある。加熱の最後にバターを加えると、焦げるのを避けられ焦がしバターの香りが立つ。火を止める4〜5分前に肉にバターを注ぎ、香辛料をふると、美味しくなる。

LE FROMAGES
チーズ

ミルクという、たったひとつの原料から、これほどたくさんの種類の
チーズが作れるなんて驚くべきことだと思わない？

同じ渓谷地帯で生産されるチーズが
必ずしも同じ風味でないのはなぜ？

渓谷の両壁は同じ方向を向いていない。一方の壁は他方の壁より陽が良く当た
る。したがって、育つ草木も違ってくる。同じ渓谷地帯でも生い茂る草木の種類
によって、牛乳の質が異なる。いきおい、さまざまな風味のチーズができる。

チーズには美味しい旬が
あるのはなぜ？

チーズの原料となるミルクを出す動物のほと
んどは、1年中、乳を出すが、羊は12月から
7月にかけてしか乳が出ない。また、どの動
物も季節によって乳の特性が異なる。春に
は山羊や牛は養分のたっぷり詰まった上質
の草が生い茂る草原を跳ね回り、お腹いっ
ぱい草を食べる。そのため乳の質が良い。
上質のミルクで作るチーズは当然、美味しい。
したがって、3月から7月（山間部で育つ
動物の場合は9月まで）に良い牛乳を手に
入れる必要がある。チーズの旬の時期がい
つなのかを知るために、熟成期間を考慮し
なければならない。たとえば、カベクー[1]
は4月から8月にかけてが美味しいが、サ
ン・ネクテール[2]は熟成期間が長いため、
9月から10月までが最も美味しい。

※1：ケルシー、ルエルグ、ペリゴール、ベアルヌ
地方で山羊乳、ときに羊乳から作られる小さく
て丸い柔らかいチーズ。

※2：オーベルニュ地方で牛乳から作られるチー
ズ。平たい円盤形チーズで、中身は紫色または
灰色がかっており、黄色や赤色のカビに覆われ
ていることもある。

ちょっと深掘り！

チーズには、柔らかいチーズや中身を圧搾した
少し固いチーズがあるのはなぜ？

チーズは、凝固させて固めたミルクから作られる。凝固の過程で、
自然に水分が出るままにしておくと軟質チーズになる。中身を圧搾
したチーズ（ルブロション[3]、サン・ネクテール、コンテ、ボー
フォールなど）は、型に入れて圧搾し、水分と脱脂乳を全て排出させ
てから熟成させる。軟質チーズはとろりとして、とろけるように柔
らかいが、圧搾タイプのチーズは柔らかいながらも、舌触りがしっ
かりしている。

ベジタリアンの中には
チーズを食べない人がいるのはなぜ？

チーズはレンネットという凝乳酵素で凝固させた牛乳から作られるが、
このレンネットは概して動物由来のもので、離乳していない子どもの
反芻哺乳類（ほとんどの場合、牛）の第4胃から抽出される。したが
って、動物性のものが入っているため、ベジタリアンの中には、チー
ズを食べない人々がいる。もっとも今日では、植物性の凝固剤でチ
ーズを作ることができるようになり、ベジタリアンの条件に適っている。

※3：サヴォワ地方で牛乳から作られるチーズ。
軽く圧搾されていて柔らかく、外皮は洗ってある。形は平らな円盤形。

チーズに製造工程で常に塩を加えるのはなぜ?

もちろん、塩は味に影響する。しかし、その他の効用もある。塩は湿気を吸収してチーズを固くする。また悪さをする菌類やバクテリアを排除し、外皮を形成してより長い保存を可能にする。

健康のため

チーズが木製の箱に包装されるのはなぜ?

木製の箱はチーズを保存するのに大きなメリットがある。というのは、木材にはバイオフィルム※6が含まれているからだ。驚かないで! これは非常にシンプルなこと。バイオフィルムは微生物(細菌、カビ、酵母菌など)で構成される共生する細胞の集合体だ。このバイオフィルムがチーズを包み込んで、熟成中のチーズを保護する。また、木材はリステリア菌の増殖を大きく抑制することが分かっている。

※6:固体や液体の表面に付着した微生物が形成する生物膜。

チーズをワインのように熟成させるのはなぜ?

熟成とは、チーズの外皮を形成し、風味、香り、色、舌触りを高めること。熟成期間はチーズによってさまざまで、熟成中に微生物が作用して、独特の風味が生まれる。

すべてのチーズが同じような切り方をされないのはなぜ?

外皮のついたチーズ、中身がとろけるように柔らかいチーズ、ピラミッド形やハート形のチーズと、チーズには様々な種類がある。チーズを切り分けるとき、その場にいるすべての人々に同じ質のカット片を取り分けるようにと考える。同じだけの外皮、同じだけのとろける部分など……。モン・ドール※4あるいはエポワス※5のような中身がとろけるタイプのチーズは例外で、スプーンで取り分ける。

※4:フランスとスイスの国境付近にあるジュラ山脈で放牧される牛の乳から作られる柔らかいチーズ。
※5:ブルゴーニュ地方エポワスとその周辺でつくられる牛乳を原料としたチーズ。ブルゴーニュ地方のマール(搾りかすのブランデー)で洗った軟質タイプで円盤形。

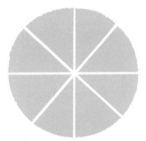

カマンベール、または、ルブロションまたは、サン・ネクテール

グリュイエール、または、コンテ

ブリー

ブリケット・ド・ブルビ

マロワール、または、ポン・レヴェック

LE FROMAGES
チーズ

小話

ある種のチーズに青緑色のカビがついているのはなぜ？

こんな伝説がある。フランス南部の岩山にある小さな村・ロックフォール＝シュール＝スールゾン村に住む一人の羊飼いが美しい女性を見かけて一目ぼれし、弁当に持ってきていた羊のフレッシュチーズを一片のせたライ麦パンを洞窟の奥に置いたまま、彼女の後を追いかけた。戻ってみると、チーズの上に青緑色の縞もようがついていた。食べてみるとあまりの美味しさにすっかり病みつきになった。こうしてロックフォールチーズが生れたという。

ロックフォールのカビはライ麦パンにつくペニシリウム・ロックフォルティという菌類によるもの。パンを高温加熱すると外皮が黒こげになるが、中身は生で、しっとりしている。このパンを2カ月間、地下室に寝かせておくと、ペニシリウム・ロックフォルティが繁殖する。今日、この菌は菌株から培養される。

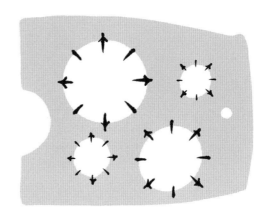

ドーン！

エメンタールにはなぜ穴があるの？

ほんの数年前にその理由が科学的に解明された。牛の乳を搾っているときに、干し草の粉末微粒子が牛乳の中に落ちる。発酵する時に、粉末微粒子が炭酸ガスを発生してエメンタールに穴を開け、チーズの内部を大きく膨らますのだ。残念なことに、近年はこの穴が次第に小さくなっている。それは搾乳装置があまりに正確に作動するため、搾乳中に何も混入しなくなったからだ。そのうち、穴のないエメンタールを見かけるようになるだろう。

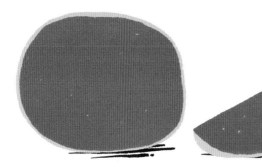

ミモレットチーズはなぜオレンジ色なの？

17世紀、ルイ14世の財務総監コルベールはオランダからミモレットチーズを輸入することを禁止した。代わってフランス産のミモレットを広く世に知らしめるため、食品の着色料として使われるベニノキの乾燥した赤い実で着色した。ミモレットのオレンジ色はこの着色料によるものだが、今日では、ブーレット・ダヴェーヌ※やチェダーチーズをはじめとするチーズやスケトウダラの燻製までこの着色料が使われている。オランダ産のミモレットもベニノキで着色されている。
※フランドル地方アヴェーヌの農家で乳清から作られるチーズ。

灰色をした山羊のチーズがあるのはなぜ？

山羊のチーズの中には、外皮の色が灰のように薄いグレーのものがある。灰色の山羊のチーズは実際に灰がかけられているものもあるが、今日では次第に少なくなっている。

実際は、この美しいグレーの外皮にするために、ペニシリウム・アルブムまたはジェオトリクム・カンディダムなどの食用菌が牛乳に添加されている。

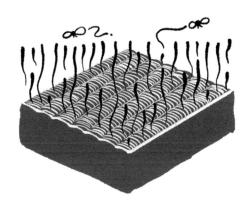

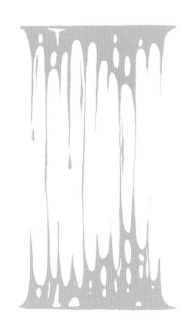

臭いがきついチーズがあるのはなぜ？

チーズの外皮は、細菌や酵母、カビなどが棲みつく驚くべき世界だ。これらの分子は気体となって私たちの鼻まで上ってくるため、私たちはチーズの臭いを感じ取るが、ある種の分子が特に他に比べて強く感じられる。たとえば、エポワスやマロワールなど、オレンジ色のチーズの外皮にいるブレビバクテリウム・リネンス（舌を噛みそうな名前）は非常に強い臭いの硫黄化合物であるメタンチオールを生成する。しかし、臭いはチーズそのものの力強い旨みに勝るものではまったくない。

本当？な話

塩の結晶のようなものが含まれているチーズがあるのはなぜ？

カリカリした触感はするが、それは塩ではない。この結晶は、チーズの熟成中にタンパク質の分解によって生じたアミノ酸「チロシン」が蓄積したもので、十分熟成した良質のチーズである証拠だ。

糸のように伸びるチーズがあるのはなぜ？

糸を引くように伸びるチーズの主成分はタンパク質のカゼインで構成されている。ガゼインは、熱に強く、加熱しても肉のように硬くならない。また繊維のような網目状の構造をしている。熱を加えると網目の一部が壊れて、伸びるのだ。

チーズは食べるにつれて旨味が増すとよく言われるのはなぜ？

日本語で「旨味」というのは「おいしい味」という意味だ。チーズには、たくさんの旨味がある。唾液の分泌を促し、風味のバランスを取り、「まろやかさ」を出しながら、満足感を高める。母乳の中にもたくさんの旨味がある。チーズとミルクには繋がりがあるのだから当然といえば当然か。

豆知識

チーズには赤ワインより白ワインの方が合うのはなぜ？

すべてのチーズの4分の3以上は赤ワインより白ワインの方が合う。あなたの習慣と違うとしても、それにはいくつかの理由がある。
1) 赤ワインに含まれるタンニンがチーズの粘り気と張り合って、鉄のような臭いを放つ。これがあまり心地よくない。
2) ある種の軟質チーズの強い味が赤ワインの風味とテクスチャーを台無しにする。これは何とも残念なこと。
3) ある種の白ワインの酸味と軽やかさがチーズの粘り気を和らげる。
白ワインとチーズの相性の良さをお試しあれ、本当に素晴らしいから！

LES ŒUFS
卵

鶏が先か、卵が先か？　そのことについては、あなたの自由にまかせよう。

C.Q.F.D.／証明完了！

卵がまん丸ではなく、楕円形なのはなぜ？

卵の形成プロセスは、まずひとつの卵細胞ができ、これが卵黄に変わり、次に卵白に包まれ、殻によって保護される。

この全プロセスの間、卵は移動しやすいように球のように丸い。しかし、ごく小さな総排泄腔から大きな玉を出すためには、それを変形させる必要がある。雌鶏が収縮を何度も繰り返すうちに、丸い卵は楕円形になり、幅が狭まり、よりスムーズに出てくる。

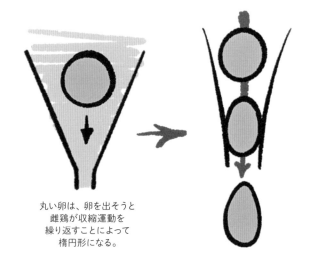

丸い卵は、卵を出そうと雌鶏が収縮運動を繰り返すことによって楕円形になる。

本当？な話

卵は丈夫であると同時に壊れやすいのはなぜ？

楕円形は縦方向に最も抵抗力がある形のひとつであると同時に、横方向には最ももろい形のひとつでもある。0.2〜0.4mmの厚さの卵の殻は、尖った方を上にして立てた場合は60kgの重さにまで耐えられるが、横向きに置いた場合はずっと軽いものを載せても殻が割れる。ボール紙の卵ケースを重ねて幾つまでなら、中の卵が割れないか興味本位で数えた研究者たちがいる。その結果、驚くべきことに、下の卵が割れないことを確認しながら、600ケースまで重ねることができた。

豆知識

フランスの卵はどれもが同じ色でないのはなぜ？

卵の色は雌鶏の品種によって異なる。それほど複雑なことではない！　黒い鶏のラ・クレーブクール (La Crèvecœur) は完璧に白い卵を産み、農家の赤褐色の雌鶏（フランスの卵ケースにプリントされている写真でおなじみ）はベージュ色、ラ・マラン (La Marans) は正にチョコレート色、南米原産のアローカナは何と青緑色の卵を産む！

たとえば、アメリカでは白い卵をよく見るが、フランスではベージュ色の卵が普通だ。これは土地柄や飼育方法の違いによる。アメリカで産卵種の多くを占めるホワイトレグホンはかなり小柄だが非常によく卵を産む。餌代も安くすみ、飼育のための場所も取らない。卵の原価はベージュ色の卵に比べて安い。

卵の中にヒヨコがいないのはなぜ？

卵には胚の成長に必要なものがすべて含まれている。つまり保護組織と栄養だ。かわいそうなことに、ほとんどの場合、私たちが食べる卵を産んでくれる雌鶏は雄鶏と「親しい関係を持つ」チャンスがないため、受精するチャンスがない。したがって、私たちは食用には適した無精卵を食べている。

黄身が必ずしも真っ黄色でないのはなぜ？

それは、主に卵に含まれている養分やカロテンによる。そう、カロテンはニンジンを美しいオレンジ色にしている色素で、青草にも非常にたくさん含まれている。農場を自由に歩き回って、ミミズや美味しい種子、みごとに育った青草をたっぷり食べる雌鶏の体内にはカロテンがたっぷりある。そんな雌鶏はオレンジがかった黄色の、オメガ3脂肪酸を豊富に含んだ卵を産む。一方、生涯鶏舎に押し込められ、バタリーケージで飼育された雌鶏たちは薄黄色の貧弱な卵を産む。

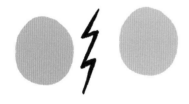

豆知識

黄身が2つあるたまごがあるのはなぜ？

皿に双子の目玉焼きがのっていれば、子どもたちは大喜び。ひとつの卵の中に黄身が2つあれば、いつだって嬉しい。では、ここで問題。「ママ、パパ、これ、魔法の卵？」 さあ、あなたの知識をアピールするチャンスだ。こう説明するといい。「2つ黄身があるのは、たいてい、若いお母さん鶏の卵管が渋滞したせいだよ」。卵管を知らない？ じゃあ、説明しよう。卵管は卵を卵巣から総排泄腔まで導く通路のこと。先に進む卵黄のスピードが遅くて、後から来た卵黄が追いついてしまったり、あるいは、後の排卵が早すぎて、2つの卵黄が卵管の中で出会ってしまうことで起こる。その結果、2つの卵黄の周りに殻がひとつだけ形成される。こうしてひとつの卵に黄身が2つ入ってしまうのだ。

卵にエアポケットがあるのはなぜ？

産卵の瞬間、卵は41℃の雌鶏の温かい体内から放り出され、ヒートショックを受ける。そのヒートショックの中で、卵は冷え、収縮し、卵の最も大きく膨らんだ先端に「気室」と呼ばれる小さなエアポケットが形成される。

気をつけて！

新鮮でない卵が水の表面に浮くのはなぜ？

卵は、時間が経てば経つほど卵白が乾燥する。中に含まれている水分が殻を通ってゆっくりと蒸発するからだ。卵白は乾燥すると、小さくなり、卵の中に空間ができ、エアポケットが大きくなる。エアポケットが大きくなりすぎると、突然、空気で満たされた浮きのような役割をし、水の中でも卵を浮かせることができるようになる。

LES ŒUFS
卵

ちょっと深掘り！

卵の殻に数字が
印字されているのはなぜ？※

卵はひとつとして同じものはないから、販売用の卵にはすべてコードを印字することが義務づけられている。このコードには、ある種の身分証明書のように非常に重要な情報が含まれている。

※EU圏内では、卵殻の直接の印字が義務付けられている。

先ず、**産卵日**：
この日付後9日間は「きわめて新鮮」であると見なされ、マヨネーズ、黄身をベースにしたソース、菓子など、生卵を含むあらゆる調理に十分使用できる。

2 次に、**賞味期限**

3 産卵鶏の**飼育タイプ**：
0 有機飼育
1 半屋外飼育
2 大規模鶏舎での平飼い
3 ケージ飼育

続けて、飼育国に関する2文字、たとえば、フランスならFR、最後に、原産地を特定するコードが記されている。

08/07/19
DCR 23/07
0FRKPC01

本当？な話

卵を洗う必要がないのは
なぜ？

確かに、雌鶏はどんなところでも排泄するから、卵は糞の中にいる細菌に汚染されている可能性がある。しかし、自然とは非常にうまくできており、卵は産み落とされる前に粘りのある液体でコーティングされ、「クチクラ（角皮）」と呼ばれる非常に薄い保護膜が形成される。この膜が細菌が殻の中に侵入するのを防いでいる。卵を洗えば、この保護膜を流してしまうことになり、細菌が侵入できる穴がたくさんある卵になってしまう。

保護膜が卵の表面を
くまなく覆っている。

割った卵の中身が
殻の外側に触れないようにする
必要があるのはなぜ？

いつも同じ問題に行きつく。殻の外側は正に細菌の巣窟だ。卵の黄身や白身が殻の外側に触れてしまえば、細菌が入る危険性がある。調理中にそうなることを避けるコツは、卵が汚染されるリスクを避けるためにつねに最もきれいな箇所で割ることだ。

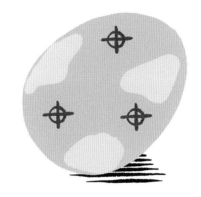

気をつけて！

ヒビの入った卵は
捨てるべきなのはなぜ？

ヒビの入ったところから卵が砕けると、細菌が入り、卵を汚染する可能性がある。病気になるのを避けるため、ヒビのある卵は捨てる方がいい。

ヒビの入った殻から
細菌が卵の中に入る。

卵に触れた後に、
手を洗うべきなのはなぜ？

おや、すでに前の方で読まなかった？　卵の殻の外側は細菌がいっぱいだということを！　卵の殻を触ったら、細菌に感染するおそれがある。卵の殻に触った後は、必ず、手を洗おう。これから菓子を作るのなら、なおさらだ……。

健康のため

卵を冷蔵庫で
保存するべきではない
のはなぜ？

フランスのスーパーでは卵は常温に置かれているのをよく知っているだろう。その理由は、冷蔵庫では、クチクラによって形成された細菌保護膜がもろくなって細菌が表面に増殖し、殻には小さな穴がたくさんできる。そうなると、まったくありがたくない細菌が卵の中に侵入するリスクがより大きくなるからだ。

冷蔵品売り場に卵を置いている国が
あるのはなぜ？

フランスでは、消費者に販売する前に卵を洗うことは禁じられている。しかし、他の国では認められている。卵を洗った途端に殻の表面にはクチクラがなくなってしまい、殻は細菌から保護されない。そこで、冷蔵庫で保存されるが、保存期間は非常に短い。

賞味期限はなぜ必ず守るべきなの？

すでに書いたように、殻が細菌から卵を保護する力を失うから。とりわけ、保護されていた卵黄膜が傷み始めてサルモネラ菌が繁殖するのに好都合な環境になる。卵は、保存ケースとは違うのだから、賞味期限をないがしろにしてはいけない！

LES ŒUFS
卵

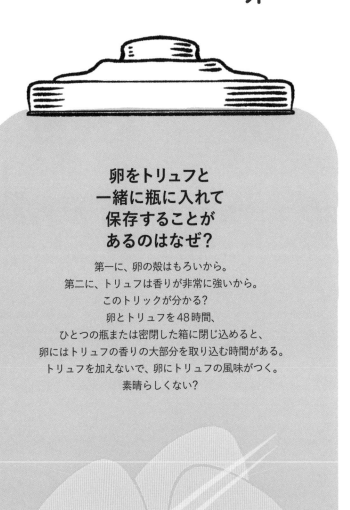

卵をトリュフと
一緒に瓶に入れて
保存することが
あるのはなぜ?

第一に、卵の殻はもろいから。
第二に、トリュフは香りが非常に強いから。
このトリックが分かる?
卵とトリュフを48時間、
ひとつの瓶または密閉した箱に閉じ込めると、
卵にはトリュフの香りの大部分を取り込む時間がある。
トリュフを加えないで、卵にトリュフの風味がつく。
素晴らしくない?

C.Q.F.D.／証明完了!

卵を回すと、
生卵は固茹で卵ほど
長く回らないのは
なぜ?

生卵か、茹で卵か見分けられない? 回してみるといい。生卵はすぐ止まってしまうが、茹で卵は長く回っている。なぜだろう? それは、生卵の中身は粘性の液体だから。生卵を回してみると、なかなか回り始めない上に、回り始めても、殻が擦れてすぐに止まってしまう。固茹で卵は中に白身黄身の塊がある固体のため、回転運動がしやすい。

生卵は長く回らない。

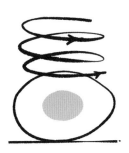

固茹で卵はクルクル回る!

卵白はなぜ
泡立てることができるの？

卵白には、水とタンパク質が含まれている。卵白特有のタンパク質、アルブミングロブリンは空気を取り込みやすく、泡を持続させる性質も備えている。泡立てることで空気を取り込み、空気に触れることで膜状に硬くなる成分オボアルブミンを生み出す。この「空気変性」が起こることで、気泡を安定化させ、しっかりとしたきめ細かいメレンゲができる。

……うまく泡立たないことがあるのは？

脂肪や油は卵白が泡立つことを妨げる。油の分子が卵白の気泡を割ってしまうのだ。特に要注意なのが卵黄だ。ほんの少しでも卵黄が混ざると、うまく泡立たなくなる。またボウルに油分がついていても、うまくいかない。

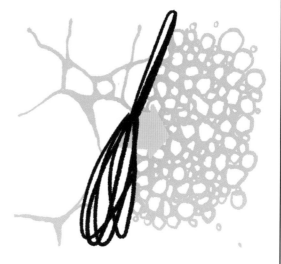

泡立てることで、卵白のタンパク質の
中に空気が取り込まれる。

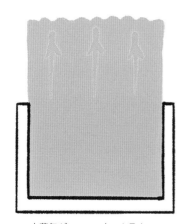

水蒸気がスフレの中で上昇する。

豆知識

スフレはなぜ膨らんでいるの？

スフレが膨らむのは、「熱によって空気の体積が増すからだ」とよく言われる。確かにそれもある。しかし熱の影響はごくわずかだ。なぜなら、空気が熱せられて膨張するのは25％にすぎないが、スフレは焼く前の3倍は膨らむ。本当は何が起こっているのか説明しよう。加熱中に、材料に含まれる水分が熱せられ、蒸気に変わる。この蒸気が上昇するのと並行して、卵のタンパク質が徐々に凝固し、上昇した蒸気を閉じ込める。だから、スフレを切ると、蒸気が一気に外に出て、スフレは萎む。

正しい作り方

加熱の最初に、スフレの表面を
こんがりと焼いておかなければならないのはなぜ？

スフレを膨らませるのは水蒸気であるから、この蒸気が外に出てしまうのを絶対に防がなければならない。スフレの表面を最初にこんがりと焼いておけば、薄い焼き皮ができて蒸気が逃げにくくなり、スフレがより膨らむ。

LES ŒUFS
卵

スクランブルエッグや オムレツを作るとき、 あらかじめ卵液に塩を加えておく 必要があるのはなぜ？

肉や魚に塩をふるのとまったく同じだ。塩は
タンパク質の分子組織を変性させる（「塩」
の項を参照）。タンパク質は変性すると、加
熱してもほとんどねじれなくなり、水分は
あまり絞り出されなくなる。
同じように、スクランブルエッグやオムレ
ツを作るとき、火にかける15分前に卵液
に塩を加えておけば、ほとんど固く
ならず、柔らかくジューシーなのに
火がしっかり通った仕上がりになる。
その上、鮮やかな黄色に
なっていることに気がつく
だろう。それは、タン
パク質が変性すると、
光をあまり通さなくな
るからだ。

本当？な話

卵を茹でているとき、 小さな泡が出るのはなぜ？

殻には目に見えない小さな穴がたくさん空いている。
お湯で熱せられると卵の殻にある空気が膨張し、そ
の穴を通って外に出るからだ。

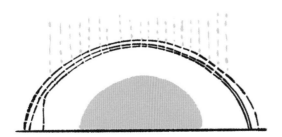

沸騰した湯で卵を茹でると 殻が割れるのはなぜ？

沸騰した湯で卵を茹でると、泡で揺さぶられ、持ち上
げられてから鍋の底に落ちてくる。底にぶつかった勢
いで殻の組織がもろくなり、遂にはヒビが入り、そこ
から卵白が出てくる。だから、卵を茹でるときは、割
れないように湯を沸騰させてはいけない！

卵を殻のまま電子レンジで加熱すると爆発するのはなぜ？

電子レンジでは非常に速く加熱されるため、蒸気が殻の外に出る余裕がない。圧力鍋のように圧力が急上昇し、ついには殻が抵抗できなくなって爆発する。

卵黄と卵白についての4つの疑問

❶ 卵白は生だと黄ばんで水っぽいのに、加熱すると白くなるのはなぜ？

なぜなら、水様卵白は加熱するとゲル状になり、光を分散させるからだ。詳しく説明しよう。少し専門的な話だが、難しくはない。卵白に含まれるタンパク質は互いに水素結合によって連結し、立体構造を作っている。ところが、加熱温度が70℃を超えると水素結合が切断される。つまり、タンパク質はバラバラになり、タンパク質が複雑にからみ合う。タンパク質が強く結合することで、不透明な白色になる。簡単じゃないかな？

❷ では卵白が固くなるのは？

60℃を超えると、卵白に含まれるタンパク質のひとつ、オボトランスフェリンが卵白を乳白色にしながら凝固し始める。この状態が半熟卵としては最高。
70℃前後になると、乳白色になった卵白はしっとり感を残したまま固くなる。これで固茹で卵になる。
80℃を超えると、卵白中の別のタンパク質、オボアルブミンが凝固し始め、卵白を乾燥させる。これでは加熱しすぎだ。残念……。

❹ 半熟卵の白身は「固まっている」のに、黄身はとろりとしているのはなぜ？

熱は卵黄に届くまでに時間がかかる。卵白が防御壁のように立ちはだかっているからだ。卵白は加熱による熱エネルギーのほとんどを吸収して、温度を60℃前後に安定させる。火にかけてから3分以上経つと、熱は卵黄にまで届いて火が通り始める。熱々でとろりとした黄身にしたいなら、3〜4分以上茹でてはいけない。

❸ では、卵黄はなぜ固くなるの？

65℃以下では、卵黄は液体のまま。半熟卵としては最高。
65℃を越えると、卵黄に含まれるタンパク質のひとつ、ビテリンがとろりとし始める。これは半熟茹で卵としてパーフェクト。
68℃を越えると、ビテリンが本格的に凝固し始め、固茹での黄身ができる。

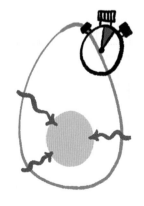

LES RIZ
米

米はつけ合わせにしても、揚げ団子にして揚げても、粘り気があって申し分のない食材だ。世界中であらゆる形で食べられているが、フランス料理では、どのように使われているのだろう?

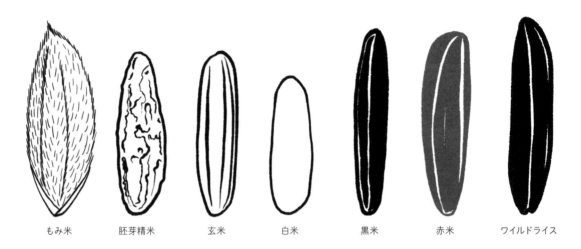

もみ米　　胚芽精米　　玄米　　白米　　黒米　　赤米　　ワイルドライス

玄米、白米、黒米、赤米など、いろいろな色の米があるのはなぜ?

米の色の違いは精白度と処理の違いによる。

もみ米は収穫したままの米粒。外皮であるもみ殻に包まれていて、食べられない。胚芽精米、玄米、白米はこのもみ米を精製して作られる。

玄米（または全粒米またはカーゴライスともいう）はもみ米のもみ殻を取り除いたものだが、まだ糠層と胚芽が含まれている。「全粒」米という名前はそこからきている。

胚芽精米は糠層の厚みを減らすため、玄米を軽く削ったもの。まだミネラルが十分残っている。

白米は精白された米。果皮、タンパク質層、胚芽が取り除かれている。米に含まれるミネラルの3分の2は失われている。

黒米は中国原産の全粒米で、今日ではイタリア北部のポー渓谷でも栽培されている。種皮は黒いが、胚乳は白い。

赤米も全粒米で、種皮が非常に厚く、胚乳はピンク色だが、加熱するうちに濃い赤になる。

ワイルドライスはライスと名付けられているが米ではなく、やはり水田で成長するイネ科マコモ属の植物だ。

米粒に丸いのや、長いのがあるのはなぜ?

米粒には丸いものと長いものの2種類ある。これは最もよく使われる米の品種系統による違いで、粒が細長いインディカ米と楕円形または円形のジャポニカ米とに大きく分けられる。細長い米は粘り気が少なく、料理のつけ合わせなどに用いられる。丸い米はでんぷんが豊富で粘り気がある。この種の米は、リゾット、パエリア、寿司、デザートに用いられる。

タイのもち米には粘り気があるのはなぜ?

水蒸気で加熱されることの多いこの米は特に、アミロペクチンを多く含んでいる。そう、ア・ミ・ロ・ペ・ク・チ・ン……。アミロペクチンを知らない?　いやいや、最近できた当世風のバーの名前ではない。アミロペクチンはでんぷんの主要成分だ。米の粘り気を出し、柔らかくするのはこのアミロペクチンだ。

粘り気のない米は、なぜ粘り気がないの?

米を炊くと、米に含まれるでんぷんの一部が溶けて出てくる。米粒の表面はべとべとし、くっついてまとまった形になる。米をべとつかせないためには、でんぷんの溶出を妨げる必要がある。そこで、企業は確実な秘策を見つけた。105℃に熱した湯の水蒸気の中に米を入れる高温処理だ。この高温処理によってでんぷんがゼラチンに変わり、加熱している間、ずっと米粒の中に閉じ込められる。ほら、そうすると粘り気がなくなる。

白米は炊く前に 研ぐ必要があるのはなぜ?

米をべとつかせるでんぷんが表面についているから。これは、加熱中にさらにでんぷんが溶出するとしても、問題を最小限に食い止めるために、できるだけ多くのでんぷんを取り除くという考えによる。したがって、加熱する前に、米を研いだ水が白くなくなるまで、数回、研ぐ必要がある。

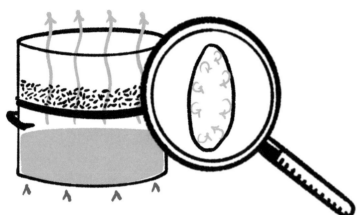

105℃の高温処理によって、でんぷんが米粒の中に残り、べとつかない。

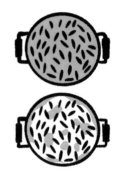

研いだ米は、加熱で溶出するでんぷんが少ない。したがってあまりべとつかない。

玄米、黒米、赤米は 白米より加熱時間が長いのはなぜ?

玄米、黒米、赤米はすべて全粒米で、糠層がついてる。この糠層が柔らかくなるまでには長時間の加熱が必要であるばかりでなく、糠層があることで米粒の中に水がなかなか浸透しない。いきおい、加熱時間がさらに長くなる。加熱時間を短縮するための良い解決策は加熱する1時間前から米を水に浸しておくことだ。そうすれば、糠層が水を吸い込み、加熱中に米粒の中に水がより早く浸透する。

糠層が米粒の中まで 熱湯が浸透するのを 遅くし……

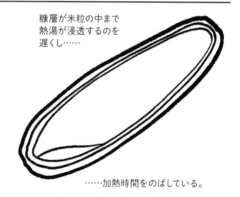

……加熱時間をのばしている。

米を炊くときに、 蓋をする必要があるのはなぜ?

炊き始めは、米が十分に温まるまで蓋をしない。次に、火を弱めて、鍋の中に蒸気が溜まるように蓋をする。こうすると、米に火が通り続け、お湯でというより水蒸気で膨らみ続ける。蓋を開けたり、中をかき混ぜたりしてはいけない。炊き上がったら、木べらなどで米粒をほぐす。

まず、蓋を開けたまま米を炊き、次に、弱火にして蓋をする。

LE RISOTTO ET LA PAELLA
リゾットとパエリア

ああ、リゾット！　そしてパエリア！　太陽の恵みに満ちたこの2つの料理には美味しい米とブイヨンと地中海の風味という共通点がある。でもご用心、パエリア用の米で美味しいリゾットを作ろうと思ってはいけない。その逆もしかり！

リゾットの米は
歯ごたえがあるのに
クリーミーなのはなぜ？

クリーミーなのは米ではなくソースだ。つまり、米は中まで火が通りすぎていないため歯ごたえがあるが、外側は完全に火が通ってブイヨンを吸収しているため柔らかい。クリーミーさは米の表面にたくさん含まれているでんぷんのなせる業だ。このでんぷんがブイヨンの中で加熱されている間にゼリー状になり、米粒を互いにくっつかせる。そのためにブイヨンに粘り気が出て、クリーミーになる。こうしてクリーミーになったブイヨンは米粒を包み込む。粘り気のない米を使ってはいけない。リゾットにはまったく向いていないから。

でんぷんをたくさん含んでいるリゾット用の米だけが
クリーミーな粘り気を出せる。

リゾットに適切な米を選ぶ必要があるのはなぜ？

リゾット用の米はすべてイタリア北部ポー渓谷の原産である。
カルナローリ米はリゾット用の「米の王様」と見なされている。でんぷんが最も多く含まれ、最もクリーミーなリゾットができる。
マラテッリ米は20世紀初頭に自然交雑によって生まれた米。米粒が最も小さく、熱に非常に強い。

アルボーリオ米は一般的な米で手に入りやすいが、加熱すると割れる危険性が高い。そのため、気をつける必要がある。
バルド米は大きくて長い米粒で水分の吸収力が非常に高い。非常にクリーミーなリゾットができる。
ヴィアローネ・ナノ米は液体のようにサラッとしたリゾットができる品種。イタリアでは、「à londa（波のような）」という。特にベネチアで好まれている。

リゾットは米以外の穀物でも作れるの？

もともと米は種子である。したがって、他の種子を使ってもリゾットは作れる。もっとも、米を使っていないのだから、もはや本当の「リゾット」ではないにしても。ただ、多少なりともクリーミーさを得るために、米の代わりに用いるのは、加熱すると幾らかでんぷんを溶出する種子でなければならない。大麦やカラスムギ、スペルト小麦、ひまわりの種子、蕎麦の実で作ってみるといい。加熱時間は概してより長くなるが、米で作るのと変わらず美味しい。

リゾット用の米は炊く前に研いではいけないのはなぜ？

リゾットには、表面にでんぷんがたくさん含まれている米を用いる。米を研げばでんぷんの一部が流れてしまい、リゾットはクリーミーにならない。リゾットを作るなら米を研いではならない、絶対に！

米粒をつやつやさせることが重要でないのはなぜ？

リゾットの加熱し始めに「米が半透明になるまで炒める」とよく言われる。だが、炒めている間、正確には何が起こっているのだろう？　米は加熱されて透明になり、でんぷんは変質し始める。米粒ひとつひとつがオイルに包まれ、光を反射する（本当の半透明ではない）。このオイルは米粒の表面で一種の膜を形成し、ブイヨンが中に浸透するのを遅らせる。そのため、でんぷんが溶け出てブイヨンをクリーミーにするのに時間がかかる。しかも、仕上がってから、その効果はイタリア人の熟練料理人でさえほんのわずかしか感じ取れない。米粒がつやつやになるまで炒めても、そうしなくても、仕上がりにほとんど違いはない。

リゾットの炊き始めに白ワインを加えるのはなぜ？

リゾットがクリーミーになりすぎると風味が「覆い隠される」可能性がある。炊き始めに白ワインを加えると、酸味も加わって味にアクセントがつき、味わう者の味覚を目覚めさせる。白ワインのちょっとした効果であらゆる風味が引き立つ。

リゾットは作り置きできるの？

ああ、イタリア人の友人たちから罵倒されそうだ！　そう、リゾットは作り置きできる。何より、作り置きできればレストランは大いに助かる。シーッ、決して口外しないように。しかし、非常にうまくいくのだ。その方法は？

❶ 大きな金属製のトレイ数枚を冷凍庫に約30分間入れて冷やしておく。リゾットが3分の2ほど炊きあがったら、冷やしておいた大きなトレイ数枚に厚みが最高でも4〜5mmになるように広げる。厚みが4〜5mm以上になるとリゾットが冷める時間が長くなりすぎる。

❷ リゾットを入れたトレイを急速に温度を下げる通風装置のついた大型冷蔵庫に入れる。リゾットは2〜3分で冷える。

❸ 次に、大型冷蔵庫から取り出し、ブイヨンが蒸発しないようにラップでピッタリ覆って、冷蔵庫で保存する。

❹ レストランの営業時間にリゾットの加熱を仕上げる。

もちろん、家庭でも同じようにできる。炊いたリゾットを15分間、冷凍庫に入れ、次にラップで覆って冷蔵庫に入れる。4〜5時間前に準備すること。友人たちが到着してから、加熱の仕上げをすればいい。

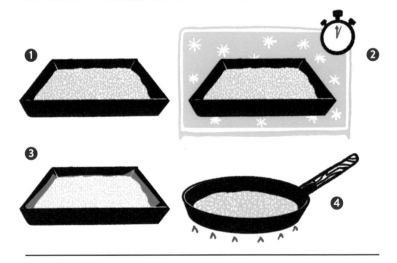

LE RISOTTO ET LA PAELLA
リゾットとパエリア

リゾットのブイヨンについての2つの疑問

❶ リゾットを炊くとき、ブイヨンを一気に全部入れてもいいのはなぜ?

まず、通常は「ブイヨンを少しずつ加える」と言われるのはなぜなのかを理解する必要がある。そうすれば、もっと簡単に同じように仕上げられることがが分かるだろう。それほど複雑なことではない。いいかな?

ブイヨンが蒸発するかどうかは、ブイヨンの表面積だけが関係する。つまり、同じフライパンなら、ブイヨンの深さが1cmでも5cmでもブイヨンは同じように蒸発するだろう。蒸発する表面積が大きければ大きいほど、速く蒸発する。試してみよう!

通常のレシピでは、ブイヨンは「その風味を濃くする」ために数回に分けて加えると書かれている。では、ブイヨンを一度に注ぎ入れることができるように、先に風味を濃くしておけばどうだろう? これぞ奥の手……。ものすごくうまくいく。ブイヨンを数回に分けて加えるなんてまったく無駄なこと。味は少しも変わらない。今度、リゾットを作るときは、ブイヨンを先に煮詰めてから、米に一度に加えればいい。結果は、煮詰めていないブイヨンを少しずつ加えるのとまったく同じになるだろう。

同じフライパンなら、
ブイヨンの深さが1cmでも……。

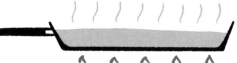

……5cmでも、ブイヨンが蒸発する
量はまったく同じ。

❷ リゾットは鍋ではなく大きなフライパンで作るのはなぜ?

それには2つの理由がある。

1) リゾットを作るとき、ブイヨンを煮詰めるためにブイヨンの水分を速く蒸発させようとする。ところが、ブイヨンが蒸発する表面積が広ければ広いほど、速く蒸発することを理解したばかりだ。したがって、同じ量の液体の場合、表面積の小さい鍋より表面積の大きいフライパンの方が速く蒸発するだろう。

2) フライパンでリゾットを作れば、米の層の厚さは比較的薄くなるため、上の方も下の方もムラなく火が通りやすい。ところが (フライパンのように底面積が大きくない) 鍋では、米の層が厚くなり、下の方は速く火が通る一方で、上の方にはなかなか火が通らない。上と下で火の通り方に大きな差ができる。これでは絶対に失敗する!

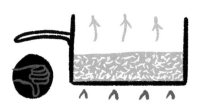

底の面積が小さい鍋では、米の層が
鍋の上の方まであり、ムラなく火が通りにくい……。

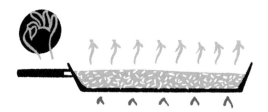

底の面積が大きいフライパンなら、
米の層の厚さは薄くなり、ムラなく火が通る。

パエリアに入れる肉や魚は、米を入れる前にフライパンで炒める必要があるのはなぜ？

肉または魚をこんがり焼くと、美味しい焼き汁ができ、この汁の一部はフライパンにこびりつく。米とブイヨンを加えるとこびりついた汁が剥がれ落ち、料理にたっぷり風味がつく。別のフライパンで炒めてはいけない。せっかくの風味をむだにしないように！

肉や魚をフライパンで炒めたら、そのフライパンに米とブイヨンを加える。

パエリア用の米がリゾット用の米と違うのはなぜ？

この2つの料理の作り方は非常に似ているが、でき上がりはまったく違う。リゾットは米を濃厚でクリーミーなブイヨンで炊いたものだが、パエリアにはソースはない。パエリア用の米は互いにくっつかないように加熱中にブイヨンをしっかり吸い込ませることが重要。

バレンシア米は米粒が丸く、その体積の4倍ものブイヨンを吸い込む。炊いている間にパチパチとはぜることなく、しかも米同士がくっつかない。

ボンバ米はパエリア用の「米の王様」と呼ばれ、非常に古くから栽培されている短粒の米。炊いても歯ごたえを損なわず、やはり米同士がくっつかない。

バイア米はバレンシア地方で栽培される短粒の米で、水分を吸い込む力が最も大きい米のひとつ。

アルブフェラ米はリゾット用の米にやや近い。歯ごたえを残しながらも粘りが出る。この米はあまり膨らまない。

何よりも、パエリアを作るときは、リゾット用の米を使わないこと。さもないと、大失敗に終わること間違いない。

リゾット用の米とパエリア用の米の特徴はまったく違う。
リゾット用の米はでんぷんを溶出しながらブイヨンを吸収するが、
パエリア用の米はひたすらブイヨンを吸収する。

パエリアでは、炊き始めにブイヨンを煮詰める必要があるのはなぜ？

煮詰めたブイヨンは水分の一部が蒸発しているため、風味がより濃厚になる。そのため、多くのレシピ本には炊き始めにブイヨンを煮詰めると書かれている。
しかし、あらかじめ煮詰めたブイヨンを用意しておいても同じように作れる。そうすれば加熱時間を減らすことができるだろう。

ときどき黒色のリゾットやパエリアがあるのはなぜ？

心配ご無用、米が焦げているのではない。料理の材料のひとつ、イカスミによって黒い色がついただけだ。この墨は甲イカやヤリイカが攻撃された時に利用する防御の道具だ。自分が吐き出した黒く不透明な雲の後ろに隠れて、攻撃者の目を見えなくし、当惑させる。米を真っ黒にするこの墨はリゾットに入れても、パエリアに入れても、パスタのソースに混ぜても美味しい。

LES RIZ À SUSHIS
すし飯

私はここで、多くのレストランやスーパーで売られているような、特に美味しくもない
ご飯に解凍した刺身をのせただけの寿司のことを話そうとしているのではない。
寿司職人が特別の米で細心の注意を払って調理する本物の寿司について話す。

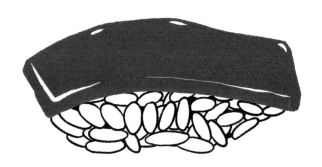

寿司は約80％が米で約20％が刺身

本当？な話

寿司では米が最も重要なのはなぜ？

寿司の質の決め手は刺身だと思われがちだ。ところが、そうではない！　寿司の最も重要な素材は米だ。何よりもまず、米は寿司の大部分を占めている。刺身は寿司の材料の約20％であるのに対し、米は約80％を占めている。次に、これが非常に重要なことだが、米は刺身の下に置かれている。刺身の傍らでもなく、上でもなく、刺身の下。したがって、まず舌に触れるのは米で、最初に感じ取られるのは米の風味だ。米の風味がいわば舌乳頭を開き、刺身の味を感じる準備をさせる。シンプルなように見えて、美味しい寿司を握るには特別の技が必要だ。だから、ここでは刺身の切り方については触れない。

ここに注目！

なぜ、すし飯は
それほど特別なの？

寿司に使う丸い粒の米はリゾットやパエリア用の米と同じ系統の米だが、でんぷんの含有量が少ない。日本では地域によって栽培方法に違いがあるが、アジアの他の国々では年に複数回収穫するのに対し、年に1回しか収穫しない。最も代表的な品種は風味が際立ちかなり粘り気がある**コシヒカリ**と、よりあっさりした**ササニシキ**の2つだ。忘れがちだが、米は新鮮な種子で、水分をたくさん含んでいるため、収穫してから乾燥するまでに時間がかかる。日本人は、米粒が乾燥して風味が失われないように涼しい場所に入れて1年間まで保存する。

すし飯の味つけに
寿司職人それぞれの秘技が
あるのはなぜ？

すし飯の味つけはかなりベーシックなように見える。酢と砂糖と塩を混ぜ合わせるだけだから。しかし、これらの素材の品質と割合は職人一人一人の好みや地域によって異なる。日本は5つの海に囲まれた列島で、北と南では気候に大きな違いがあり、獲れる魚も違う。したがって、すし飯の味つけは上にのせる刺身の種類にも左右される。また、職人はそれぞれ自分のやり方を頑として人に教えない……。

すし飯の温度についての3つの疑問

**❶ 同じ客へのサービス中に
米を何度も炊くのはなぜ?**

一旦、炊きあがったご飯は約30分間、寝かせて、きっちり人肌に維持する。しかし、少しずつ風味が変化し、繊細さが失われる。高級寿司店では、炊いたすし飯を2時間以上置いておかない。客に美味しいすし飯を出すために、サービスの途中で何回か米を炊く。

**❷ すし飯は人肌の温度で
出す必要があるのはなぜ?**

寿司が口の中に入ったとき、たとえわずかでも、味覚を混乱させるようなヒートショックを起こさないためには、口の中の温度と米の温度に開きがあってはならない。すし飯が口中の温度より冷たければ、風味は閉じ込められ、口中の温度より高ければ、風味を強く感じる。すし飯が体温とまったく同じなら、冷たい刺身の温度が際立つ。寿司を味わうときに重要なのは、寿司の2つの材料の温度の開きだ。

**❸ 高級寿司店ではテーブルではなく、
カウンターで食べるのはなぜ?**

超一流寿司店では、テーブルではなくカウンターで1品ずつ供される(複数の皿が同時に出されることは決してない)。その理由は簡単だ。すし飯は待てないから。すし飯はさらに冷たい刺身と接触すると、温度が下がる。刺身は反対に温度が上がる。そして均衡が破れる。すし飯と刺身の良い関係を保つには、寿司をテーブルまで運んでくる時間がもったいない。寿司はすぐに食べるべきだから。

正しい食べ方

すし飯を決して醤油に浸しては
いけないのはなぜ?

それは非常に失礼な食べ方だ。決して、すし飯を醤油に浸してはいけない。そんなことをすれば寿司職人が非難の眼差しを向けるだろう。すし飯を醤油に浸してはいけないのは、次の2つの理由から。
1)すし飯は醤油の中で崩れる可能性がある。
2)すし飯が醤油を吸い込んで風味が変わってしまい、寿司の味のバランスが崩れる。
寿司を食べるときに香りをつけるためには、箸で寿司を取り、刺身の方を下に向けて刺身にほんの少し醤油をつける。そして一気にほおばる。それだけのこと。

LES PÂTES
パスタ

いや、率直なところ、パスタがなければ私たちはどうなっていただろう？　パスタはありとあらゆるソースと和えて食べられる。でも、気をつけて。どんな風に料理しても、どんなソースで食べてもいいわけではない。説明しよう。

ニュアンス!

乾燥パスタと生パスタの違いは？

乾燥パスタは、硬質小麦を原料とする小麦粉と水から作られ、主に、夏は乾燥して暑さが厳しい地域であるイタリア南部で製造される。硬質小麦は加工しなければ食べられない。乾燥に非常に強く、クスクスやブルグル※などの穀物粒にしても用いられる。乾燥パスタは非常に捏ねやすく、さまざまな形に成形してから乾燥させる。

生パスタは、主に軟質小麦を原料とする小麦粉と水から作られ、南部に比べて寒冷な北部で製造される。軟質小麦は寒さに強く、小麦粉の原料になるが、卵を加えると風味が加わり、テクスチャーが変わる。生パスタは一般に手作りする。作るにも、これを料理するにも、乾燥パスタに比べて十分な注意が必要。

※ヨーロッパ、中東、インドの料理で用いられる
乾燥挽き割小麦の一種。

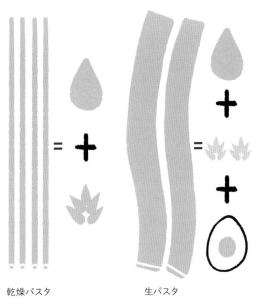

乾燥パスタ　　　　　生パスタ

ニョッキについての2つの疑問

① ニョッキは本当はパスタではないの？

ニョッキ（真実は加工パスタではない）はイタリア北部で生まれ、小麦粉と卵、つぶしたジャガイモなどを混ぜてパスタのように捏ねる。次に、これを丸めて円筒形にし、小片にカットし、親指で上を押して窪みを作る。それから、リーガニョッキ（筋の入った小さな木製の板）またはフォークを使って筋をつける。こうするとソースが絡みやすい。沸騰した湯の中に入れ、約2分間茹で、これをソースを作っておいたフライパンに（少量の茹でたときの湯も一緒に）移す。1〜2分、ソースと一緒に煮てから供する。ニョッキは厳密に言えばパスタとは別物だ。

② ニョッキが茹であがると、表面に浮いてくるのはなぜ？

実際は、浮き上がってくるのは茹で加減とは関係ないが、説明してみるのも面白い。湯の表面が踊ったり煮立ったりすると、空気の泡が表面に上ってくる。上がってくる過程で最も小さな泡の幾つかはニョッキにくっついたままになる。そして一定の時間が経つと、それらたくさんの小さな空気の泡が、小さな浮きのようにニョッキを文字通り「抱えて」一緒に浮き上がってくる。運よく、あるいはたまたま、この泡がニョッキを抱えるタイミングが、ニョッキに火が通るタイミングとほぼ一致しているのだ。だから、ニョッキが浮き上がってくるのは、火が通ったからではない。

パスタは表面の状態が非常に重要なのはなぜ？

それは、パスタにソースが絡むのは、言うまでもなくこの表面だからだ。パスタの表面がなめらかなら、ソースは表面からすべり落ちてしまう。反対に、ザラザラしていればソースはよく絡む。安価なパスタは、製造速度を高めるためにフッ素樹脂加工の型を通すため、表面がツルツルしている。高品質のパスタは真鍮あるいは銅製の型をゆっくり通すため、表面がザラザラしており、ソースがよく絡む。筋の入ったパスタは普通、少し濃いソースに合わせる。

ちょっと深掘り！

カペッリーニ、スパゲッティ、リングイーネが液状ソースにピッタリなのはなぜ？

そう、細くて長いパスタが液状ソースに最も合うのは不思議に思えるかもしれない。理論的に考えると、ソースはパスタの上をサラリと流れて皿の底にたまると思うだろう。ところが、そうではない！　それには2つの理由がある（1つは分かりやすいが、2つ目は覚えておくべき知識だ！）。

1） 単に「表面積」、つまり、ソースがかかる面積が関係している。パスタの表面積が大きいほど、液状ソースはたくさん絡み、風味を与える。右の図を見ればよく分かるだろう。

このパスタの表面積は最小限にとどまっている。

同じパスタを小片にカットすれば、全体の表面積が大きくなる。

さらに細くカットすると、全体の表面積はさらに増える。

さらに細くカットすると、丸い形になり、全体の表面積は最も大きくなる。

2） 液状ソースの毛細管現象のためだ。物理か化学の授業で習ったことを覚えているだろうか？　覚えていない？　ちょっと思い出してみよう。毛細管現象とは、液体の表面張力現象と関係する毛細管の力全体のことだ。簡単じゃない？　では、続けよう。2本のパスタが触れ合うと、液状ソースは引っ張り合うと同時にパスタに接しているところではパスタの方にひっつこうとする。パスタとパスタの接触面が大きければ大きいほど、ソースはたくさん絡む。細く長いパスタなら接触面は大きい。右の図に示してあるから、すべてが視覚的に理解できるだろう。

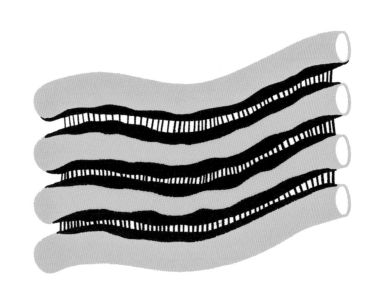

ソースは毛細管現象によってパスタ同士の接触面を移動する。
パスタが長ければ長いほど、接触面積は大きく、パスタに絡むソースが多くなる。

LES PÂTES
パスタ

穴の開いていないロングパスタ

ロングパスタにはあっさりした液状のソース、あるいはわずかにとろみのあるソースが非常によく合う。
ソースはパスタの表面を覆いやすく、ごく少量のソースがパスタの絡み合いの中に入り込む。

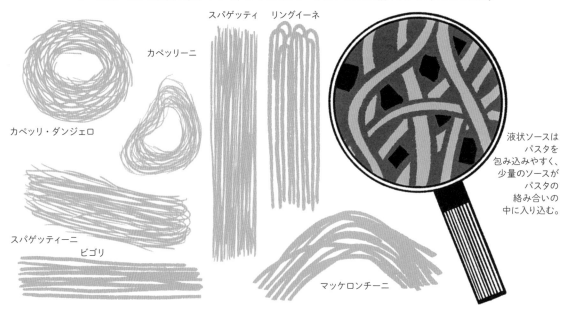

スパゲッティ　リングイーネ
カペッリーニ
カペッリ・ダンジェロ
スパゲッティーニ
ビゴリ
マッケロンチーニ

液状ソースは
パスタを
包み込みやすく、
少量のソースが
パスタの
絡み合いの
中に入り込む。

その他：ヴェルミチェッリ、スパゲットーニ、スパゲッティ・リガーテ

中心に穴が開いているチューブ状ロングパスタ

これも中が詰まっているロングパスタと同じ特徴があるが、もっと歯ごたえがあり、
液状ソースが穴を通って先端まで入り込める。

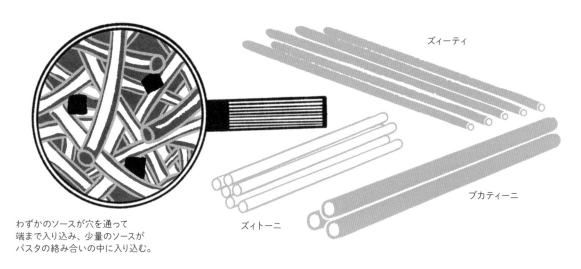

ズィーティ
ブカティーニ
ズィトーニ

わずかのソースが穴を通って
端まで入り込み、少量のソースが
パスタの絡み合いの中に入り込む。

リボン状のパスタ

リボン状のパスタの表面は平らなため、細いパスタに比べると、よりコクのある濃厚なソースが合う。
かなりの量の濃厚なソースがパスタの絡み合いの中に閉じ込められる。

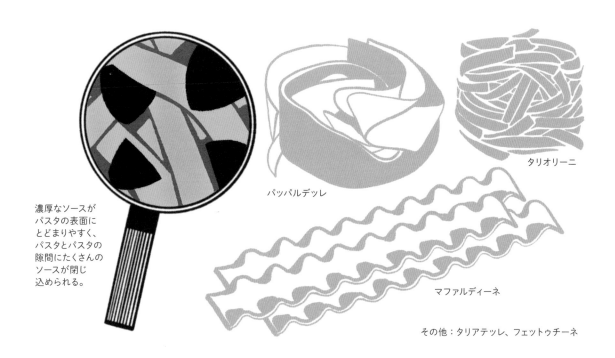

濃厚なソースが
パスタの表面に
とどまりやすく、
パスタとパスタの
隙間にたくさんの
ソースが閉じ
込められる。

パッパルデッレ

タリオリーニ

マファルディーネ

その他：タリアテッレ、フェットゥチーネ

シート・パスタ

この大きくてツルツルのパスタはソースが接する面積が大きく、よくなじむ。
ラザーニェは一般にグラタンにして出されるが、ファッツォレッティはシンプルに食品の上にのせて食べる。

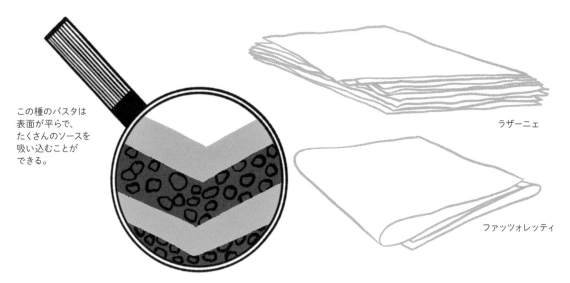

この種のパスタは
表面が平らで、
たくさんのソースを
吸い込むことが
できる。

ラザーニェ

ファッツォレッティ

LES PÂTES
パスタ

表面がツルツルのパスタ

この種のパスタはとろ火でじっくり煮詰めたソースにも、あっさりしたソースにも、濃厚なソースにもよくなじむ。
ソースが窪み、溝、切込みなどの中に入り込みやすく、パスタのサイズが大きいほど、たくさんのソースが窪みにとどまる。

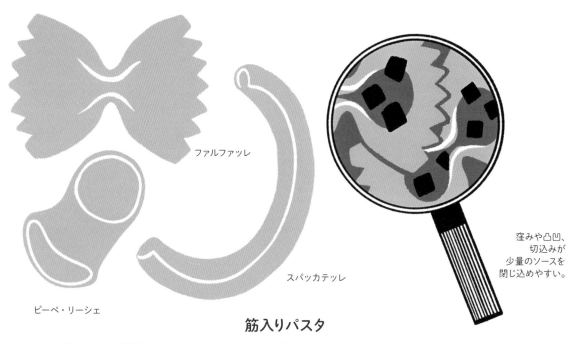

ファルファッレ

スパッカテッレ

ピーペ・リーシェ

窪みや凸凹、
切込みが
少量のソースを
閉じ込めやすい。

筋入りパスタ

この種のパスタの特徴は、概してあまり大きくなく、筋が入っていることだ。ソースの一部が筋の中に入り込む。
ソースは入り込みやすいように幾分サラリとした、しかし、ある程度濃密でパスタに絡みやすいものが良い。
パスタの表面はかなりザラザラしていて、どんな濃密なソースも捕える。

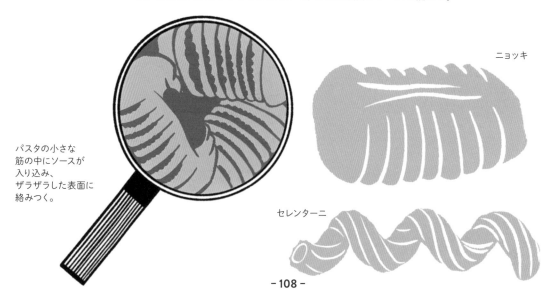

ニョッキ

パスタの小さな
筋の中にソースが
入り込み、
ザラザラした表面に
絡みつく。

セレンターニ

様々な形の穴開きパスタ

これらのパスタの面白いところは穴が開いていることだ！　野菜や肉の細切れをこの穴に詰めることができる。
ソースが表面全体をきちんと覆うためには、ほどほどの濃さのあっさりしたものが良い。
他に筋の入っていないものもあるが、ソースは絡みにくい。

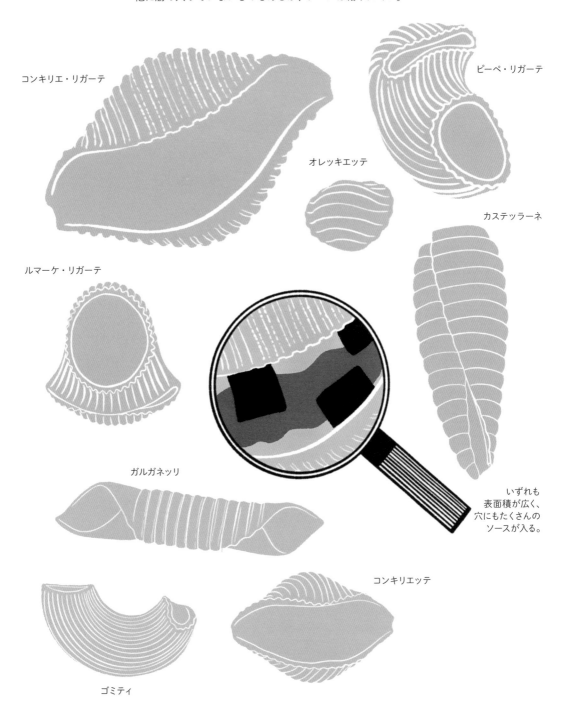

コンキリエ・リガーテ

ピーペ・リガーテ

オレッキエッテ

カステッラーネ

ルマーケ・リガーテ

ガルガネッリ

いずれも
表面積が広く、
穴にもたくさんの
ソースが入る。

コンキリエッテ

ゴミティ

LES PÂTES
パスタ

ねじれた、または小翼のついたパスタ

ねじれや小翼が大きいほど、パスタの表面積は大きく、濃厚なソースを表面に絡みつかせ、閉じ込めやすい。
反対に、ねじれが細かく、小翼が詰まっているパスタはペストソース※のようにあまり濃厚でないソースの方がよくなじむ。

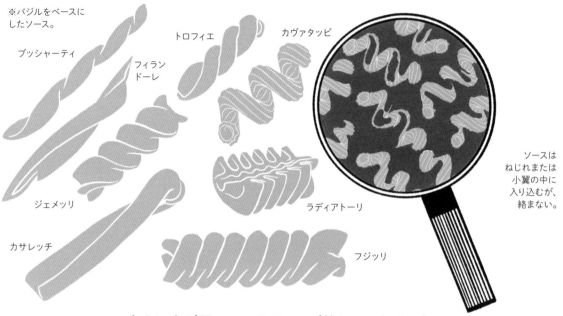

※バジルをベースにしたソース。

ブッシャーティ
フィランドーレ
トロフィエ
カヴァタッピ
ジェメッリ
ラディアトーリ
カサレッチ
フジッリ

ソースはねじれまたは小翼の中に入り込むが、絡まない。

中心に穴が開いているチューブ状ショートパスタ

チューブが太いほど、ソースはチューブの中にたっぷり入って膨らむ。この種のパスタはグラタンにすると最高。
じっくり煮込んだ少し濃いソースの方が合う。

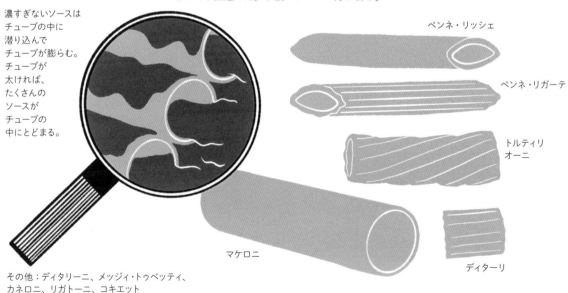

濃すぎないソースはチューブの中に潜り込んでチューブが膨らむ。チューブが太ければ、たくさんのソースがチューブの中にとどまる。

ペンネ・リッシェ
ペンネ・リガーテ
トルティリオーニ
マケロニ
ディターリ

その他：ディタリーニ、メッジィ・トゥベッティ、カネロニ、リガトーニ、コキエット

詰め物入りパスタ

この種のパスタは、詰め物の風味がぼやけないように、ソースはあまり濃厚なものでなくシンプルな方が良い。
給食によく出た味の濃すぎるトマトソースがたっぷりかかったラヴィオリのことは今すぐ忘れよう。
詰め物入りパスタには繊細なソースでなければダメ。

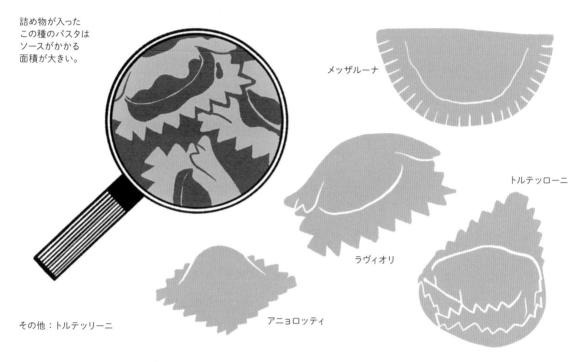

詰め物が入った
この種のパスタは
ソースがかかる
面積が大きい。

メッザルーナ

トルテッローニ

ラヴィオリ

その他：トルテッリーニ

アニョロッティ

ポタージュまたは濃厚ソースに浮かせるパスタ

ブイヨンの中で煮て美味しいスープを作ったり、正に濃厚なソースの中に材料のひとつとして
加えたりできるパスタもある。また別の使い方として、オーブンでソースと一緒に焼くこともできる。

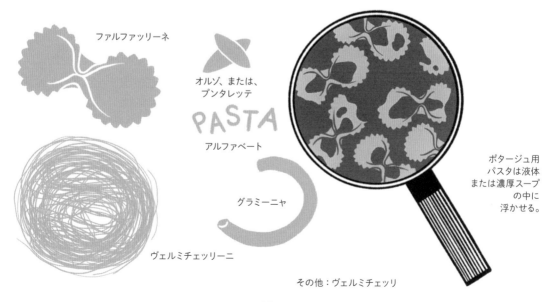

ファルファッリーネ

オルゾ、または、
プンタレッテ

アルファベート

PASTA

グラミーニャ

ポタージュ用
パスタは液体
または濃厚スープ
の中に
浮かせる。

ヴェルミチェッリーニ

その他：ヴェルミチェッリ

LES PÂTES
パスタ

巣の形にして売られているパスタがあるのはなぜ？

ある種のパスタ、たとえば、カペッリ・ダンジェロなどはあまりに細すぎ、あまりに崩れやすくて、そのままの形では販売できない。巣の形に丸めてあれば、それほど崩れず、運搬に耐えられる。タリアテッレのように、茹でるのにたくさんの湯が必要な長いパスタに比べて、巣の形にしてあるパスタは鍋の中でさほど場所を取らずに少ない湯で茹でることができるという利点がある。

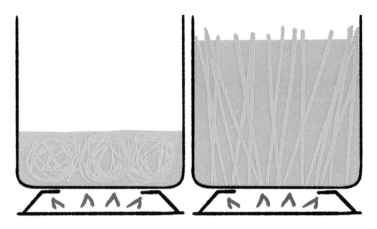

巣の形にまとめてあるパスタは、バラバラのパスタより
少ない湯で茹でることができる。

パスタを茹でるとき、
湯に塩を入れる必要があるのはなぜ？

第一に技術的な理由： 何も加えていない湯の中では、パスタに含まれるでんぷんは55℃前後でゲル化するが、塩を加えた湯の中ではゲル化が始まる温度がやや高くなる。ゲル化する温度が高いと、茹で時間が延びるため、パスタの外側も芯の部分もムラなく加熱することができる。

第二に味覚上の理由： 茹でている間にパスタは水分を吸収する。湯に軽い塩味がついていれば、風味が増す。「ええ、でも茹でた後に塩をふっても同じことでは？」と問われたらこう答えよう。「いや、全然違うんだ。茹でる湯に塩を入れれば、パスタは芯まで塩味がつくが、茹でた後で塩をふれば塩味がつくのはパスタの表面だけだ」。

味の面でもまったく違う。パスタに塩味がしっかりついていれば、パスタの風味がソースの風味に消されてしまうことがない。ソースに和えてパスタを食べるのであり、パスタと合わせてソースを食べるのではないのだから。違うかな？塩を入れるのは沸騰する前か後かという点については、どちらでも変わりがない。確かに、塩を入れた湯は入れていない湯より高い温度でないと沸騰しないが、加える塩の量から見て、沸騰温度の違いは多くて摂氏で3分の1度、すなわち2～3秒の違いにすぎない。茹で湯には是非とも塩を入れてほしい！

パスタの中には
中心に穴が通った
チューブ状のものが
あるのはなぜ？

たとえばブカティーニのように直径が太いパスタは、熱が伝わり中心部まで火が通る頃には外側は茹ですぎになる。ムラなく火が通るようにするために、チューブ状にすれば、パスタは湯の中で膨らみ、中心まで火が通る。

パスタを茹でていると、
しばしば湯が
吹きこぼれるのは
なぜ？

パスタに火が通るとでんぷんが溶け出す。このでんぷんが表面に浮いて、やはり表面に上がってくる空気の泡をブロックする一種の「蓋」になる。この蓋の下で空気の泡は水蒸気になり、蓋を少しずつ押し上げ、遂には溢れてしまう。この厄介な吹きこぼれを防ぐ確実なコツがある（次ページを参照）……。

パスタの茹で湯の中に
オイルを加えるのはなぜ?

さあ、あなたを見下して、「パスタの茹で湯にオイルを入れると、パスタ同士がくっつかないよ」と口うるさく説明する輩を優しく黙らせるのに格好の手がある。オイルを入れるのはそんな理由からだけではないのだから……。教えてあげるといい。
水とオイルは混ざらない。だから、ご存知のように、オイルは水の表面に浮かぶ。面白いのは、表面に浮いているオイルは、やはり浮いているでんぷんの分子の間に入り込んで、でんぷんが例の「蓋」を形成するのを妨げる。その結果、湯が吹きこぼれない(前ページを参照)。どうだ!
さらに、こう説明すると良い。「木べらを鍋の片側に立てかけるようにして湯の中に斜めに入れても、同じ結果になるが、それは違う現象のためだ。つまり、木べらの周りにでんぷんを集めて、湯の表面の一部に蓋ができないようにしているんだ」

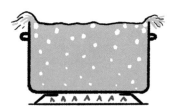

パスタから溶け出したでんぷんが湯の表面に「蓋」を形成し、水蒸気が蓋の下に蓄積されて、遂には溢れる。

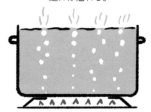

オイルがでんぷんの分子を引き離し、水蒸気はその隙間を通るので、溢れない。

鍋に水をたっぷり張ってパスタを茹でても何のメリットもないの?

「パスタは、100g当たり1ℓ以上のたっぷりの湯で茹でる」と書かれているのをしばしば見かける。
はっきり言って、なんたる無駄なこと! よし、説明しよう。
ソースにでんぷんが含まれていて、パスタの表面にもでんぷんが残っていると、ソースはパスタによく絡む。でんぷんが多ければ多いほど、ソースがなじむ。

オプション1:100gのパスタを1ℓの湯で茹でると、このようなたっぷりの湯の中でパスタのでんぷんは薄められる。ソースにこの茹で汁を少量加えても、でんぷんが僅かしか含まれていないため粘り気は大して変わらないだろう。また、パスタの表面にも、ソースが絡みやすくなるほどにはでんぷんが残っていない。その結果、ソースの絡み方が悪くなる。

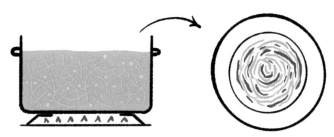

たっぷりの湯でパスタを茹でると、でんぷんは薄められ、ソースはパスタに絡みにくい。

オプション2:100gのパスタを50㎗の湯、つまりオプション1の半分の量で茹でると、湯の中のでんぷん濃度はオプション1の2倍になる。分かるかな? ソースにこの茹で汁を少量加えると、ソースはパスタにより絡みやすくなる。パスタもより多くのでんぷんで覆われているだろうから、ソースが絡みやすい。その結果、ソースはずっとよく絡む。

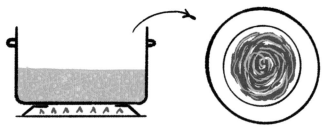

パスタをもっと少量の湯で茹でると、でんぷんの濃度が高まり、さらにソースがパスタによく絡む。

結論:パスタはいつもより少なめの湯で茹でれば、ソースが絡みやすくなる。納得しただろうか? 試してみて、いつものやり方との大きな違いを実感してみてほしい。ちなみに、パスタは茹でている間に、元の重量の1.5〜1.8倍の水分を吸う。

LES PÂTES
パスタ

気をつけて！

パスタは、
茹で始めによく混ぜるのが
重要なのはなぜ？

これは、パスタ同士が互いくっつくのを避けるために最も重要なことだ。茹で始めに、パスタに含まれるでんぷんが水和し、ゲル化する（固くなって、くっつかなくなる前の状態）。このときにパスタをかき混ぜないと、1本1本のパスタのゲル化したでんぷんが他のパスタのでんぷんに寄り集まり、互いにくっついて塊になってしまう。でも、茹で始めに2〜3分パスタをかき混ぜれば、ゲル化したでんぷんの一部は湯の中で薄められ、パスタは互いにくっつかない。

パスタは
「アルデンテ」に
茹でると言われるのは
なぜ？

これには、いつも苛立ちを覚える。「パスタをアルデンテに茹でなさい！」そんなことはない。しかし、まず、自分がそうしたいなら、次に、それが理に適っているなら、そうすればよい。アルデンテに茹でるのは、第一次大戦から第二次大戦の間に流行り始めた最近の習慣で、20世紀初頭までは、パスタはソースの入った鍋の中で数時間、煮込むことが多かった。
実際は、アルデンテに茹でるのは、とりわけ、数時間乾燥させてやや固くした生パスタに向いている。芯に火が通りにくい、乾燥パスタには向いていない。さあ、これ以上、あなたの茹で方を変えさせるようなことは言うまい。好きなようにしてほしい。それがいちばん大切なことだ。パスタを食べるのはあなたなのだから。

※1：ジャガイモとタマネギにブイヨンを加えてオーブンで焼いた料理。

ドボン！

「互いにくっつくのを避ける」ためにパスタにオイルをかける必要はないのはなぜ？

茹で上がったパスタが互いにくっつかないように、パスタに少しオイルをつけた方が良いと誰かが主張しても、実際は、茹で上がったパスタはもうくっつかないし、オイルをつければかえってソースがパスタに絡まなくなって、料理が台無しになると説明すればいい。

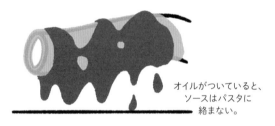

オイルがついていると、ソースはパスタに絡まない。

オイルがなければ、ソースはパスタによく絡む。

オーブンで加熱したパスタは
本当に美味しいの？

得てして、パスタは茹でる他ないと思われているが、たとえば、仔羊の肩肉と一緒にオーブンで焼くとすこぶる美味しいこと請け合いだ。大事なのは、パスタが膨らんで火が通るように、調理皿にブイヨンをかなりたくさん入れること。実は、これはポム・ブーランジェール※1とまったく同じ原理で、ジャガイモの代わりにパスタを使う。まず調理皿にパスタを入れ、次にトマトと香料、ひたひたのブイヨンを加える。真ん中または上に肉をのせる。加熱している間に、パスタはブイヨンと肉汁で膨らむ。19世紀には、この方法でよくパスタ料理を作っていた。これは間違いなく絶品！

ソースをパスタにかけるのではなく、パスタをソースの中に入れるべきなのはなぜ？

パスタを皿に入れ、その上にソースを注ぎ入れ、最後にかき混ぜるなんてとんでもない！ その方法では、決して完全に混ざらない。むしろイタリア人がするようにすべきだ。大きなフライパンにソースを作り、次に、アルデンテに茹でて水気をよく切ったパスタと少量の茹で汁を加える。火にかけたまま1～2分、完全に混ざり、パスタがソースを十分に吸うまでかき混ぜる。次に温めた大皿にすべてを注ぎ入れ、テーブルに運ぶ。

ソースに少量の
パスタの茹で汁を
必ず加える必要があるのは
なぜ？

茹でている間にパスタから溶け出したでんぷんは小麦粉のでんぷんやジャガイモのでんぷんと同じだ。つまり、クリーミーさをもたらす（リゾットのソースのように）一種の増粘剤だ。その上、でんぷんが液体に溶けて薄まると、粘り気のある性質に変わり、ソースがパスタによくなじむようになる。ソースがしっかり絡んだパスタの方が、ソースが滑り落ちて皿の底にたまるよりずっと良い。だから、でんぷんを含んだ少量の茹で汁をソースに是非、加えてほしい！

パスタの茹で汁を少量、ソースに加える。

水気を切ったパスタを入れる。

熱いソースの中でパスタをよくかき混ぜる。

本物のカルボナーラにはクリームもラルドン※2も入っていないのはなぜ？   ※2：細く切った棒状の豚の背脂。

お腹をすかせた学生たちが授業の後でむさぼり食うパスタ、彼らが「カルボナーラ」とよんでいる脂っこいパスタは、本物のカルボナーラの繊細さとは程遠い。
誰が何と言おうと、本物のカルボナーラにはクリームが入っていない。卵黄にコショウ、ペコリーノ・チーズ※3またはパルメザン・チーズ、少量のパスタの茹で汁を加えて混ぜたものだけだ。ラルドンも入っていないが、グアンチャ

ーレ（豚のほほ肉にさまざまなスパイスを擦り込んで熟成させたもの）は入っている。この本物のカルボナーラと学生たちが好んで食べる例のカルボナーラとはまったくの別物だ。カルボナーラをクリームとラルドンで作るなんて、ピッツァをエメンタール・チーズあるいはグリュイエール・チーズで作るようなもの。ひどい話だ！

 + + + +

※3：イタリア原産の羊の乳を原料とするチーズ。

LES SPAGHETTI BOLOGNESE
スパゲッティ・ボロネーゼ

あー、スパゲッティ・ボロネーゼ！「ボロネーゼ」って？ そう、イタリア語では bolognese（ボロニェーゼ）、フランス語では《à la bolognaise（ボローニャ風の）》という意味だ……。いずれにしても、そんなことはどうでもいい！ なぜなら、スパゲッティ・ボロネーゼは存在しないのだから。

ボロネーゼ風ソースはフランスで生まれた というのは間違いないの？

私はきっと、イタリア人の友人たちから悪く思われるに違いない。しかし、「ボロネーゼ・ソース」はフランス人が作ったソースに間違いない。ボローニャは900年以上前から人口の4分の1を学生が占めるイタリアの都市だ。ボローニャ大学はルネサンス時代に広く知れ渡り、多くの富裕層のフランス人学生が高度な学問を習得するためにこの地にやってきた。そのようなフランス人学生たちは、富裕層の間で一般的だったじっくり煮込んだ肉のソース「ラグー」をボローニャに持ち込んだのだろう。こうしてイタリアでこのソースが作られるようになった。しかも、このソースのことを指す"ラグー（ragù）"という言葉は、フランス語の«ragoût»から来ている。フランス語では、パスタ・アル・ラグー（ラグー・ソースをかけたパスタ）という。

スパゲッティ・ボロネーゼが 存在しないのはなぜ？

スパゲッティはイタリア南部のパスタなのに、ボローニャは南部から800km以上も離れたイタリア北部の都市だ。「スパゲッティ・ボロネーゼ」は肉入りパスタを食べたかったイタリア系アメリカ人の創作で、アメリカに、タリアテッレがなかったため、スパゲッティを使っただけだ。オリジナルのレシピとはまったく違う。

スパゲッティに ボロネーゼ・ソースを 合わせるのは、 あまり気の利いたこと ではないの？

スパゲッティは細く長いパスタだ。特に何も言うことはない。そしてボロネーゼ・ソースは肉と野菜を入れた濃厚なソースである。スパゲッティは濃厚なソースをたくさん絡めるには細すぎる。パスタにはあまりソースが絡まないで、皿の底に肉が残ってしまう。なんてもったいない！

正しい作り方

ボロネーゼ・ソースには赤ワインよりも白ワインを入れるべきなのはなぜ?

ボロネーゼ・ソースは濃厚なソースだ。白ワインは軽い酸味を与え、舌乳頭を刺激して風味を引き立たせ、ソースに少し軽やかさを与える(ちょうどリゾットに白ワインを入れるように)。反対に赤ワインだと風味が「消えて」しまう。これはイタリア人のちょっとした秘密……。ぜひ試してみて欲しい。全然違うことが分かるだろう!

ボロネーゼ・ソースは仕上げに牛乳またはクリームを加えるのはなぜ?

ボローニャでは、このソースを作るとき、途中で、あるいは仕上げに、全乳または全乳から作ったクリームを加えてソースにまろやかさを与え、トマトの酸味を和らげる。聞いたことない? イタリア人は、ご存知のように、秘密主義だから、手のうちを明かしてくれない。いじわる!

気をつけて!

なぜ、ボロネーゼ・ソースをひき肉で作るのは、まちがいなの?

あー、ダメダメ。ボロネーゼをひき肉で作ってはダメ。そんなことをすれば、数分で肉汁がすっかり出てしまい、肉がパサパサになる! ダメ、ダメ、絶対にダメ!「ひき肉とソーセージ」の項目で詳しく述べるが、肉は細切れにすると繊維がすべて断ち切られる。その結果、加熱すると肉汁が急速に逃げてしまう。こんがりと焼くことはできない。ひき肉は肉汁の中で煮えることになる。はっきり言って、5分で火が通るひき肉を何時間もかけてとろ火でゆっくり煮て、どんな意味があるだろう? ビーフステーキを何時間もかけて焼くだろうか? もちろん、そんなことはしない。ボロネーゼに使う肉は、ポトフのようにゆっくり時間をか

けて煮込む肉でなければならない。味の違いは歴然としている。だが、もし(そうするのは心が痛むが)ひき肉しか手元になければ、最も良い解決方法は、肉から出た肉汁がすぐに蒸発して、ひき肉をこんがりと炒めることができるように、ごく少量ずつ炒めることだ。あるいは、もっと良い方法は肉団子を作ってこんがりと焼いてからつぶし、ブイヨンを加える。肉汁を失ってパサパサになった肉はソースの中で再び水分を取り戻すだろうと考えるかもしれない。しかし、それはとんでもない間違い。そうは問屋が卸さない。とにかくまったくおすすめできない、ボロネーゼにひき肉を使うのは、正直なところ……。

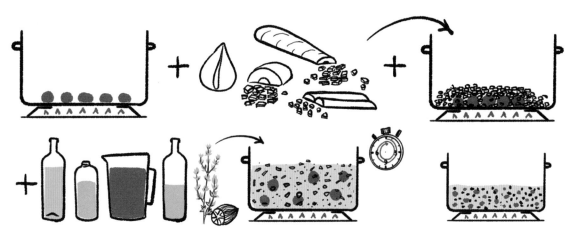

ボロネーゼ・ソース、それは本格的なソースだ。まず、肉をきつね色に焼き、肉汁を作る。次に、火を弱め、細かく切った野菜を加える。
次に白ワインを加えて少し煮詰め、トマトピューレ、ブイヨン、数種の香草を加える。
これを3〜4時間、弱火でじっくり煮た後、液体状のクリームまたは牛乳を加え、さらに1時間煮込む。

LA QUALITÉ DES VIANDES
肉の品質

ああ、美味しい肉！ でも、勘違いしないで。スーパーの肉売り場で売られている、ラップで包んだ肉のことではない。私がこれから述べるのは、愛情込めて一生懸命育てられた選りすぐりの動物たちの肉のこと。なぜなら、動物たちの生活の質がそのまま肉の質に反映されるから。

季節によって、肉の美味しさが違うのはなぜ？

動物たちの食べる餌が、どの季節も同じようにあるわけではない。季節によって餌が変わるため、肉の質も季節ごとに変わる。春には、花をつけた養分たっぷりの草が生い茂り、それらを食べる牛や仔羊の肉は美味しい風味に溢れている。しかし夏には、多くの動物たちは照りつける太陽のもとで乾燥した草を食べるほかないが、秋になるとミミズが土の中から顔を出し、家禽たちにとっての最高の餌になる。冬にはどんぐりがたくさん落ちて、豚の肉を美味しくする。

果物や野菜と同じように、肉も最高の品質を味わえる季節がある。

本当？な話

豚や家禽が食べる餌が肉質に大きく影響するのはなぜ？

豚も家禽も（そして人間も）胃はひとつしかない。この消化方法、いわゆる単胃動物の消化システムは、食べたものの風味がその肉に移るという特性がある。そのため、放し飼いで育てられ、自分の食べ物を自然の中で探さなければならない豚や家禽の肉は、ケージの中で小麦やシリアルなどを与えられる豚や家禽より質や香りが良い。

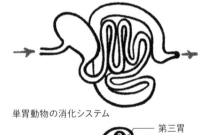

単胃動物の消化システム

でも、牛や仔羊の食べる餌はそうでもないのはなぜ？

豚や家禽と異なり、反芻動物の牛や仔羊には複数の胃からなる消化システムで、青草に含まれるセルロースを消化できる微生物をもつ。そのため、食べた餌が肉の味を左右することはほとんどない。あるいはまったくない。反対に、食べた餌の風味は脂肪に定着し、それが旨味となる。そのため、脂肪のない肉はみごとな霜降り肉に比べると風味がずっと落ちる。

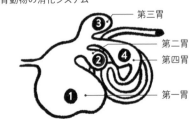

第三胃
第二胃
第四胃
第一胃

牛が食べた草は第一胃に下りて発酵・分解され、反芻するために再び口に戻って噛み直され、それから再び消化システムに下りる。

LA QUALITÉ DES VIANDES
肉の品質

牛肉は「レア」で食べられるのに、
豚肉や鶏肉は「レア」では食べられないのはなぜ？

まず、豚や鶏肉には「レア（赤い肉汁がしたたる）」という焼き加減は存在しない。なぜなら、豚や鶏の肉はもともと薄いピンク色で、肉汁は赤くないから。「ピンク色の」焼き加減というのは、牛でいうなら「ミディアム・レア」に近い。

牛肉の場合、危険な細菌がいたとしても肉の表面にとどまっており、内部まで侵入しない。牛肉をこんがり焼いたり、ブレゼ（蒸し煮）したり、ポシェ（茹で煮）するときは、細菌を殺すために肉の表面の温度がかなり重要だ。しかし、肉の中心は「レア」でも、さらには45℃程度のヴェリー・レアでも、細菌はすでに死滅しているため問題ない。しかし、タルタル※を作ったり、生肉を保存したりするときには注意が必要！

豚肉の場合、以前は、十分に餌が与えられていない豚を除き、筋肉の中に入り込んで卵を産む寄生虫に感染するリスクがあった。肉の内部の温度がかなり高くならないと寄生虫の卵は生きていたのだ。しかし今日では、寄生虫感染は非常に稀で、肉の中心部の温度が60℃になる「ピンク色の」焼き加減で十分だ。

鶏の場合、自分の排せつ物の上を歩き回るため、脚の表面に細菌がたくさんついている。屠殺された鶏が積み重ねて保管されている場合、これを運搬するときが問題だ。細菌が移動して肉に菌がつく可能性がある。細菌を死滅させるには、高温で短時間加熱するか、やや低温で長時間加熱すれば十分だ。そうすれば、肉の中心部の温度は65℃になり「ピンク色の」焼け具合だが、安全だ。

※刻んだ生肉に香辛料を加えた料理。

骨つき肉が
骨のついていない肉より
美味しいのはなぜ？

骨にくっついている最後の肉片をこそげ取らない人がいる？みんなそこの肉が本当に大好きだ。骨にくっついている肉はたいてい最高に美味しいが、それには幾つかの理由がある。第一に、骨に含まれる骨髄が加熱している間にエキスが溶け出てくる。次に、骨の上で作られる他の多くのエキスが肉の周りにくっつき、肉に豊かな風味をもたらす。最後に、肉を骨にくっつけている結合組織は非常に美味しい。骨つき肉は最高！

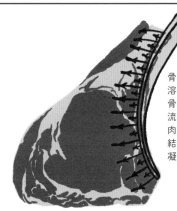

骨の周りの肉は、溶け出た骨髄、骨の上で作られて流れ出るエキス、肉を骨にくっつけている結合組織の旨味が凝縮されている。

和牛についての3つの疑問

❶ 和牛がしきりに話題になるのはなぜ？

和牛は文句なしに素晴らしい。和牛は小柄で、江戸時代頃には主に水田の農耕用として使われていた役牛がルーツだ。その肉は脂肪（サシ）がマーブル模様のように入っている。黒毛和牛は遺伝的に脂身つきやすく、サシが入りやすい特徴がある。サシは牛の体の中に脂肪分が行きわたることによって肉に出現する。これは栄養価の高い飼料を与えなければ表れない。また牛、特に黒毛和牛は筋肉繊維の間に、脂肪細胞が蓄えられており、肉に脂肪が混在しやすいという特徴がある。和牛は大切に育てられており、ストレスが溜まらないようにと牛舎に音楽を流したりもするらしい……。肉質が損なわれないよう、抗生物質は一切、与えられないという話も聞いたことがある。

❷ そんなに美味しいのはなぜ？

肉に脂がたっぷりついているかどうかが重要だ。肉の旨味の大部分は脂によるものだから。そして和牛にはあり余るほどの脂がついている。最高級牛の最高級肉は、周りに脂がついているというより、むしろ、脂の中に肉が隠れていると言ったほうがいいくらいだ。和牛の餌は、穀類、全粒米、そしてビールの製造時に使用されずに残った大麦の外皮を破砕したものなどだ。非常に独特なこの餌が脂にたくさんの風味をもたらす。

❸ 日本以外の国で売られている和牛は、本物の和牛ではないのはなぜ？

日本以外の国で「和牛」という名称の使用が可能なのは、「和牛」という名称と定義が法的に登録されていないからだ。多くの飼育業者がこの隙間に殺到し、交雑種の牛に「和牛」の名前をつけているが、交雑相手の牛の多くはアメリカのブラック・アンガスで、米国の広大な肥育農場で育てられ、抗生物質を大量に投与された品種だ。したがって厳密には「和牛」とは何の関係もない。外国産「和牛」は分厚いステーキ肉として売られているが、その肉にはありきたりの脂しかついていない。本物の和牛は、薄切りにして味わうと舌の上でとろけてしまいそうな美味しさだ。日本以外の国で飼育される和牛は、上海で製造されたモッツァレラチーズあるいは米国でUHT（超高温殺菌）牛乳で製造されたカマンベールチーズのようなもの。「和牛」という名前をつけてはいるが、風味と食感はまったく別物だ。

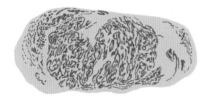

本物の和牛のサーロイン

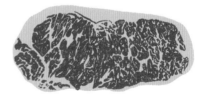

偽物の和牛のサーロイン

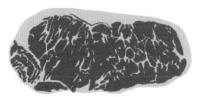

ノルマンディー種の牛のサーロイン

ありきたりな品種の牛のサーロイン

LA COULEUR DES VIANDES
肉の色

違うよ、肉から出る赤い汁は血なんかではない！　それに、肉の色について、あれこれ言われていることは、実は間違っている。肉をじっくり見てみよう。

肉はどれも同じ色をしていないのはなぜ？

肉の色は筋肉中に含まれるミオグロビン※の量に左右される。ミオグロビンはタンパク質の一種で筋肉中に酸素を運び込む。力仕事をたくさんする筋肉ほど、酸素をもたらすためにミオグロビンがたくさん含まれる。たとえば、長時間飛び続けるカモの肉は非常に赤いが、飛ばないでのんびり歩き回るだけの若鶏の肉の色はとても薄い。

※心筋や骨格筋に存在するヘモグロビンによく似た、赤いヘムタンパク質。

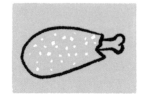

肉から出てくる赤い汁が血ではないというのはなぜ？

肉は血抜きされているので、すでに血は含まれていないというだけのこと。では、仔牛の肉からは赤い汁が出ないのに、成牛の肉からは出てくるのに気がついたことがあるだろうか？
仔牛の身体の中にも血はたくさんある。肉から出てくる赤い汁は、肉に含まれるミオグロビンの量に関係がある。牛肉から出る汁は赤く、仔牛はほとんど無色に近い。

真空保存された肉を常温に戻すと再び赤くなるのはなぜ？

真空パックされた肉は、当然のことながら空気のない環境下におかれている。ミオグロビンと結びつく酸素がない状態のために、真空パックされていない肉よりくすんだ色になる。しかし、真空パックを開けたとたん、ミオグロビンは再び空中の酸素と結びつくことができ、肉の色は赤さを取り戻す。

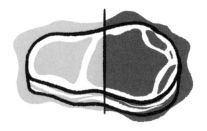

真空パックされた肉は非常にくすんだ赤色だが、
開封されると酸素と結合するため、再び鮮やかな赤色になる。

牛肉の色は鮮度を表すものではないの?

上質の肉は鮮やかな明るい赤色のこともあれば、くすんだ赤色のこともある。肉の色を決めるのは主にミオグロビンだが、次の3つの要素に左右される。

1-　酸素との結合。すでに述べたように真空保存されている肉は、真空保存されていない肉よりくすんでいる。
2-　熟成度。5～6週間熟成された肉は15日間だけ熟成された肉より、当然、くすんだ赤色をしている(「熟成」の項を参照)。

3-　牛の年齢。年を取った牛の肉は、当然、若い牛の肉よりミオグロビンが多く、濃い赤色をしている。

牛肉には色で鮮度が分かりやすく、古くなると茶色から次第に緑がかった色になる。さあ、大急ぎで買いに行ってみて!

牛肉の脂の色が白かったり、少し黄色っぽかったりするのはなぜ?

脂の色は牛が食べる餌によって少し違う。穀物しか食べない牛の肉の脂は非常に白いが、牧草地で育てられる牛はカロテンが含まれる青草を食べるため、その脂は黄色っぽくなる。

白い脂は主に穀物を食べている証拠。

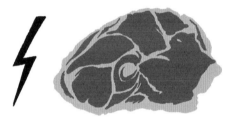
黄色っぽい脂は主に青草を食べている証拠。

仔牛の肉は
非常に白いものから濃い赤のものまで
あるのはなぜ?

母乳または粉ミルクを飲む仔牛は鉄分が不足しているため(乳には鉄分がほとんど含まれていない)、その肉の色は薄いが、鉄分が豊富に含まれる青草を食べて育った仔牛の肉は濃い赤色をしている。
年齢も関係している。成長するほど筋肉中のミオグロビンの量が増え、肉は濃い赤色になる。

ある品種の豚の肉が
非常に赤いのはなぜ?

品種によって生まれつき牛のように赤い色の肉をしている豚もいる。しかし、飼育方法も肉質に影響を与える。集約飼育をされた豚の肉が薄い色をしているのは、満足に動くことができない豚小屋の中に押し込められているためだ。一方、放し飼いで育った豚は、野原や森の下草の周りを自由に跳び回り、たくさん歩き、上質の餌をたっぷり食べているため、その肉は濃い赤色をしている。

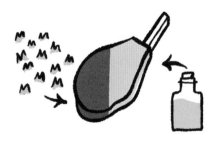
鉄分が豊富な青草を食べて育った仔牛の肉は
濃い赤色で風味が際立つが、母乳で育った仔牛の肉は
非常に薄い色で、味が薄い。

LE GRAS, C'EST BON !
脂は美味しい!

ホッ、ホッ、ホッ! 脂は嫌だと言って顔を背けていたけど……。
肉の旨味は脂にこそあり、肉にあるのではない。だから肉は、脂が多いほど美味しい。
今こそ脂を見直そう!

霜降り肉が
美味しいのはなぜ?

肉を加熱すると脂に火が通り、わずかに溶けて豊かな風味が広がる。肉全体に脂が広がっていれば、一口噛むごとに旨味を感じる。次に、その脂は舌の上で風味のある薄い膜を形成し、消えるまでに時間がかかる。これがいわゆる「後味」だ。

……そして、霜降り肉が
柔らかくてジューシーなのはなぜ?

実際はそうではないのだが、そう感じる。肉のタンパク質は熱せられると硬くなる。一方で脂は溶けやすい。脂のついた肉を噛むと、柔らかい脂が液体となり、「ジューシー」だと感じる。

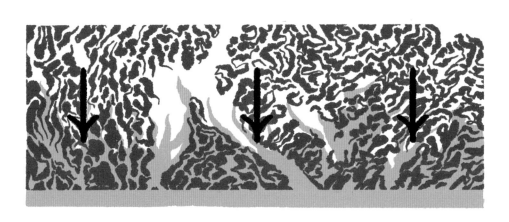

霜降り肉を加熱すると、熱は脂の少ない肉に比べてゆっくり伝達されるため、水分の蒸発があまり早く進まない。
脂は、熱せられて溶けながら、柔らかさと後味をもたらす。

C.Q.F.D.／証明完了!

脂のある肉は赤身肉に比べて焼きすぎに耐えられるのはなぜ?

第一の理由は、脂は火が通りすぎてパサついている表面をカバーするから。そのため、昔は、加熱しすぎる可能性のある肉に背脂を差し込んでいた。
第二の理由は、脂は肉より熱がゆっくり伝わるから。だから脂の「縞模様」が入っている肉は、熱は浸透するのに時間がかかる。そのため肉の中心部は柔らかく、ジューシーさを長く保てる。

牛は豚のように
太っていないのに、
牛肉は豚肉より
脂が多いのはなぜ？

牛肉の脂は筋肉内脂肪、つまり筋肉の中にある。また、みごとな霜降りの牛の骨つきあばら肉のように、特定の部位に集中して脂がついている。豚の場合は、脂はとりわけ背中や胸の皮膚の下についている。筋肉の中にも脂はあるが、非常に少ない。そもそも、脂肪分を減らすダイエットをするなら、牛肉より豚肉を食べる方がいい。

上質の豚の骨付きあばら肉は
外側に脂がたくさんついているのはなぜ？

集約飼育されて6カ月で屠殺される豚は、早く大きく成長させるためにホルモンを無理やり詰め込まれる。そのため脂肪を発達させる時間が十分にない。反対に、極上品種の豚は2歳になるまでゆっくりと育てられ、良質の脂をつける時間が十分にある。この時間と良質の餌のおかげで、あばら骨の周りに良質の肉とみごとな脂が発達する。周りに脂のついた豚のあばら肉を見たら、それは上質の肉である証拠。急いで買わなくては！

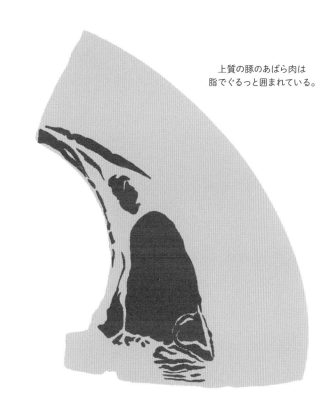

上質の豚のあばら肉は
脂でぐるっと囲まれている。

仔羊の肉が
あらゆる肉の中で
最も脂が多いのはなぜ？

仔羊は朝から夕方まであちこち飛び跳ね、遊び回る小さな動物。つまり、仔羊たちはエネルギーを惜しみなく消費する。たくさん動き回るほどエネルギーがたくさん必要だ。自然とは良くしたもので、仔羊たちは餌をむさぼり食べるので、エネルギー源となる脂肪が筋肉にたくさんついている。仔羊の肉の周りにも中にも脂がついているのはそのためだ。

仔牛肉と豚の赤身肉は加熱するとすぐにパサパサになりやすいのはなぜ？

仔牛肉と豚の赤身肉には脂肪がほとんどついていないため、3つのことが起こる。

1- 脂は肉の温度が上昇するのを遅らせる。したがって、脂の少ない赤身肉はより早く熱せられ、水分が早く失われる。

2- 脂は熱せられると溶けて、肉にジューシーさをもたらす。したがって、脂の少ない仔牛肉や豚の赤身肉はあまりジューシーでない。

3- 脂は唾液腺を刺激して、唾液をたくさん出させる。口の中に唾液が多いということは、噛むたびに液体が加わり、ジューシーさをより感じるということ。

アドバイス：仔牛肉と豚肉は初めにこんがりと焼き色をつけて、その後は、パサパサにならないように、必ず、高すぎない温度でじっくり焼くこと。

DURETÉ ET TENDRETÉ DES VIANDES
肉の硬さと柔らかさ

この肉、どうしてこんなに硬いんだろう？　うん、硬いね！　この肉が硬いのは、
上等の肉じゃないからだよ。こういう肉はもう少し時間をかけて加熱する方がいい。
そうすれば、美味しくなる、ほらね！

硬い肉と
柔らかい肉があるのはなぜ？

それはコラーゲンの量に関係する。コラー
ゲンは筋繊維を取り囲む膜を形成する結合
組織だ。ちょうど電線を囲むプラスチック
の外被に似ている。筋繊維の1本1本はコ
ラーゲンに囲まれ、そのコラーゲンに囲ま
れた何百本もの筋繊維のまとまりを別のコ
ラーゲン膜が取り囲み、さらにこの繊維束
がいくつかまとまった何百もの繊維束を別
のコラーゲン膜が取り囲みと、どんどん太
くなり、筋肉全体がコラーゲン膜に囲まれ
る。そのため筋肉の活動量が増えるほど、
コラーゲンの量が増え、肉は硬くなる。ま
た動物が年を取るほど、肉が硬くなる。

肉の筋繊維のイメージ

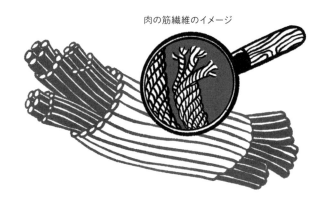

コラーゲンは筋繊維の1本1本を取り囲んで膜を作り、
それが集まってまた別のコラーゲン膜に取り囲まれる。

ちょっと深掘り！

肉を切る方向によって、
肉が柔らかくなったり硬くなったりするのはなぜ？

肉を切る方向によって、柔らかさの大部分が左右される。聞いたことな
かった？
じきに分かる。ビックリするよ……。
肉は藁のような繊維でできている。肉を繊維に沿って切ると、「長い藁」
が口に入り、噛むと硬い。けれども、繊維に垂直に切れば、「小さな藁片」
になる。もちろん、長い繊維より短い繊維のほうが噛みやすい。
ちょっと待って！　それだけでない。もうひとつ非常に重要なことがある。
繊維に含まれる肉汁は、長い繊維からより短い繊維からのほうが出やす
い。噛むと、短い繊維からたくさん肉汁が出てジューシーになる。つまり、
肉は繊維に直角に切ったほうが柔らかく、ジューシーで、いきおい、よ
り風味が強くなる。

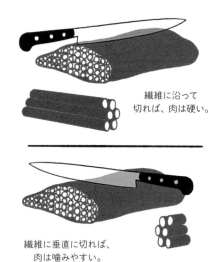

繊維に沿って
切れば、肉は硬い。

繊維に垂直に切れば、
肉は噛みやすい。

牛肉は、
他の動物の肉に比べて
硬い肉が多いのはなぜ？

牛は、仔牛、豚、羊、鶏より身体が重い。したがって牛の筋肉は、動かすのに他の動物より多くのエネルギーを必要とする。そのため牛の筋肉には分厚く硬いコラーゲンがたくさん含まれており、肉が硬くなる。

仔牛にも、たとえばブランケット[※1]を作るのに使う肉のように硬い肉もあるが、コラーゲンは成牛より薄いため、加熱時間は短くてすむ。仔牛のむね肉は薄切りにすれば、短時間でも、長時間煮込んだときと同じくらい柔らかくなる。

豚の肉で、とくに硬い部位はすね肉だ。仔牛のように、もも肉や肩肉は薄く切れば短時間の加熱で柔らかくなる。

羊についても、もも肉や肩肉は仔牛や豚と同じようなことが言える。

鶏は、コラーゲンが含まれる筋肉は脚の筋肉だけ。しかし鶏のコラーゲンは短時間で柔らかくなる。

※1：白肉を白いソースで煮込む料理。

牛は主に身体の前半分の肉が硬いのはなぜ？

前足は後足よりたくさんの体重を支えているから。また、牛が前に進むときは前足を引っ張ることも大きな理由だ（反対に、豚は前に進むときは後足を強く引く）。ちょうど車と同じ。動物には、牛のように「牽引」タイプの動物と、豚のように「推進タイプ」の動物がいる。

牛のヒレ肉は非常に柔らかくて、非常に高価なのはなぜ？

ランプとサーロインの下にあるヒレ肉はほとんど動かさない筋肉で脂肪があまりついていない。ほとんど動かさないため非常に柔らかく、脂肪が少ないため風味がほとんどない。この２つの特徴から万人が好む肉で、いきおい法外な値段がつけられる。一方、本当の肉好きは風味の少ないヒレ肉より、もっと噛みごたえがあり、風味の強い部位を選ぶ。

硬い肉には長い時間加熱する必要があるのはなぜ？

加熱するとコラーゲンに弾力性が出て硬くなり、食べられないほどになる。しかし、弱火でゆっくり、時間をかけて加熱すれば、コラーゲンが美味しいゼラチンに変性し、肉は柔らかさを取り戻す。そのため、煮込んで肉を柔らかくするポトフやブッフ・ブルギニオン[※2]は多くの人に好まれるメニューになった。

※2：牛肉を赤ワインで煮込んだ、フランス、ブルゴーニュ地方の郷土料理。

LES SECRETS DES BONS MORCEAUX
美味しい肉の秘密

美味しい牛のあばら肉の見分け方を知っている？　ブルゴーニュ風フォンデュ・ブルギニョン※にはどんな部位を選べばよいか分かる？　仔羊のもも肉を上手に調理できる？　フゥー、ぜんぶ説明する必要がありそうだ……。

※オイルを入れた鍋に、赤身肉を入れて揚げる料理。

牛のあばら肉についての3つの疑問

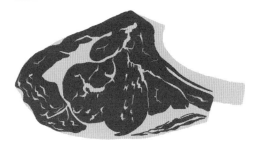

❶ 牛のあばら肉は、外側だけでなく中にも脂がないとダメなの?

脂が肉の味を決める重要な要素であることはすでに述べた。脂が少ない肉はあまり美味しくない。だから十分に霜降りが入っているものを選ぶこと。風味が豊かなことは間違いない。

❷ 牛のあばら肉は、焼いてもリブロースのようにすぐパサパサにならないのはなぜ?

リブロースはあばら肉と同じ部位だ。骨と骨の間にあるが、骨を取り除いたあばら肉のことをリブロースという。加熱すると、この違いが大きく影響する。なぜなら、あばら肉は肉のほとんどの部分が骨にくっついているから。「肉の品質」の項で説明したように、骨にくっついている部分では肉は縮まないし、肉汁が絞り出されないし、パサパサにもなりにくい。そのため、牛のあばら肉は常にリブロースよりジューシー。

❸ でも、前日に塩をふる必要があるのはなぜ?

塩の肉への影響はすでに学んだ（「塩」の項を参照）。数十ページ前に戻るのが面倒な人のために繰り返し述べよう。よく信じられているのとは反対に、あらかじめ塩をふっておいたほうが、肉はジューシーさを保てる。塩が肉のタンパク質を変性させ、加熱によってタンパク質がねじれて肉汁が絞り出されるのを妨ぐからだ。牛のあばら肉は非常に分厚いため、塩が肉の深部まで浸透するのに時間がかかり、長時間、塩に浸けておく必要がある。だから少なくとも調理の前日、できれば48時間前に塩をふること。

豚のバラ肉がとびきり美味しいのはなぜ?

バラ肉は豚の最も美味しい（そして安価でもある）部位のひとつだ。皮つきなら皮を上にして、軽く溶けるように弱火でじっくりローストし、仕上げは皮がこんがりと焼けるようにグリルで仕上げる。

そうそう、もうひとつちょっとした秘訣がある。調理の前日に、バラ肉を調理皿に入れて上に皮をのせ、軽くベーキングパウダーをまぶしておく。ベーキングパウダーは皮のpHを変え、より柔らかくする。文句なしに美味しい!

仔羊のむね肉も美味しいの?

仔羊のむね肉が美味しいことはあまり知られていない。店頭で見かけることがあまりないからだろう。仔羊のむね肉はクスクスや仔羊をベースにしたフォンを作るときに使う。「ポワトリーヌ」という名前で骨つきのまま売られていたり、骨を抜いたものが「エピグラム」という名前で売られていたりする。骨付きのほうが美味しいのは言うまでもない。オレガノやタイムをのせてシンプルにオーブンでグリルするだけでも美味しい。食事の後で、子どもの目を盗んで、骨についたまま残っている肉をかじるといい。そこがいちばん美味しいから。

24時間マリネした豚の上方腹部肉（カイノミ）または横隔膜上部の肉（サガリ）の立派な塊と十分に熱したオイルがブルゴーニュ風フォンデュを成功させるカギ。

フォンデュ・ブルギニョンには上方腹部肉（カイノミ）と横隔膜上部の肉（サガリ）が最適の部位なのはなぜ？

精肉店の友人たちが「フォンデュ用の肉」と名づけた部位を熱心に売っているのは承知している。でも、そんなありきたりの肉のことはすぐに忘れよう。それはたいてい、肉を切り分けたときに残った肉で、特別にフォンデュ用にカットされた部位ではないのだから。その肉がたとえ柔らかくても、旨味はほとんどなく、こんがり焼くのは難しい。美味しいフォンデュには、熱したオイルの中ですぐにカリッと揚がるような肉でなければならない。そのためには、サガリかカイノミあるいは横隔膜の肉（ハラミ）をおいて他にない。これらの部位なら申し分なくカリッカリの美味しい焼き皮ができ、中はボンボン菓子のように柔らかくてジューシーに仕上がる。ハラミとサガリはカイノミより際立った旨味がある。

そうそう、フォンデュのためのちょっとした秘訣が2つある。

秘訣1：2口大の大きさに肉を切る。それ以上大きくてはダメ。それから、オリーブオイル、ニンニク、コショウ、タイム、スプーン1杯の挽いたカイエンヌペッパーを混ぜた液に24時間マリネしておく。

秘訣2：概して小型の片手鍋は、食事中に一度に何個もの肉を揚げるのに十分な高温を保てない。そこで私はキッチンであらかじめオイルを180℃に熱し、この温度を保つため片手鍋の底の周りに保温用の小さなロウソクをできるだけたくさん置いた。そうすれば、オイルはより長い間、高温を保てる。

仔羊のもも肉にニンニクを差し込んでも、あまり意味がないのはなぜ？

実際、仔羊のもも肉のような大きな肉の塊にニンニクを差し込んでも、肉の中の温度はニンニクの鱗片に火が通るほど熱くならないことを理解する必要がある。なぜなら、レアの肉の中心の温度は60℃、ミディアムレアの肉の中心の温度は65℃だから、ニンニクに火が通ることは望めない。結局、肉が望み通りの焼け具合に焼けても、ニンニクは生のままで、肉の中に非常に強い匂いが広がるだけだ。

でも、解決策はある。ニンニクの風味がついた仔羊のもも肉が好きなら、薄くスライスしたニンニクをもも肉の皮の下に入れておく。そこなら温度は高くなり、ニンニクにも火が通る。

あるいは、片手鍋にオイルを少々入れ、ごくごく弱火でニンニクの鱗片を約10分間加熱してから、肉の奥深くに差し込む。いずれにしても、ニンニクの風味が肉の中心まで浸透するのはごくわずかで、1mmにも満たない。

ロースト肉に豚の脂身を巻くのを避けるべきなのはなぜ？

ずっと以前から、3つの間違った理由でロースト肉に豚の脂身を巻く習慣があった。

1- 「脂身を巻けば、肉が加熱中に乾燥するのを避けられる」。これは間違いで、そのことは20数年前に科学的に証明されている。脂身は肉に含まれる肉汁の蒸発を防いだりしない。脂身を巻いても巻かなくても、肉の重量は加熱すれば同じだけ減る。

2- 「加熱中に脂身が肉に浸透して潤いを与える」。これも間違いだ。その理由は単純で、マリネ液でさえ1時間に10分の1ミリメートルも浸透しない（「マリネ」の項を参照）のと同じ。脂ならもっと早く浸透するとでも思っているのかな？

3- ロースト肉に脂身を巻けば、肉の重量は、本当ならサービスでつけられるはずの脂身も合わせて測られ、その重量の肉の値段で売られる。

冗談はさておき、ロースト肉に豚の脂身を巻くのを避けるべき主な理由は、巻かれている部分の肉がこんがり焼ける邪魔になるからだ。ロースト肉がこんがり焼けなければ、風味はあまり立たない。脂身で巻かれたロースト肉は巻かれていないロースト肉より旨味が少なくなる。それだけのこと！

LES JAMBONS
ハム

「豚はどこをとっても美味しい?」ウィ、マダム! 何よりハムは、完璧に美味しい、最高峰の食品であることは間違いない。特に豚のもも肉のハムは最高だ。

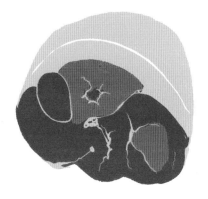

ボンレスハムはピンク色か薄いグレーなのに、生ハムは赤色をしているのはなぜ?

同じ部位から作られるハムなのに、色がまったく違う……。説明しよう。
「白い」ハム(ボンレスハム)は、水、香辛料、砂糖、塩を調合したソミュール液の中に数日間漬け込んだ後、ブイヨンの中で茹でる、あるいは蒸す。ピンク色をしているのは薄いピンク色を定着させるために亜硝酸ナトリウムが使用されているから。亜硝酸塩が使用されていないハムは、薄いグレー色をしている。

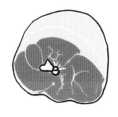 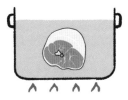

ボンレスハムは場所によって色合いが違うのはなぜ?

豚の脚には明確な役割を持つ複数の筋肉がある。ある筋肉は歩くために使われ、別の筋肉は立つためだけに使われる。そのため、ある筋肉は他の筋肉に比べてミオグロビンがたくさんあり、より際立った赤色をしている。さまざまな色合いがあることこそ、きちんと飼育された豚から製造された上質のボンレスハムである証拠だ。その逆ではない!

生ハムは、香辛料を加えた塩に漬け込んだ後、数カ月間乾燥させる。乾燥させている間にメイラード反応が起こる。肉をこんがり焼いたときや鶏をローストして美味しそうな匂いが立ち込めるときにも同じメイラード反応が起こる。つまり、糖分が濃縮し、脂肪分が酸化する。色はゆっくりと変化し、くすんだ赤色になる。

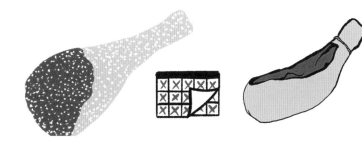

ここに注目!

イタリアとスペインに美味しいハムがあるのはなぜ?

それは良い品種の豚がいることに加え、製造技術が優れているから。イタリアとスペインで飼育されている豚の主な品種は、古来伝統種であるイベリア種などの原種豚の子孫だ。イベリア種の直系子孫は抜群の極上豚で、その豚肉から作られるハムは最高に美味しい。

❶ パタ・ネグラ※は世界最高峰のハムと言われるのはなぜ？

確かにそう言われている。率直に言えば、世界最高峰の
ハムではないにしても、世界のトップ5には入っている、
間違いなく！ パタ・ネグラは黒豚イベリア種という、特
別な豚から作られ、脂の中にオレイン酸がたくさん含ま
れている。この黒豚はスペイン南西部の牧場で半放牧飼
育され、冬には、あり余るほどのどんぐり、草木の根、
樹皮、野菜などきわめて上質の餌を食べて育つ。こうし
た餌を食べているため、その肉は非常に美味しい。また、
3〜5年熟成させるこの生ハムが特別なのは、生ハムの
製造に適した自然と職人たちの技量の高さゆえでもある。

※スペイン語で黒い脚の意味。黒豚イベリア種のハムは
「ハモン・イベリコ」とも呼ばれる。

❷ でも、非常に高価なのはなぜ？

生ハムには、シャンパンと同じように、ありきたりのハムもあれば、極上のハムもある。パタネグラは極上
の生ハムだ。非常に希少で、ほんのりと甘い香り、クルミやヘーゼルナッツ、下草の香りがし、後味が驚く
ほど長く続く。そして希少であるために値が張る。
でも気をつけて！ パタネグラを名乗りながら、質の劣る生ハムもあるから。

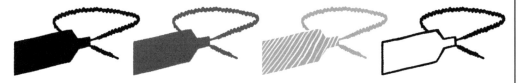

本物のパタ・ネグラは、
イベリコ100%純血ベ
ジョータ（100%純血
イベリア種）という表
示で販売されている。
識別用の黒いタグがつ
いた極上のハム。

ベジョータ・イベリコ
は、パタネグラと同じ
餌を食べているが、純
血度は75%あるいは
50%であるため、ハム
の品質は少し劣る。赤
いタグがついている。

セボ・デ・カンポ・イベリ
コは、イベリア種100%、
75%あるいは50%純血
だが、どんぐりを食べて
いるとは限らない、放牧
で飼育された豚。緑のタ
グがついている。

デ・セボ・イベリコは、イベ
リア種100%、75%あるいは
50%純血だが、自由に歩き回
ることができない納屋で飼育
され、飼料のみを食べて育っ
た豚で、そのハムは白いタグ
がつけられている。

最近、牛ハムが存在しているのはなぜ？

実際はスペインやイタリアで2000年前から牛ハムが存在する。だからとくに目新しいことではない！ 最も評価が高
いのは、広く一般には知られていないが、スペイン北西部のレオン産セシーナだ。このハムは5歳以下の牛の後脚の肉
から作られ、ある種の乾燥生ハムとほとんど同じように、塩漬け、燻煙、乾燥、熟成という工程を経て作られる。ブレ
ザオラと同様、薄く切ってオリーブオイルを数滴たらして食べるのが普通だ。ブレザオラもイタリア産の牛の後脚の
肉から作られる。

LE POULET ET LE CANARD
鶏とカモ

あー、オルタンス叔母さんの作る日曜日の若鶏のロースト、カモのオレンジ煮！
なんて良い思い出なんだろう……。そうだ、自分で作ってみよう!

鶏のもも肉がむね肉より濃い色なのはなぜ?

身体を支え、歩き、走るのに使うのはももの筋肉だ。たくさん動けば動くほど、より多くの酸素を必要とする。その酸素は赤色のタンパク質の一種ミオグロビンによって運ばれてくる。ときに、胸の筋肉は大きく見えるが、呼吸するためにしか使われない。したがって、ミオグロビンはあまり必要ない。もも肉がむね肉より濃い色をしているのはそのためだ。

本当?な話

鶏の脚に鱗があるのはなぜ?

鶏は、堆肥の上や腐った草の上など、いたるところを歩き回る。鱗が脚を保護し、病気に感染するのを防いでいる。

ここに注目!

ソリレースは実はみんなが思っている部位ではない?

「ソリレース」と呼ばれる誰もが大好きなこの有名な若鶏の部位は、実は本当のソリレースではない。そもそも、どんな愚か者でもそこを残したりしない[1] 大きくて目につく位置にあるのだから。ここは本当は「ユイットル・ド・プーレ（若鶏の牡蠣）」と呼ばれる部位で、形が牡蠣に似ているからというだけの理由でついた名称。本当のソリレースはもっとずっと小さく、ほとんど目につかない。臀部のすぐそば、尾骨の溝の皮膚の下に隠れている。1798年に出版されたアカデミー・フランセーズ辞典[2]第5版に初めて記載された「ソリレース」の定義は20世紀に誤りが修正された。今日、多くの辞典では、徐々にその定義が見直され、ソリレースの正しい位置が記されるようになっている。

※1：ソリレースはフランス語で "le sot l'y laisse" と書かれ、「愚か者は、（美味しいことを知らないから）それを残す」という意味。

※2：フランスの国立学術団体のひとつ「アカデミー・フランセーズ」の辞書委員会が編纂する辞典。フランス語の規範を示す役割も果たしている。

鶏にはなぜ、砂嚢があるの?

鶏にはくちばしがあるけれど、歯がない。そこで、食べ物を噛み砕くために、鶏は小石を飲み込み、「砂嚢」と呼ばれる筋肉のポケットにストックしておく。この砂嚢は2つある胃のひとつに当たる。飲み込む小石はでたらめに選んでいるわけではない。大きめで、多少とも丸みを帯びた形の小石を選んでいる。鶏は自分が食べた餌に応じて、また必要に応じて、適切な小石を選ぶ。

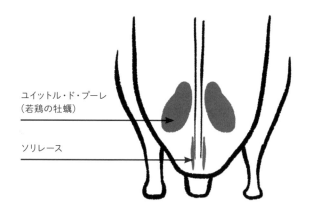

ユイットル・ド・プーレ
（若鶏の牡蠣）

ソリレース

野生のカモと飼育場のカモの肉に大きな違いがあるのはなぜ?

ほとんどの野生のカモは渡り鳥だ。脂肪は、長時間の飛行を成し遂げるためのエネルギー源として使われる。目的の地に身を落ち着かせた後に捕獲されたカモは、概して飼育場のカモより痩せているが、風味がずっと際立つ。

飼育場のカモの中でも、フランスとスペインにまたがるバスク地方の数人の養鴨家たちによって愛情込めて飼育されたクリアクセラ種のカモの多くは風味が際立ち、特別に美味しい。

カモのむね肉についての3つの疑問

❶ マグレ(カモのむね肉)は太ったカモにしかないのはなぜ?

フォワグラを作るために肥育されたカモは普通のカモより太っている。そのことから「カナール・グラ(太ったカモ)」という名称がついている。その脇腹肉は、分厚い皮の下にたっぷりついた脂と一緒に「マグレ(むね肉)」という名称で売られている。普通のカモの脇腹肉はもっと小さくて脂が少なく、皮もずっと薄く、「フィレ(むね肉)」という名前で売られている。

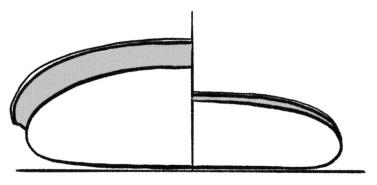

太ったカモのむね肉(マグレ)   普通のカモのむね肉(フィレ)

❷ マグレは最近の掘り出し物?

フォワグラ用のカモはコンフィ[※2]にしたり、ローストにしたりして食されていた。1959年にフランス南西部ジェール県の小さな都市オーシュに住む料理人アンドレ・ダガンがカモを赤身の肉のようにグリルしてみた。合わせて、グリルしたカモに添えるグリーンペッパーのソースを考案した。米国の人気小説家のロバート・デイリーがニューヨーク・タイムズに、フランスで「マグレ」という新しい肉を発見したとカモのマグレを絶賛する記事を寄せことから、米国でこの肉のことが知れ渡るようになった。

※2: 肉に塩をすり込み、低温の脂でゆっくり揚げ煮したもの。

❸ 「マグレ」という名前がついたのはなぜ?

マグレは脂で覆われているが、「痩せた」肉だ。どういう意味かって? 「マグレ」とフランス語の「メーグル(痩せている)」は発音が似ていないかな? メーグル(痩せた)肉⇒マグレ。そもそも、この部位は「メーグル」と発音されることもあるぐらいだから。単なるフレンチジョークだ。気にしないで。

LE POULET ET LE CANARD
鶏とカモ

どうやったら効果的？　調理の科学

加熱する前に
若鶏を水で洗うのは無駄なの？

鶏の皮には細菌がたくさんついている。生きているとき、若鶏は足を糞まみれにして歩き回っていたから。そのため、昔からずっと流水で洗ってきれいにしてから保存していた。問題は、そうすることでかえってシンク周りや手に細菌をまき散らしてしまうことだ。若鶏は決して流水で洗ってはいけない。いずれ、加熱されれば細菌は除去されるから。

……では、ローストする前に
ソミュール液に浸けるのは意味がある？

鶏を一晩ソミュール液に浸ければ、塩が肉の深部まで浸透する。塩は肉に含まれるタンパク質の構造を変えて、加熱によって肉の繊維がねじれて肉汁が排出されるのを防ぐ。そのため、加熱してもジューシーさを保てる。効果が出るように、6％の塩水、つまり水1ℓ当たり60gの塩を入れたソミュール液に一晩浸けておく。翌日、若鶏をソミュール液から出し、水で洗い、キッチンペーパーで水気を拭き取ってからローストする。

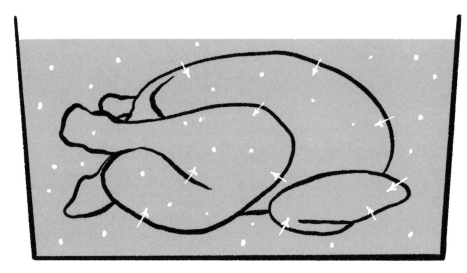

若鶏を12〜24時間ソミュール液に浸けると、肉の深部まで塩が浸透し、
加熱してもジューシーさが失われない。

また、冷蔵庫で2日間、乾燥させる必要があるのはなぜ？

立派な若鶏を包装から取り出し、網にのせて冷蔵庫に2日間入れておくと、若鶏の皮がゆっくり乾燥する。こうして皮を乾燥させておくことで、ローストしている間に皮がみごとにカリッカリになる。念には念を入れたいなら、冷蔵庫に入れる前に塩をふっておけば水分の蒸発プロセスが加速される。もし、2日間冷蔵庫で乾燥させるのを忘れたら、失敗を取り戻す裏技がある。オーブンのグリルに若鶏をのせ、解凍モードでスタートさせる。このモードでは通風装置が動き、オーブン内に気流が生じて、乾燥を速める。8時間、または一晩、その状態にしてからローストすれば大丈夫。

では、カモをこんがり焼き上げる前に 下茹でする必要があるのはなぜ？

北京ダックの原則は、皮をものすご──くカリッカリにすること。若鶏と同じように、カモの皮は長時間乾燥させるとカリッカリになる。北京ダックを作るには、少し風通しの良い場所で乾燥させ、風でカモについている細菌が飛び散らないように、沸騰した湯の中で2〜3時間下茹でする。そうすれば、細菌はすべて死滅し、他の食品に細菌が移る心配もなく乾燥させることができる。

カモを乾燥させる前に下茹ですると、
細菌が死滅する。

カモのマグレ（むね肉）の皮は焼く前に 切り込みを入れる必要があるのはなぜ？

「皮が縮むのを防ぐため」だとよく説明される。残念ながら、それはまったく違う！ 皮は切り込みを入れても入れなくても、同じように縮む。切り込みを入れて焼くと、切り込みの間が広がるが、それは皮が縮んだからだ。切り込みを入れるのはやはり重要だが、それは別の理由による。マグレの皮が縮むと脂が溶けて、流れやすくなる。したがって、切り込みを入れて焼くと、マグレの脂身が少し薄くなり、肉は一層美味しくなるのだ。

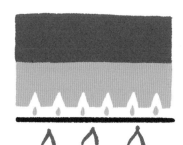

マグレの皮に切り込みみを入れれば、
脂が溶けて流れやすくなる。

カモのフォワグラがガチョウのフォワグラより 美味しいのはなぜ？

いや、違う、違う、違う！ カモのフォワグラのほうが美味しいということはない、まったくそんなことはない！ カモのフォワグラはより際立った強い風味があり、柔らかく、オレンジがかった美しいベージュ色をしている。ガチョウのフォワグラはずっと繊細でデリケートな風味がし、後味が長く残る。焼いてもあまり縮まないで、灰色がかった色が少し食欲をそぐかもしれない。カモのフォワグラのほうが手に入りやすいとしたら、それはガチョウの肉よりカモの肉のほうが販路が広いからだろう。

フォワグラの 「神経を取り除く」 ことができないのは なぜ？

肝臓には神経がないというだけのこと。神経がないのだから、取り除けるはずがない。しかし静脈はある。だからフォワグラは「静脈を取り除く」のであり、「神経を取り除く」のではない。

VIANDE HACHÉE ET SAUCISSES
ひき肉とソーセージ

おばあちゃんの作る、水曜日のハンバーグステーキとソーセージのポテトピューレ添え……。子どもたちは大喜び。でも、大人は中に何が入っているかを考えて、ゾッとする。幸いなことに、ゾッとしないソーセージにするための解決策がある。

精肉店に肉を挽いてもらう前に、肉の部位を選ぶ必要があるのはなぜ？

精肉店が挽肉機の中に放り込む前に、自分の望む部位を挽いてほしいときちんと頼めばいいのだ。良心的な精肉店なら喜んでやってくれるだろう。そうすれば、好みに合った肉を手に入れることができる。

自分で肉を挽くのは最高に良い考え？

あー、それなら心配ない。自分で部位を選んで挽くならすべてが変わる。際立つ風味が好みなら横隔膜上部の肉を選べばいい。あまり風味が強くないのが好きなら肩肉を選ぶといい。料理によって脂の量も選べる。長く煮込む料理なら、脂は全体の20％は必要だ。サッと焼くなら10〜15％で十分だろう。仔牛肉や豚や家禽の肉だって挽くことができる。挽肉機を持っている必要はない。刃つきのフードプロセッサーでも十分うまくいくだろう。肉の食感を損なわないように、ペースト状にならないよう、ときどき様子を見ながら注意して操作する必要がある。

スーパーのラップで包んだひき肉を買ってはいけないのはなぜ？

スーパーでラップに包んで売られている（偽物の）ひき肉の塊の中には、どんな肉が入っているか絶対に分からない（たいてい、何だか分からないように細切れにした、売るに値しない最悪の肉が使われている）。さらに悪いことに、何頭の動物の肉が混ぜてあるかも分からない。余った切り落とし肉を数百キロ単位で巨大な機械に入れて挽いているのだから。細切れにされる前にあらゆる肉が混ぜられる。最終的に、たったひとつのパックの中に、数百頭の動物の肉が入れられる。ふざけているのではない。まったく恐ろしいことだ！

おいしい自家製ハンバーグを作るには、慎重にふさわしい部位を選ぼう。

冷凍のハンバーグステーキを
加熱する前に必ず解凍しておく必要があるのはなぜ？

ある日友人が集まったので、急きょ急速冷凍ハンバーグステーキを焼いて食べたら、焼きすぎでパサパサになっていて、とても食べられる代物ではなかった。おまけに、それを子どもたちにも食べさせていた。はっきり言って、恥じるべきだ……。なぜ、ハンバーグがそんな状態になったかというと、外側だけが先に解凍されて、熱が中まで届くころにはハンバーグの5分の4はすでに焼けすぎになっていたからだ。小学校中学年の算数の授業で習ったことを思い出せば、もっとうまくできるはずだが……。非常に簡単なことだ。

冷凍ハンバーグを凍ったまま焼くと、 ハンバーグの温度は−18℃（冷凍庫の温度）から+50℃（レアに焼けた状態の肉の中心の温度）まで変化する。したがって、−18℃と+50℃の差、つまり68℃の温度差に見舞われる。あまりに大きな温度差だ。その結果、加熱時間が長くなりすぎ、肉はパサパサになる。

あらかじめ冷蔵庫で解凍したハンバーグを焼けば、 肉の温度は5℃になっているため、焼けるまでの温度差は、5℃と+50℃の差、つまり45℃となる。加熱時間は少し短くなり、肉はわずかにジューシーさを保てる。これで、だいぶましになるが、また少し焼けすぎ。

冷蔵庫で解凍したハンバーグを しばらく常温においてから焼けば、焼けるまでの温度差は、常温の20℃と50℃の差、つまり30℃だけになる。これなら、本当にものすごく良い感じになる。加熱時間は短く、中は熱々でジューシー、外側はこんがりと焼き色がつき、焼けすぎでも、パサパサでもない。

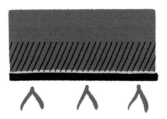

冷凍ハンバーグの芯部が焼けるまでに68℃の温度差に見舞われる。ハンバーグに厚みがあるため、中に火が届くまでに、表面は焼けすぎる。

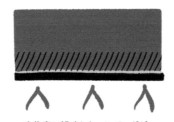

冷蔵庫で解凍したハンバーグが焼けるまでの温度差は45℃。中が熱くなるころには、表面はやはり少し焼けすぎになっている。

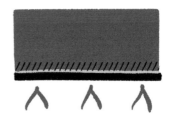

解凍した後に常温においたハンバーグが焼けるまでの温度差は30℃。表面が焼けすぎにならないうちに中まで十分に火が通る。

ちょっと深掘り！

ひき肉は加熱すると肉汁がたくさん失われるのはなぜ？

肉は繊維でできていて、成分のおよそ70%が水分である。肉を加熱すると、繊維が収縮し、水分が先端から押し出される。肉を同じ方向に細切れにすると、繊維からたちまち大量の水分が出て、肉は乾燥してこんがり焼けるどころか、文字通り自分の肉汁の中で煮えることになる。最後には、ひき肉が何の旨味もないかたまりになってしまう。焼き色もついていないのに、肉は乾燥し、ジューソーさを失っているのだから。これでは完全に失敗……。

ひき肉が保存できないのはなぜ？

肉は細切れにされると表面積が増えると同時に、窪みや凹凸が増え、細菌が増殖しやすくなる。そのため、非常に傷みやすい。注意深く扱い、購入後24時間以内に消費する必要がある。

VIANDE HACHÉE ET SAUCISSES
ひき肉とソーセージ

ボロネーゼソースに
ひき肉を使うのを
避けるべきなのはなぜ？

ひき肉はこんがりと炒めても、何の風味も立たないですぐにパサパサになるため、肉入りソースを作るのにひき肉を使うのはナンセンス、そう思わないだろうか？　その上、イタリアでは、ボロネーゼソースとは言わないで、「ソース・アル・ラグー」と言われ、ポトフのように長時間煮込んだ肉を使う（「スパゲッティ・ボロネーゼ」の項、P.117参照）。どうしても、ひき肉でボロネーゼソースを作るなら、ちょっとした秘訣を教えよう。

大きなフライパンでまずひき肉の3分の1だけ、ごく弱火で炒める（水分が逃げて乾燥するが、焼き汁の風味は残せる）。次に、残りの3分の2を加え、刻んだトマトも加える（こうすることで、ジューシーさも残り、旨味も出る）。

……でも、タルタルにもひき肉は使わないほうがいいの？

ひき肉にはボリューム感がなく噛む必要がないため、口の中に含んだら風味を感じる間もなく飲み込んでしまう。一方、肉を包丁で細かく切れば、噛むべき肉片がある。噛めば、風味を感じる時間もあるし、ソースやハーブの風味も味わえる。さらに、細切れにする肉の部位を選ぶことができる。私の妻は臭いがきつい肉は好まないが、横隔膜上部の肉（サガリ）で作ったタルタルは大好きだ。もっと柔らかい部位を選んでもいい。好きなようにやればいい、それが重要！

包丁で切った肉のタルタルには噛むべき肉片があり、風味を十分感じ取れるが、
ひき肉で作ったタルタルには噛む必要のあるものが何もないため、
風味を感じないまま飲み込んでしまう。

自家製肉団子には、
卵、パン粉少々、
その他のものを加えるのはなぜ？

ソースの中で煮込む肉団子の問題点は、肉の風味が豊かになるよう長時間煮込む必要があることだ。そのため、肉団子がパサパサになったり、崩れたりしないようさまざまなものを加える。しっとり感を保つために卵黄を、全体のつなぎには卵白を、しっとり感と柔らかさを出すために牛乳に浸したパン粉などを……。

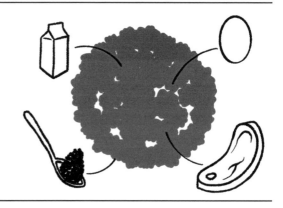

自家製ソーセージを作るには、ひき肉にあらかじめ塩をふり入れる必要があるのはなぜ？

自分でソーセージを作るなら、腸に詰める前日に、詰め物に塩をふり入れておくこと。これは、テリーヌやパテを作るときとまったく同じ原則。こうしておけば、塩が肉の深部にまで浸透してタンパク質の組織を変性させるため、加熱しても詰め物の水分はあまり失われない（「テリーヌとパテ」および「塩」の項を参照）。

ソーセージ、メルゲーズ[1]、シポラータ[2]は決して突き刺してはいけないのはなぜ？

腸は詰め物のしっとり感を保つ。加熱中に少し液状になった脂も逃がさない。しかし、ソーセージを突き刺せば、脂が逃げてしまい、しっとり感もジューシーさも失われる。また別の影響もある。バーベキューをすると脂が流れて炭火の上に落ち、炎が上がって立派なソーセージを燃やしてしまう。ソーセージは決して突き刺してはいけない。決して！

ほら、ソーセージの中に留まっているものがすべて、流れて燃えてしまう……。台無しだ！

※1：牛肉や羊肉で作られる唐辛子やスパイス入りの生ソーセージ。
※2：豚の粗びき肉を羊の腸に詰めた生ソーセージ。

ソーセージ用の肉を買うのはやめて、自分で調合すべきなのはなぜ？

それはもちろん、ソーセージ用の肉には中に何が入っているか分からないからだ。ソーセージ用の肉には、たいてい、立派でもなく美味しくもなく柔らかくもない、脂だらけの肉片が入っている。調味料がたくさん入り、風味をつけるために乾燥ハーブも入っている。すべて調合ずみのこの肉は大型スーパーで売られているひき肉と同じだ。そんなものは避けるべき！　自分でソーセージ用の肉を調合するなら、好きなようにできる。本物の上質で新鮮なハーブを入れ、自分の好きな部位を混ぜることができる。

ソーセージを加熱すると、はじけることがあるのはなぜ？

ソーセージの中が熱くなると、中に含まれる水分の一部が蒸気に変わる。はじけるのは、蒸気になると水よりずっと容量が大きくなるからだ。本当に、ずっとずっと大きくなる。正確には1700倍にも増える。
そのため、ソーセージの中に含まれる水分の一部が蒸気に変わると全体が膨れる。膨らんだすべてを抱えているのはたったひとつのもの、腸だ。質の良い腸ならボリュームが増えても耐えられるが、質の悪い腸だと、圧力で破けてしまう。熱くなりすぎて破裂する。だから、破裂するソーセージは腸の質が良くないか、あるいは加熱温度が高すぎるサイン。

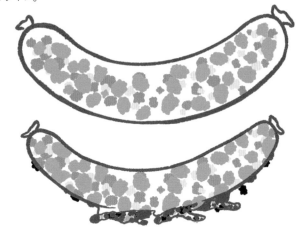

LES QUALITÉS DES POISSONS
魚の品質

魚は四角くてパン粉で覆われたフライのような姿で泳いでいる、と信じている子どもがいるが……。魚は風味と食感の宝庫、上質のダイエット食品だ。四角い魚なんて、いやしない。しかし、意外すぎる一面を持つものがたくさんいる。

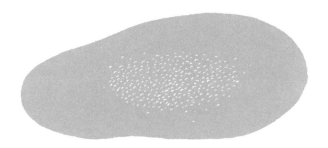

ある種の魚の背中が青緑色なのはなぜ？

サバ、カタクチイワシ、イワシ、エペルラン※、そしてマグロにカツオなどはすべて遠洋魚であり、絶えず水面近くを泳いでいる。背中の青緑色は水面に映る空の色を真似て目立たないようにし、外敵から身を守る手段だろう。これらの魚は、普通、群れになって生活し、密集した大群で移動する。それは、1匹1匹が大勢の中に紛れて、個別に襲われるリスクを最小限に食い止めるためだ。

※フランスの淡水で見られるワカサギの一種。

本当？な話

平べったい魚は、なぜ平べったいの？

平べったい魚は生まれた時点では他の魚とまったく同じように、頭の両側に目がひとつずつあった。まだ稚魚の段階で平らな姿勢で泳ぐようになり、次第に、下側の目が上側に移動する。成魚になると、捕食魚から身を隠すため、砂の海底、泥底、砂利の浅瀬などに平らに身を横たえて、灰色の顔を上に向けて過ごすようになる。ヒラメやオヒョウは口が左にあるため、目も左に、カレイは口が右にあるため、目も右にある。

ちょっと深掘り！

サメの鱗が非常に独特なのはなぜ？

ほとんどの魚の鱗は丸く平らだが、サメの鱗は他の魚たちの鱗とは非常に異なっている。歯のような形の鱗が、後ろに向かって生えている。この独特の形の鱗が、高速で泳ぐ際に生じる水の抵抗を減らし、揚力も高めている。この鱗のおかげで、サメは丸く平らな鱗の魚より、速く泳げることが分かった。このサメの鱗の特殊性は「リブレット効果」と呼ばれ、航空機などの空気力学的な研究が行われ研究に応用されている。レーシングカーのスピードを速めるために、サメ肌様の塗装が施された例もある。

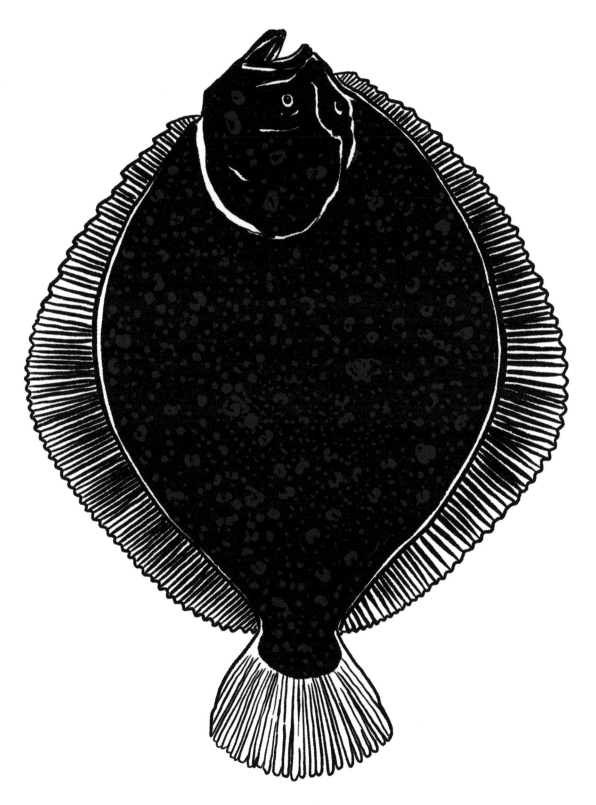

LES QUALITÉS DES POISSONS
魚の品質

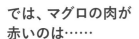

ほとんどの魚の肉が
白いのはなぜ?

魚は水中に浮かんでいるため、自分の身体を支えるのに筋肉を必要としない。せいぜい、自分を食べようと襲いかかる捕食魚から素早く逃げるために筋肉を使うくらいだ。そのため、迅速で激しい動きを必要とする魚の筋肉には、耐久力を必要とする筋肉に酸素をもたらす赤色のタンパク質ミオグロビンがあまり含まれていない(「肉の色」の項を参照)。筋肉に赤いミオグロビンが少ないと、魚の肉の色は青白く、さらには白くなる。

タラ

では、マグロの肉が
赤いのは……

マグロ類の魚は長い時間、スピードを出して泳ぐ。しかも、泳ぐ速度は水の抵抗が強いほど速くなる。マグロ類の筋肉は強く、耐久力を必要とするため、他の魚類よりミオグロビンがたくさん含まれ、肉の色が赤くなる。

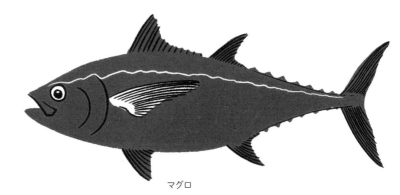

マグロ

サケやマスの肉が
オレンジ色なのは?

サケやマスについては少し事情が違う。サケやマスは筋肉の中にアスタキサンチンという鮮やかな赤色のタンパク質が含まれている。このタンパク質はサケやマスが餌とする甲殻類や小エビなどに豊富に含まれている。加熱したオマール海老が鮮やかな赤色に染まるのはオマール海老にこのタンパク質が含まれているからだ(「オマール海老」の項を参照)。

サケ

サケについての3つの疑問

❶ 天然のサケが養殖のサケより美味しいのはなぜ？

まず、天然のサケの餌は季節や漁獲される場所によって異なり、そのことが豊かで複雑な風味を高めている。海中に張った巨大な網の中、あるいは地上の巨大な水槽の中で育てられ、早く成長して太るようにと工夫された餌を1年中、同じ方法で与えられる仲間に比べて、天然のサケは自分で餌を見つけるために多くのエネルギーを使うため、身が締まり、脂肪が少ない。

❷ サケの茶色い部分はあまり美味しくないのはなぜ？

この部分は耐久力を必要とする泳ぎをするのに使われる筋肉に当たり、たくさんのミオグロビンが含まれている。マグロの真ん中部分の肉と同じで、えぐく、少しメタリックな味がする。

❸ サケの色は質の良し悪しのサインではないのはなぜ？

サケがピンク色なのは大部分は餌の影響だということを学んだ。養殖のサケの場合は、1年を通して明るいオレンジ色の身になるように、十分な配慮をして餌が選ばれている。身をオレンジ色にするタンパク質アスタキサンチンの含有量の指標となる（絵画に使用されるような）カラーチャートさえ存在する！
天然のサケの身の色は、生息地にどんな餌があるかによって左右される。アラスカ産のサケは冷たい海中を泳ぐ小エビやオキアミを主に餌としているため、その身は非常に赤い。ところがバルト海にはサケの餌となるニシンやスプラットが豊富にあり、その身は非常に薄いピンク色だ。

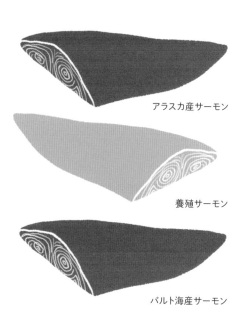

アラスカ産サーモン

養殖サーモン

バルト海産サーモン

魚を食べると頭が良くなると言われるのはなぜ？

子どもたちに繰り返し言って聞かせたものだ「魚を食べなさい、頭が良くなるから」と。そう、それはまったく正しい。でも、気をつけて。それは魚の種類にもよるし、調理の仕方にもよるのだから。
「頭を良くする」のは、脂ののった魚だ。具体的には、脂ののった魚に豊富に含まれているオメガ3脂肪酸が脳の神経細胞の働きを活発にし、学習を促進するある種のニューロンの結合に関与し、知的能力を向上させ、思考を加速させ

るなどなど。この脂肪酸は中枢神経系にも、網膜にも良い。しかし、このオメガ3脂肪酸はどんな風に調理しても、損なわれないわけではない。揚げ物をするのはやめて、蒸すかオーブンで焼く方法を選ぼう。子どもが嫌がろうと、ついでにバターで炒めた野菜と新鮮なハーブをつけ合わせに添えよう。子どもにはサケ、サバ、ニシン、イワシ、マグロ、マス、ニシアンコウなどが良い。でも、いっぺんにすべてを食べさせようとしないで、ほどほどに。

CHOIX ET CONSERVATION DU POISSON
魚の選び方と保存方法

世の中には冷凍の魚だけでなく、新鮮な魚もある！
でも、新鮮な魚をきちんと選び、最善の条件で保存できるように、知っておくべきことがある。誓って言うが、少しも面倒なことではない！

氷の上に魚をじかにのせて
保存してはいけないのはなぜ？

氷の上に魚をじかに置いては絶対にダメ！　決して、絶対に……。良心的な鮮魚店なら、必ず氷と魚の間に紙を敷く。それには2つの理由がある。
1）氷は魚を「氷焼け」させ、分子構造を変えて魚の身を決定的に傷めるから。
2）氷が溶けて水になると、細菌が格好の場所とばかりに増殖し、保存状態が悪くなり、魚の質が落ちるから。

魚には旬があるのはなぜ？

1年の間に、魚は回遊する時期、産卵の時期、良質の餌を求めても見つけられない時期など、さまざまな時期を経験する。そのため、魚の身の質はいつも同じではない。産卵時まではエネルギーを蓄えているため、味は最高だ。その後は、回遊し、産卵するために蓄えていたエネルギーを消耗する。その頃の魚の身はスカスカで旨味に欠ける。たとえば、スズキは12月が最も美味しく、マトウダイは真夏が旬だ。手に入る旬の魚を調べてみるといい。国によって、また地域によってさまざまだ。

きれいな目、
鮮やかな赤いえら、
そして、光沢と
少し粘り気のある
皮を持つ魚を
選ぶべきなのはなぜ？

そう、もちろんそれが新鮮であることのサインだから。

目は水分が含まれているため、透明で大きい。この水分が時間が経つにつれて蒸発すると目は小さくなり、透明さが失われ、薄いグレーのベールがかかって曇ってくる。したがって、目のきれいな魚だけを選ぶこと。えらには酸素に触れると濃くなるミオグロビンがたくさん含まれている。したがって、えらが赤黒く、くすんでいれば、空気に長く晒された証拠で、新鮮でない。
皮は、水中で見舞われる危険から身を守るためにネバネバした粘液で覆われている。魚が新鮮なら、粘液に湿り気があって少しネバネバしているが、粘液が乾燥していれば、陸揚げされてから時間が経っている証拠だ。

魚がすぐ臭くなるのは なぜ?

すべての魚が同じようにすぐ臭くなるわけではない。川魚は、たとえ腐ってもあまり臭わないが、海水魚は非常に早く臭くなる。海水魚のうち、タラなど皮が薄いある種の魚は他の魚に比べると非常に早く臭くなる。臭くなるには3つの理由がある。

1) 生きている海水魚は塩分の含有量を調整する。海水の塩分含有率は3%だが、魚にはその3分の1しか含まれていない。魚が死ぬと、この塩分調整物質が機能しなくなり、少量のアンモニア系ガスが発生する。

2) 魚が生きているときは、魚の免疫システムによって皮膚の上やえら、腸の中にいる細菌から守られている。漁獲されてしまうと、免疫システムは働かなくなり、細菌が魚肉の中に入り、メチルアミンやその他のアンモニア系ガスを大量に発生させる。

3) その他の化学反応によって、腐った卵や酢のような汚臭が発生する。

要するに、新鮮ではない海水魚は非常に臭い!

魚は冷蔵庫に保存する前にサッと水洗いし、表面を拭く必要があるのはなぜ?

鮮魚店に内臓を抜いてもらわなかった魚は、腸や腹、すでにネバネバしていない皮の上にいる細菌の一部を除去するため、できるだけ早く流水ですすぐ❶。残っている細菌が水に接して増殖しないように水分を完全に拭き取る❷。最後に、空気中の酸素にできるだけ触れないように鮮魚店が包んでくれた紙またはアルミホイルで包む❸。

舌平目は料理するまで 数日間待つ必要があるのはなぜ?

なによりも、釣ってきた日から数日間は舌平目の身は木のように硬く、あまり美味しくないから。とくに、加熱すると結合組織が縮み、魚が反りかえってフライパンに接しなくなる。それでは、どうしようもない! だから、その日に釣ってきた舌平目は料理できない。釣ってきた日から3日間程待つ必要がある。そうすれば、身は柔らかくなり、不飽和脂肪酸が「熟し」て、風味が驚くほど増す。

魚の塩抜きをするとき、水を何回も替える必要があるのはなぜ?

塩抜きをしている間、魚の身から水の中に塩分が移動して、魚の身は塩分を失う(それが目的だから)。これは浸透現象だ。水は一定量の塩しか含むことはできない(一定時間をすぎると水は飽和状態になる)。したがって、魚の塩は次第に移動しにくくなり、移動が遅くなる。一定間隔で水を替えれば、この現象を避けることができ、塩抜きはもっとスムーズに進み、効果を上げることができる。

LE POISSON AU JAPON
日本の魚

冷凍の刺身で作った寿司のことは忘れよう。日本では、魚は哲学であり、芸術だ。おおいに刺激される……。

意外？な話

日本では魚をたくさん食べるのはなぜ？

まず、日本はおよそ7000の島からなる列島で、人口の大部分は沿岸近辺に住んでいる。至るところに海がある。次に、6世紀に仏教が伝わって以降、肉を食べることが禁止され、再び肉食が許可されたのは明治時代、1870年になってからのことだった。したがって、日本では1000年以上もの間、食物といえば海産物が中心だった。

最後に、日本の地形は主に山々と火山で形成されている。そのため、農業を発展させることが非常に困難だ。日本人は何世紀もかけて、漁獲と魚の処理の芸術、とまでは言わなくとも、本格的な専門技術を培ってきた。

ちょっと深掘り！

活け締めにすると、魚の風味と食感が飛びぬけて良くなるのはなぜ？

活け締めは、外国人にとってはまったく未知の食感と風味、つまり、魚の本当の味を提供する魚の処理技術だ！ 魚の味なら知っているというかも知れない。いや、悪いけれど、違う。あなたは「魚の本当の味」は知らない。知っているのは、日本人が言うところの「死んだ魚の味」、つまり、船の甲板の上で徐々に死に至る魚の味だ。

釣り上げられたときに受けるストレスは、魚に大きな影響を及ぼす。魚の身が固くなり、あまりに急激に強く硬直するため筋肉繊維は文字通り圧力を受けて引き裂かれる。いったん死後硬直が起きると、もはやどんな姿にも戻れない。活け締めの原理は、これを避けることだ。15分間かけて窒息死させるのではなく、何も感じさせずに、何のストレスも与えずに一瞬で死なせる。

❶ 魚は1匹ずつ、丁寧に殺す。そのやり方は両目の間にある小脳に金属製の尖った棒で穴をあけるのだ。これは簡単で、苦痛を与えることなく素早くでき、魚はその瞬間に脳死状態になる。
❷ 尾の辺りに開けた切り口から血抜きをする。
❸ 中骨に別の金属棒を挿入し、脊髄を引き抜く。

この方法によると、死後硬直がゆっくり訪れ、筋肉繊維は緩やかに収縮するため引き裂かれることなく再び緩む。最後に、2週間、魚を「熟成」させる。すると、身は柔らかいのに、締まっていて、非常に旨味のあるアミノ酸がたくさん出てくる（「熟成」の項を参照）。

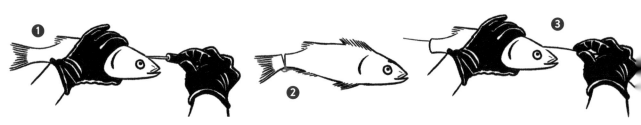

スーパーチリングというアジアで行われている保存方法によってより長く保存できるのはなぜ?

通常、魚は冷蔵庫で0℃～4℃の温度で貯蔵するのが最も効果的だと考えられている。ところがアジア、とりわけ日本あるいは韓国では、魚はもっと乾燥した、もっと低温の−3℃～−2℃という環境で保存されている。この温度だと、魚の内部温度が−18℃の冷凍状態にはならないため、魚は冷凍されない。この保存方法は「スーパーチリング」と呼ばれ、「超冷」と訳され、水が凍り、細菌の増殖が著しく減少する。この方法で貯蔵すると、魚の質が低下することなく保存期間が倍増する。

高級寿司店にサケの寿司がないのはなぜ?

現在の握り寿司の技法を生んだ「江戸前寿司」はその名の通り、東京（江戸）で栄えたが、当時は江戸前の海（現在の東京湾）で獲れる新鮮な魚で提供するのがとても重要だった。鮭は東京湾では獲れず、寄生虫がいることから、昔は鮭の握り寿司は存在しなかった。最初に鮭の握り寿司を提供したのは海外の寿司店とも言われている。そのため現在もこだわりのある高級寿司店では、鮭の握り寿司を提供しないことが多い。

生のマグロは部位によってさまざまな味がするのはなぜ?

中骨の周りを取り囲んでいる筋肉は泳ぐために使われるため、最も力強く、ミオグロビンがたくさん含まれ、生では食べない。日本のレストランで出されるマグロは、最も脂の少ない部位から最も脂ののった部位、すなわち最も濃い赤色の身から最も明るい色の身まで3つの部位がある。赤身、中トロ、大トロだ。大トロは、繊維が壊れてとろけるようになるまで軽く熟成させる必要がある。脂がたくさんのっているほど、とろけるような舌触りで、それはちょうど、和牛の脂に似ている。

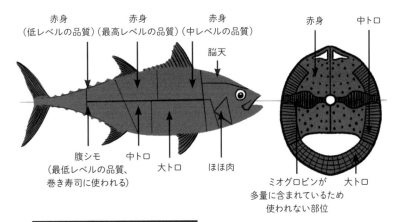

赤身（低レベルの品質） 赤身（最高レベルの品質） 赤身（中レベルの品質） 脳天
腹シモ（最低レベルの品質、巻き寿司に使われる） 中トロ 大トロ ほほ肉
赤身 中トロ 大トロ
ミオグロビンが多量に含まれているため使われない部位

フグについての2つの疑問

フグを食べると死に至ることがあるのはなぜ?

フグは、筋肉、皮、精巣などにテトロドトキシンという猛毒を含む、日本では高級魚とされる食用の魚だ。詳しく説明しよう。この毒には解毒薬がない。この物質はまず神経系のシグナルをブロックし、次に筋肉や横隔膜を麻痺させる。この毒を含んだフグを食べると、数時間後に窒息死するが、それまでの間、意識ははっきりしていて、自分に何が起こったかすべて分かったままでいる。今日では、大部分のフグは養殖で毒が含まれていないが、その味は天然フグに比べようもない。

では、フグ料理は非常に希少で珍しいのはなぜ?

日本では、フグを調理する資格を取得した料理人だけが調理できる。つまり、調理が非常に難しい。もちろん、フグの刺身を食べるときは不安が胸をよぎるが、ほんのりと甘く、コリコリとしながら、とろけるようなその舌触りは食通を夢中にさせる。

CAVIAR ET AUTRES ŒUFS DE POISSON
キャビアとその他の魚卵

そう、キャビアは高価だ。確かに、超高級ワインのように高級食品だ。
でも、美味しい！ 迷わず言うが、ぜひ、上質のキャビア、あるいは完璧に熟成させ
たカラスミをおためしあれ、きっと、話の種にしたくなる……。

本当？な話

チョウザメが
そんなに特別の魚
なのはなぜ？

チョウザメは硬骨魚で鱗がなく、爬虫類の
ように泥質の川底をゆっくり移動する。無
脊椎動物や小魚類を餌とし、数時間、外気
中で生きていることができる。サケのよう
に産卵のために川を遡上し、淡水で産卵す
る。産み落とされた後、チョウザメの稚魚
は川を下り、河口で生息した後、海に移り、
再び、産卵のために川を上る。魚の最古の
生存種で数億年以上前の化石が見つかって
いる。正に現代の恐竜だ！

キャビアにはさまざまな色があるのはなぜ？

卵の色はチョウザメの品種により、また、各品種の中でも個体ごとに違う。
塩漬けのプロセスも色に影響する。塩漬けによって色が濃くなる傾向が
あるからだ。オシェトラは明るい茶色がかった金色、ベルーガは多少と
も明るいチャコールグレー、セヴルーガは暗い灰色、ヨーロッパの養殖
キャビアの中で最も普及しているバエリは濃い赤紫がかった茶色、白チ
ョウザメは濃い黒い色をしている。

キャビアにはさまざまな大きさの粒が
あるのはなぜ？

粒の大きさもチョウザメの品種と体長によって違う。
チョウザメが大きければ大きいほど、その卵は大きい。

最も小さい粒は2〜2.5mm：
バエリ（体長0.5〜1m、体重7〜30kg）
セヴルーガ（体長0.7〜1.50m、体重30〜80kg）
白チョウザメ（体長0.7〜1.30m、体重20〜80kg）
中位の粒は2.5〜3.5mm：
オシェトラ（体長1.5〜2m、体重80〜150kg）
アムール川のチョウザメ（体長1.5〜2m、体重100〜190kg）
最も大きな粒は3.5〜4mm：
カルーガ（体長1.5〜6m、体重100〜1000kg）
ベルーガ（体長1.5〜6m、体重100〜1000kg）

キャビアが非常に高価なのはなぜ？

何よりもまず、チョウザメは卵を手に入れることを目的に乱獲されたため、20世紀末に事実上、絶滅の危機に瀕した。今日、その捕獲は至るところで禁止されており、キャビアのほとんどは養殖ザメのものだ。

次に、チョウザメは卵が産めるまでに成熟するのが非常に遅く、3歳頃まで雌雄の判別がつかない。メスは小さな品種では6〜9歳で産卵するが、ベルーガのような大きな品種は15〜20歳まで抱卵しない。採卵および卵の調製はすべて手作業による繊細なノウハウの賜物で、そのことが特別な食品であるとの評価を得ている。

❶ 魚卵の採取、あらかじめ殺して血抜きしたチョウザメから卵が入っている卵巣を取り出す。

❷ 小さな皮や卵膜を取り除くために**ふるいにかける**。

❸ 保存のために**塩漬け**する。塩の質と量によって卵の組織と質が変わる可能性がある。塩が少なすぎれば、キャビアは早く傷むし、多すぎれば卵が乾燥し、粘り気が出る。マロソル（極薄塩）・キャビアの塩分濃度は3％で、短期間しか保存できない。もう少し塩味がきつい、傷みにくいがやや質が劣るキャビアでも塩分濃度は10％が限度だ。

❹ 塩漬けによってキャビアから出された水分を取り除くために**乾燥させる**。乾燥しすぎると卵は辛く、少し粘り気が出る。乾燥が不十分だと、風味が余分な水分の中で薄められる。乾燥工程は5分ないし15分行われる。

❺ 缶詰めもデリケートな作業だ。十分なしっとり感と粒が押しつぶされない程度のスペースを保ちながら、気泡と余分な水分を取り除かなければならない。

❻ 熟成は−3℃に調整された冷蔵室で行う。この温度でも、塩漬けされているため卵は凍らない。キャビアは3カ月後に最も魅力的な風味が広がるため、熟成は種類に応じて、つまり、粒の大きさ、産地、商品の送り先に応じてさまざま方法で行われる。

では、非常に美味しいわけは？

キャビアを味わうのは、まず、その輝き具合、光の反射、金色から深いグレー、チャコールグレーがかった黒に至るまでのさまざまな色合い、卵の大きさ、粒の揃い具合などを目で楽しむ。次に口に運び、キャビアを舌と上顎の間で転がしながら粒の形、しっかりとした食感、なめらかさを感じ取る。その後、ほんのりとした、あるいは深いヨードの香り、ヘーゼルナッツ、クルミ、カシューナッツ、バターの香りなど、新鮮なさまざまな風味の複雑な絡み合いを楽しむ。

ベルーガは、非常にきめの細かい膜に包まれ、きわめてデリケートなヘーゼルナッツとバターの香りがし、後味が長く続く。最も魅力的なキャビア。

オシェトラは、舌の上で簡単に転がせるどちらかというとしっかりした食感で、海の香りやドライフルーツの香りがし、繊細でバランスが取れている。オーソドックスな高級品。

バエリは、かなりしっかりとした舌触りの卵で最初にフルーティーな風味が漂った後、ミネラルの香りとウッディーな香りが続く。

白チョウザメは、力強い味のキャビアで後味が長く残り、ほんのりとしたヨードの香りと新鮮なクルミの香りが混ざった複雑な風味がする。

キャビアを味わうには、水牛の角や貝殻で使ったスプーンを使う必要があるのはなぜ？

キャビアがスプーンに使われている銀などの金属に触れると、化学反応が起こり、キャビアに金属臭がついてしまう。この問題を避けるため、キャビアをすくうときには、角や貝殻で使ったスプーンを使う。

CAVIAR ET AUTRES ŒUFS DE POISSON
キャビアとその他の魚卵

サケの卵

ダンゴウオの卵

ボラの卵

魚がたくさん卵を産むのはなぜ?

ほとんどの卵は他の魚に食べられてしまうし、食べられなかった卵も将来受精するとは限らないというごく単純な理由からだ。卵が孵化するチャンスは200万分の1から1000分の1しかないと推定される。しかも、孵化した卵は幼生や稚魚の段階で多くの捕食魚の格好の餌になってしまう……。

美味!

魚卵がこんなに美味しいのはなぜ?

鶏の卵と同じで、魚の卵は生命を与える卵母細胞と、これを取り巻き、卵が受精した場合に必要なあらゆる養分を含む濃厚な液体で形成されている。これらの栄養素は非常に濃厚で、脂肪が20%、風味豊かなアミノ酸がたっぷり含まれている。

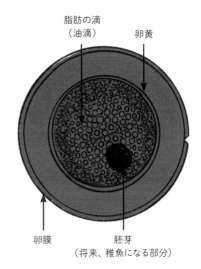

脂肪の滴（油滴）

卵黄

卵膜

胚芽（将来、稚魚になる部分）

豆知識

魚卵を噛むと口の中ではじけるのはなぜ?

卵は薄い膜で保護されており、受精の際にオスの精子がこれを突き破る。卵が新しいほど膜は硬く、古いと柔らかくなる。噛み砕くよりも、舌と上顎の間ではじけさせてみるといい。風味とアロマが口いっぱいに広がることだろう。

魚卵を味わうには、舌と上顎の間で慎重に卵をはじけさせる必要がある。

サケの卵についての2つの疑問

①　サケの卵に旬があるのはなぜ?

サケは海で生息するが、淡水で生まれ、産卵のために川をさかのぼる遡河魚である。サケの卵は産卵直前に採取される。その時期は、産卵場所(したがって漁獲場所)と品種によって異なる。漁獲は北方では厳しい寒さを避け、川が凍る前に早めに行われるが、南方では、秋に行われることが多い。

②　サケとマスの卵がオレンジ色なのはなぜ?

「魚の品質」の項で、サケとマスの身がオレンジ色をしているのは、カロテノイド系の天然色素アスタキサンチンを含む甲殻類を餌としているからであることを学んだ。メスが産卵準備に入ると、アスタキサンチンが卵巣に向かい、卵にこのオレンジ色をつける。この色素は太陽光線によるダメージから保護する特性があると同時に、オスが卵を見つけやすくして受精を促す役割も担っている。

気をつけて!

ランプフィッシュの卵は赤いものや黒いものがあるのはなぜ?

ランプフィッシュは北大西洋やバルト海に生息する小さな魚だ。魚卵は通常はグレーで、卵は食欲をそそるように赤や黒の着色料が添加されている。これらの色は天然ではない。

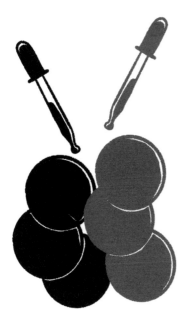

白いタラマ※とピンクのタラマがあるのはなぜ?

タラの卵だと白いタラマができ、ボラの卵だと当然、ピンク色に近いタラマができる。スーパーで見かけるタラマは着色料が添加されているため、ピンク色をしている。そんなものはすぐ忘れよう。本物のタラマはふんわりとクリーミーな食感で、魚卵にオイルまたは生クリームが配合されている。食パンなどにぬって食べよう!

※たらこやボラの卵のペースト。

フランスのカラスミは蝋で覆われているのはなぜ?

塩漬けし、2週間、乾燥させた後、ボラの卵巣をヨーロッパでは蝋で覆う。この蝋は空気による酸化を防ぎ、最適の時機に熟成を止めて長期間保存できるようにするためだ。この蝋は食べられないので気をつけよう!　でも、カラスミが乾燥するのを避けるため、蝋を取るのは最後の瞬間まで待つこと。

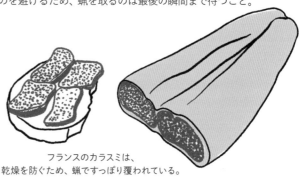

フランスのカラスミは、
乾燥を防ぐため、蝋ですっぽり覆われている。

LES COQUILLAGES
貝類

ひげ、足糸（そくし）、粘液、沈泥、生殖巣、三倍体、そして一番水……。
貝の上品なヨードの風味や美しい引潮の光景を思い起こす言葉を少し辿ってみよう。

ホタテ貝　　ムール貝　　ペトンクル（イタヤガイの一種）　　牡蠣

ナイフ　　巻貝　　タマキビ貝　　マルスダレ貝

嵐の後の浜辺で
巻貝が見つかることが
多いのはなぜ？

巻貝は、イセエビのように肉食性で死骸を食べる。嵐の間、巻貝は大波に運ばれるまま浜辺の近くまでやって来て、荒れ狂う風に打ちのめされて死んでしまった小さな動物たちを食べる。

アワビは
食べる前に
叩く必要があるのは
なぜ？

アワビには、牛の或る部位のように、熟成させる必要のある硬い繊維がある。殻から身を取り出したら（すぐに死ぬので心配いらない）、鍋の底か菓子用のめん棒で十数回、叩く必要がある。その後、数分間、マッサージをしてから冷蔵庫で3〜4日間熟成させると、風味が際立つ。

貝のひげは食べる前に
取り除く必要があるのはなぜ？

貝殻についているひげは、餌をできるだけきれいにするため、海水をろ過する役目をしている。したがって、この組織には海の汚染物質がついている。たとえ汚染物質がわずかしかついていなくても、ひげは食べないほうが良い。

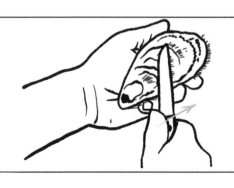

巻貝とタマキビ貝は加熱する前に水にさらして中に入っているものを吐き出させる必要があるのはなぜ?

これらの貝は、地上にいるカタツムリのような腹足類※で、粘液にまみれている。あらかじめ中のものを吐き出させないで加熱すれば、貝は加熱中にそれらを吐き出して粘液や泡まみれになるだろう。この不快な状況を避けるために、少量の酢を加えた濃い塩水に1時間、浸しておき、その間に数回、水を取り替える。

※らせん形の貝殻を持ち、腹部全体が幅広い足になっていて、這い歩く貝。

ザル貝、ハマグリ、マルスダレ貝、テルリーヌなどは食べる前、あるいは加熱する前に水に浸ける必要があるのはなぜ?

これらの貝は砂や泥の中で生息する。そのため、貝殻の中に砂が入っていることが多い。砂を取り除くため、より正確には砂を吐き出させるため、2~3時間、濃い塩水（海水と同じくらい）に浸ける必要がある。

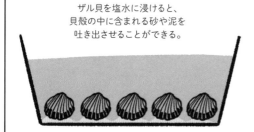

ザル貝を塩水に浸けると、貝殻の中に含まれる砂や泥を吐き出させることができる。

ムール貝の足糸は、洗う前ではなく、洗った後に取り除かなければならないのはなぜ?

足糸は、ムール貝が網垣や長いツタなどの支柱に絡みつくために自分で作る細い繊維だ。この足糸はムール貝の身にしっかりとくっついている。これを引き抜くと貝殻はわずかに開く。洗う前に引き抜けば、ムール貝は洗浄水をいくらか吸い込み、せっかくの旨味が失われてしまう。足糸を引き抜くのは加熱前にする最後の作業だ。

でも、とくにムール貝は水に浸けないのはなぜ?

ザル貝やハマグリと違って、ムール貝は砂泥底に棲みつかない上、この貝殻にはろ過作用がある。プランクトンを食べるために海水をろ過するのだ。ムール貝を水に浸ければ、ムール貝は水をろ過し始め、風味の大部分が水の中に出てしまう。
だから、ムール貝は流水で洗うこと。

流水で洗えば、ムール貝が水をろ過して、大部分の風味が失われるのを避けることができる。

地中海で採れるムール貝が一番大きいのはなぜ?

地中海のムール貝は最近よく見かけるが、大西洋や英仏海峡でよく見るムール貝（ヨーロッパイガイ：Mytilus edulis）とは種類が違う。その学名はMytilus galloprovincialis（ムラサキイガイ）でMytilus edulisより大きく、風味が少ない。
地中海のムール貝は「ムール・エスパーニョ（スペイン・ムール貝）」とよばれ、詰め物をしたり、魚介類の盛り合わせに生で添えられたりする。

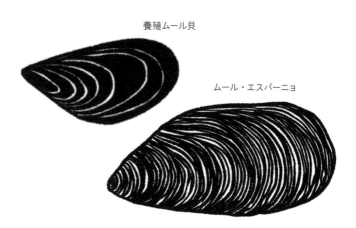

養殖ムール貝

ムール・エスパーニョ

LES COQUILLAGES
貝類

ホタテ貝

ペトンクル

ホタテ貝を
漁獲時期以外に
目にするのはなぜ？

フランスでは、ホタテ貝の漁獲は非常に厳しく規制されている。10月1日から5月15日の間に、1日に5時間だけ許可され、その時間帯は潮の状況に応じて変化する。しかし、規定は国によって異なり、たとえば英国やアイルランドでは、漁師には1年中漁獲が認められている。フランスで漁獲時期以外に売られているホタテ貝は外国から輸入されたものだ。

豆知識

ホタテ貝とペトンクルを
混同してはいけないのはなぜ？

同じイタヤガイ科の貝だが、この2つの貝は非常に異なる。ペトンクルはホタテ貝よりずっと小さく、膨らんだ2枚の貝があるが、ホタテ貝は下側の貝は平らで、上側の貝は膨らんでいる。とりわけ違いがはっきりしているのは味だ。ペトンクルはそれほどきめが細かくなく、風味があまりない。

本当？な話

ホタテ貝の生殖巣は一生の間にその色が変わるのはなぜ？

ホタテ貝は雌雄同体[1]である。貝柱の周囲にある生殖器は誕生時にはオスとして生まれるため白く、次第にメスになるために性を変えてオレンジ色となる。

※1：日本のホタテは雌雄異体。

ホタテ貝は
時期によって
甘みが増すのはなぜ？

ホタテ貝は産卵直前になると、将来の子どもたちのエネルギー源となるグルコースで満たされる。グルコースは糖の一種で貝に甘い風味をもたらし、加熱するとカラメル化して香ばしくなる。

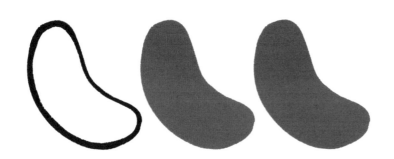

❶ 牡蠣の殻を開けたとき、中の水は捨てるべきなのはなぜ?

この水をフランスでは「一番水」と呼ぶ。単なる海水で、それ以上でも以下でもない。この水を捨てると、牡蠣は身から二番目の水を放出する。この水はなめらかな口当たりで風味がある。

❷ 夏の牡蠣には乳白色の物質があるのはなぜ?

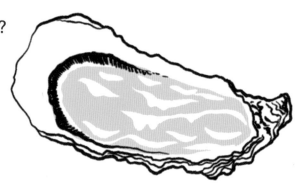

夏は牡蠣の産卵期だ。つまり、よく言われる「R」のつかない月[2]、5月から8月に当たる。この期間、牡蠣は産卵のためエネルギーとなる乳白色の物質を分泌する。そのうすい甘い味が牡蠣の繊細な風味を隠してしまう可能性がある。そのため、この時期の牡蠣をまずいと感じる人もいる。試してみて、自分が美味しいと思うときに食べればいい。

※2：ヨーロッパでは、牡蠣は「R」のつかない月、May（5月）、June（6月）、July（7月）、August（8月）には食べるなと言われている。

❸ 二倍体の牡蠣と三倍体の牡蠣はどう違う?

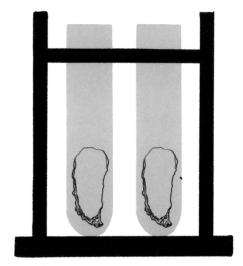

牡蠣は、人間やほとんどの生物同様、基本数の2倍の染色体を持っている（二倍体）。産卵期に分泌する乳白色の物質のために美味しくなくなるという問題を解決するために、科学者らは基本数の3倍の染色体を持ち（三倍体）、産卵しない、したがって乳白色の物質を分泌する時期のない牡蠣を開発した。これは1年中牡蠣を味わいたい消費者を大いに喜ばせている。三倍体の牡蠣は遺伝子組み換え生物ではないから、異質の遺伝子は組み込まれていない!

❹ 牡蠣は生きたまま食べられても、痛みも何も感じないのはなぜ?

牡蠣には中枢神経系がない。つまり脳がない。牡蠣にレモンを数滴たらすと、収縮して、酸味を感じているように見えたとしても、また、科学的には何も証明できていないにしても、苦痛（あるいは喜び）を感じ得る可能性はほとんどない。

LE HOMARD
オマール海老

私は青い。でも、人は赤い私が好き。私は祝いの日や大みそかのご馳走になる。でも、私は叫んだりしない、熱い湯で茹でられても。さて、私は誰でしょう?

オマール海老にはハサミがあって、イセエビにはないのはなぜ?

オマール海老は、小魚、カニ、軟体動物、貝類など目の前を通るものをことごとく食べてしまうどう猛な大食漢。餌食を捕まえ、細かく砕いて飲み込むためにハサミが必要なのだ。一方イセエビは、海藻類や無脊椎動物、生物の遺骸を餌とするハイエナのような腐肉食動物だ。このような柔らかいものは切り刻まなくても食べられる。そのためイセエビにはハサミがない。

オマール海老の2つのハサミは左右で異なるのはなぜ?

オマール海老の2つの大きなハサミにはそれぞれ明確な役割がある。一方は細く長く、尖った小さな歯がたくさんついていて、「**ピンチャー**」または「**カッター**」と呼ばれ、小魚のような柔らかい餌食を捕まえて切る。もう一方は「**クラッシャー**」または「**ハンマー**」と呼ばれ、より分厚く、大きな歯がついている。このハサミは貝殻や他のオマール海老など、ある種の餌食の殻を砕くことができる。オマール海老は残虐で自分の仲間といえども容赦しない!

本当?な話

ハサミがひとつしかないオマール海老を捕獲することがあるのはなぜ?

オマール海老が追い込まれると、逃れるためにハサミをひとつ捨てることがある。その後、代わりに新しいハサミがトカゲの尻尾のように長く伸びる。問題は、この伸びたハサミは必ずピンチャーになることだ。2つのピンチャーを持つオマール海老を見つけたら、それは元はクラッシャーだったものだ。自然はうまくできている……。

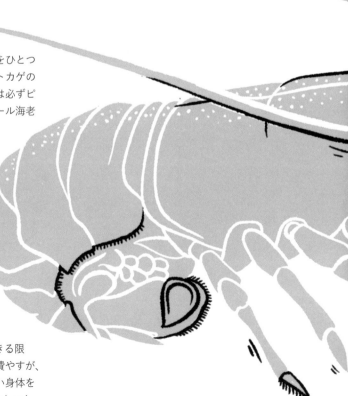

オマール海老はメスのほうが、オスより美味しいのはなぜ?

オスは大きなハサミを持っているが、メスの身体のほうが肉づきが良く美味しい。いかつい表皮のオスはできる限り大きなハサミを持つことにほとんどのエネルギーを費やすが、メスはもっと抜け目がなく、丸くて肉づきの良い美しい身体を保っている。メスを選んだほうがいい。文句なしに美味しい!

オマール海老は、なぜ脱皮するの？

普通は、骨格は身体の中にあって筋肉と共に成長する。しかしオマール海老は、イセエビやカニ、昆虫もそうだが、「外骨格」と呼ばれる骨格が外側にある。この骨格は成長しないため、成長に合わせて骨格を交換しなければならない。そのために、オマール海老はむさぼり食べたり、ダイエットしたりを何度も繰り返す。外骨格より身体が大きくなりすぎると、ついに外骨格は自然に砕ける。すると開口部が作られ、オマール海老はそこから抜け出す。それからオマール海老は水をいっぱい飲んでさらに大きくなり、新しい外骨格を作る。およそ40年間、成長するたびに、この脱皮と新しい外骨格の形成を繰り返す。脱皮をしているときは、ダイエットで痩せ細っていようが水膨れになっていようが、オマール海老を食べるという考えはすぐに忘れたほうがいい。いずれの場合も、風味はまったくない！

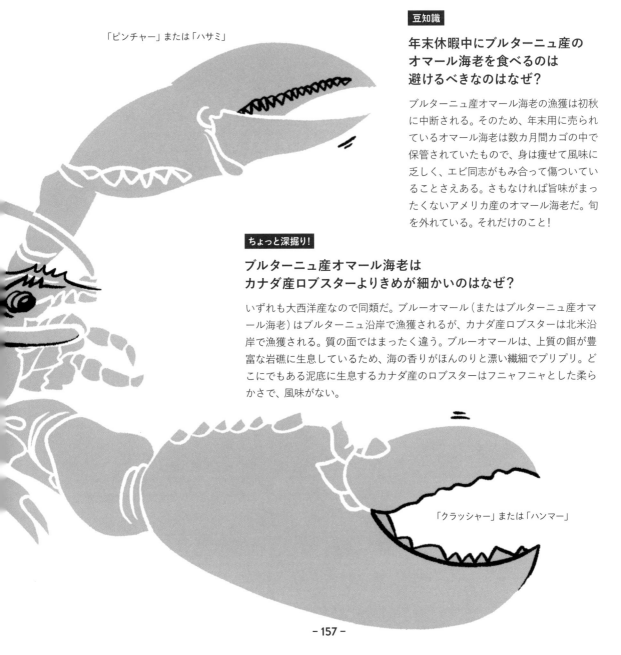

「ピンチャー」または「ハサミ」

「クラッシャー」または「ハンマー」

豆知識

年末休暇中にブルターニュ産のオマール海老を食べるのは避けるべきなのはなぜ？

ブルターニュ産オマール海老の漁獲は初秋に中断される。そのため、年末用に売られているオマール海老は数カ月間カゴの中で保管されていたもので、身は痩せて風味に乏しく、エビ同志がもみ合って傷ついていることさえある。さもなければ旨味がまったくないアメリカ産のオマール海老だ。旬を外れている。それだけのこと！

ちょっと深掘り！

ブルターニュ産オマール海老はカナダ産ロブスターよりきめが細かいのはなぜ？

いずれも大西洋産なので同類だ。ブルーオマール（またはブルターニュ産オマール海老）はブルターニュ沿岸で漁獲されるが、カナダ産ロブスターは北米沿岸で漁獲される。質の面ではまったく違う。ブルーオマールは、上質の餌が豊富な岩礁に生息しているため、海の香りがほんのりと漂い繊細でプリプリ。どこにでもある泥底に生息するカナダ産のロブスターはフニャフニャとした柔らかさで、風味がない。

LE HOMARD
オマール海老

オマール海老を買うときは、生きているかどうかを確認する必要があるのはなぜ？

オマール海老は、死ぬと人間に害のある酵素や細菌を滲出する。買う前に持ち上げて、海老が暴れるか、尻尾を胸郭の下に折りたたむか、触角をちゃんと動かすか確かめること。

甲羅が十分に硬いものを選ぶべきなのはなぜ？

オマール海老を味わう最悪の時期は、先に説明したように脱皮の時期だ。甲羅が硬く分厚いほど、脱皮の時期からは外れている。

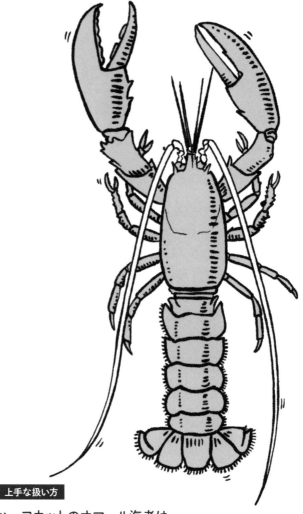

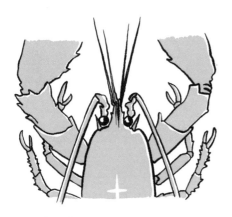

殺すときは頭に記した十字の真ん中にナイフを突き刺さなければならないのはなぜ？

オマール海老には中枢神経系がない。あるとしても非常に未発達だ。研究の結果、オマール海老は刺激に反応するが、痛みを感じるかどうかは分かっていない。そうした疑念を持ちながらも、最善の殺し方は、やはり頭に記した十字にナイフを突き刺す方法だ。そうすれば、何らかの痛みを感じる時間を与えないで殺すことができる。

上手な扱い方

ハーフカットのオマール海老は、身の方から加熱するべきなのはぜ？

加熱中に身から汁が少し出る。身の側を掴んでからひっくり返すと、この汁は甲羅の中に留まって蒸気に変わり、絶妙な風味をつけながら火が通る。反対のことをすれば、汁は散らばってなくなってしまう。残念なことに……。

身は、身から出た汁の蒸気で蒸し上がる。

オマール海老は茹でる前に紐で縛る必要があるのはなぜ？

茹でると、エビは身を丸めて縮こまる傾向がある。背中は伸びて、腹は縮まる。そうなると、熱は背側と腹側に同じ速度で浸透しない。その結果、火の通りにムラができ、カットしにくくなる。
紐で縛れば縮こまるのを防ぐことができ、ムラなく火が通る。

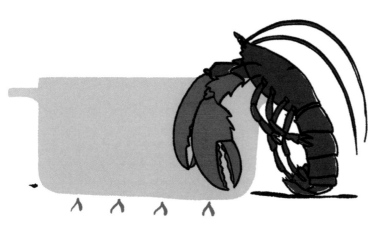

まず、ハサミを茹でてから、全身を深く沈めるべきなのはなぜ？

ハサミは身の部分より火が通るのに時間がかかる。全体に火が通るには4〜5分あれば十分だ。エビの胸を掴んでハサミをフュメ（だし汁）またはクールブイヨン（香辛料、香味材料を煮出した液体）の中に沈める。蒸気で蒸されるのを避けるために、胸部を鍋の外縁に押しつける。

ブルーオマールは加熱すると赤くなるのはなぜ？

オマール海老の甲羅にはアスタキサンチンという赤い色素が含まれている。この色素は小エビやカニ、イセエビ、またオオフラミンゴの羽にも含まれていることで良く知られている。オマール海老の甲羅上でこの色素分子はクラスタシアニンというタンパク質と結合して、隠れている。加熱すると、このタンパク質が壊れてオマール海老の美しい赤色が現れる。

オマール海老の甲羅は加熱すると赤くなる。

オマール海老は水ではなく、フュメかクールブイヨンで茹でる必要があるのはなぜ？

すでに何度も取り上げたが、もう一度説明しよう。風味は浸透現象で濃い方から薄い方に移る。オマール海老を水で茹でれば、風味を失ってしまう。ブイヨンかフュメで茹でれば、液体にはすでに多くの風味がついているため、他の風味を受け入れることはできない。オマール海老には風味がたくさん留まる！

オマール海老は加熱すると叫ぶというのは本当？

そんな噂は忘れるべし。オマール海老は沸騰した湯の中に入れられても叫んだりしない。小さな鋭い音を発するが、これは叫び声などではない。甲羅にあるガスのポケットが熱の影響で膨らみ、裂け目ができるだけのことだ。叫んだりはしない。しかし「オマール海老が叫んでる」なんて、プーッ、たいした想像力！

CRABES ET ARAIGNÉES DE MER
イチョウガニとクモガニ

イチョウガニとクモガニは区別するのは簡単だが、知られていない小さな秘密が隠されている。きちんと選ぶには、それも明らかにしたほうが良いだろう。

イチョウガニ科のカニ（ヨーロッパイチョウガニ、アメリカイチョウガニなど）

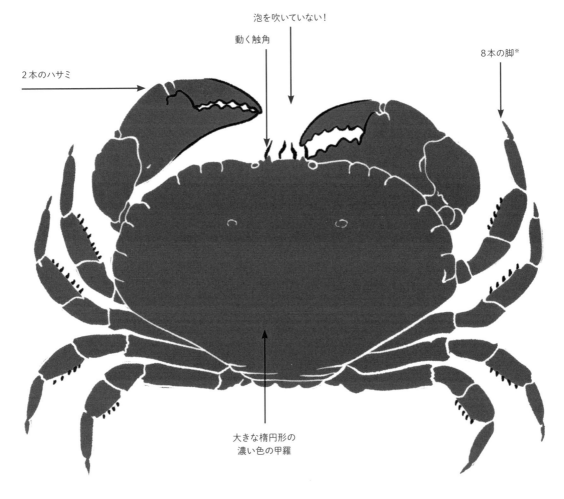

泡を吹いていない！

動く触角

2本のハサミ

8本の脚※

大きな楕円形の
濃い色の甲羅

※カニのハサミの部分は生物学上は「鉗脚（かんきゃく）」と呼び、脚として分類されている。
生物学的には「カニの脚は10本」となるが、ここではハサミと区別するため脚を8本としている。

カニは生きているものを買うべきなのはなぜ？

カニは死ぬと身が急速に乾燥し、味が落ちる。選ぶときは触角が動いていることを確認するといい。泡を吹いているカニは避けるべきだ。泡を吹くのは、どこか致命的な内臓に水分を取り込もうとしているのだ。おそらく、脱水症状に陥って瀕死の状態になっている。また、カニに立派な2本のハサミと8本の脚があるかどうかも確かめるべきだ。特にメスのクモガニとオスのイチョウガニを選ぶといい。見分け方は、メスのクモガニは卵を抱えているため腹部が大きく丸い。オスのイチョウガニの腹は薄っぺらで三角形をしている。いずれにしても甲羅が重いものを選ぶといい。身がたくさん詰まっている証拠だから。

クモガニ科のカニ（タカアシガニ、ズワイガニなど）

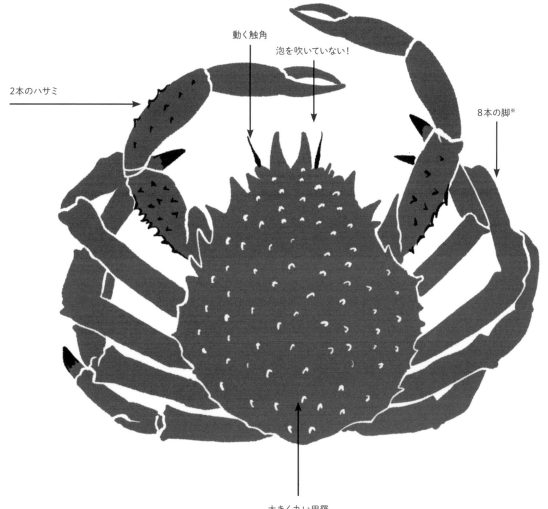

動く触角

泡を吹いていない！

2本のハサミ

8本の脚＊

大きく丸い甲羅

CRABES ET ARAIGNÉES DE MER
イチョウガニとクモガニ

カゴで漁獲した
イチョウガニのほうが
美味しいのはなぜ？

網で漁獲されたカニは、網にかかったときや網が船に牽引されていくとき、さらに船に運びあげられるときにストレスがかかる。そのため、その身は乾燥してざらざらし、何も良いところがない。ところが、カゴで漁獲されたカニは、数時間あるいは数日間、カゴの中で過ごし、その環境に順応してから、数キロメートルも牽引されることなく、船に引き揚げられる。

ズワイガニのメスは
一度しか交尾をしないの？

クモガニ科のズワイガニはメスは水深250m、オスは水深300〜400m付近のやや深い海域に生息している。繁殖期になると互いに海域を移動し、交尾をする。交尾したメスはすぐに産卵し、お腹に卵を抱いたまま、初産で約1年半、2回目以降は1年間ほど過ごす。ズワイガニのメスは生涯に5〜6回程度の産卵を行うが、生涯に行う交尾は一度だけと考えられている。それは1度の交尾でオスガニから受け取った精子を、「受精嚢（じゅせいのう）」という袋に貯蔵するためである。この「受精嚢」は5〜6年程度は精子を貯蔵することができるそうだ！

イチョウガニは
甲羅の色が品質の目安になるのはなぜ？

イチョウガニは脱皮の時期になると古い甲羅から抜け出せるように、餌を食べずに痩せてくる。だからその時期の身には旨味がない。脱皮後の新しい甲羅は明るいベージュ色で時間が経つにつれて色が濃くなり、やがて茶色になる。明るい色の甲羅のカニは避けたほうがいい。それは脱皮後まだ間がないことのサインで、旨味がほとんどないから。

オスのイチョウガニがメスより美味しいのはなぜ？

ヨーロッパのイチョウガニのオスとメスは同じ場所で暮らさない。オスはゴツゴツした水底を好み、メスは砂泥底に産卵する。オスの生息地は貝類や軟体動物、甲殻類など上質の餌に恵まれている。そのためオスのハサミはメスのハサミより、大きく重い。

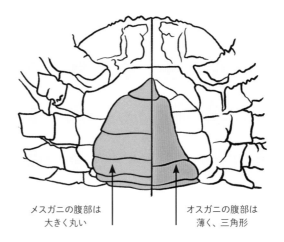

メスガニの腹部は
大きく丸い

オスガニの腹部は
薄く、三角形

では、クモガニはオスよりメスのほうが
美味しいのはなぜ？

メスのクモガニの身はきめが細かくジューシーだが、オスの身は引き締まっている。その理由？　分からない。分からないことだってある。餌も生息場所も同じなのだが……。

❶

イチョウガニとクモガニは蒸すのが
おすすめなのはなぜ?

茹でると、たとえ塩分濃度が高くても風味の一部が液体の中に逃げてしまうが、蒸せば、旨味を閉じ込めておける。それでも、茹でるほうを選ぶなら、冷水から茹でることをすすめる。そうすれば、熱がゆっくり浸透するため、身が乾燥するのを避けられる。

❷

カニのメスとオスは
別々に加熱しなければ
ならないのはなぜ?

メスのクモガニはオスよりもきめが細かく美味しいことはすでに述べた。だから、風味が混ざらないように、一緒に加熱しないほうがいい。

❸

カニを茹でる場合は、最初に水の中に沈めておく
必要があるのはなぜ?

甲羅の下には空気が入っている。カニが浮かび上がらないように、また火の通りにむらができないように、2〜3分、上から押さえて鍋の底に沈めておく必要がある。その後は手を離しても、浮かんでこないだろう。

❹

カニは食べる前日に
加熱したほうがいい
のはなぜ?

加熱したカニの身は、夜の間に、中に含まれる水分が少し蒸発させて、わずかに身が引き締まる。また、何よりも風味が高まり、きめがより細かくなり、後味が長く残る。それはちょうど、2〜3日、冷蔵庫に入れたまま食べるのを忘れていたテリーヌのような美味しさだ……。

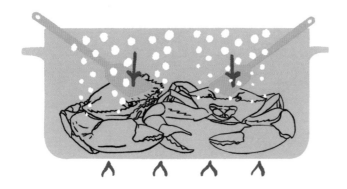

POULPES, CALMARS ET SEICHES
タコ、ヤリイカ、甲イカ

タコやイカの足、たくさんの心臓、突き出た大きな目、そして、くちばしや墨袋に驚かないで。彼らはあなたのお皿の中で、その生涯を終えるのだから……。

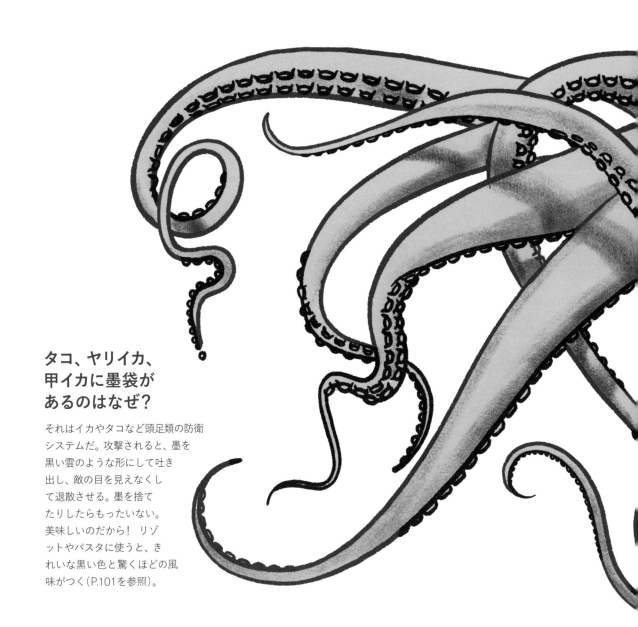

タコ、ヤリイカ、甲イカに墨袋があるのはなぜ？

それはイカやタコなど頭足類の防衛システムだ。攻撃されると、墨を黒い雲のような形にして吐き出し、敵の目を見えなくして退散させる。墨を捨てたりしたらもったいない。美味しいのだから！ リゾットやパスタに使うと、きれいな黒い色と驚くほどの風味がつく（P.101を参照）。

タコを柔らかくする
必要があるのはなぜ?

タコの繊維は非常に細いが何層にも重なり、コラーゲンによって強化された膜に包まれている。そのため組織全体が非常に硬く、硬さを取り除くのに何時間も加熱する必要がある。これを解決するには膜を壊す必要がある。長年、漁師たちはタコの身が柔かくなるまでタコを岩礁に投げつけていた。しかし、タコを冷凍庫に48時間入れておくだけで同じ結果が得られる。物理と化学の授業で習ったことを思い出してほしい。そう、凍った水は液体の水より容積が大きい。正にこれと同じことだ。タコを冷凍すると、タコの中の水分は容積を増し、取り囲まれていた繊維を壊す。そして、バーン! ものすごく硬い膜は水分の容積が増えたために破裂し、肉は柔らかく美味しくなる。次に、タコを冷蔵庫に24時間入れて、解凍してから加熱する。

POULPES, CALMARS ET SEICHES
タコ、ヤリイカ、甲イカ

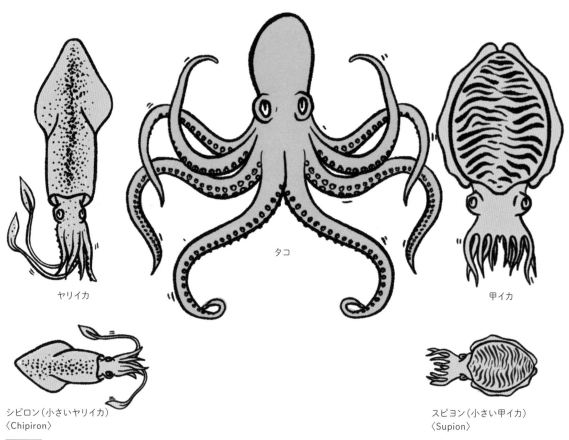

ヤリイカ

タコ

甲イカ

シピロン（小さいヤリイカ）
〈Chipiron〉

スピヨン（小さい甲イカ）
〈Supion〉

豆知識

シピロンとスピヨンを混同しては
いけないのはなぜ？

シピロンはごく小さなヤリイカ。スピヨンとは関係ない。スピヨンは小さな甲イカだ。この名前はオック語※で「甲イカ」を意味する「supi」から来ている。

白いヤリイカと赤いヤリイカの違いは何？

沿岸で獲れるヤリイカは白く、沖合で漁獲される大洋の深海に生息するヤリイカはガーネットのような赤色。赤いヤリイカはずっと大きく、体長が数十メートルにもなる種類もあり、風味も非常に異なる。白いヤリイカは身が締まって美味しい。

※ロマンス語の一つで、中世フランスのバスク地方を除くロアール川以南で話された諸方言の総称。

甲イカや大きなヤリイカは、加熱する前に
碁盤の目状に切れ目を入れる必要があるのはなぜ？

これらのイカは、ゴムのように硬くならないように素早く火を通す必要がある。身に碁盤の目状の切れ目を入れれば、熱が中まで早く浸透し、表面だけが加熱しすぎになるのを避けられる。

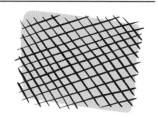

タコを熱湯で
茹でるのは非常識?

そんなことはない! でも、熱湯はタコにとって熱すぎる! もう少しデリカシーと尊厳の念を持ってほしい! もっとずっと低い温度、湯の表面がゆらゆらと踊るか踊らない程度の温度で茹でれば、身が硬くなりすぎたり、旨味がなくなったりしないですむ。タコはデリケートな生き物だ。もっと大事に扱わなくては……。

急速冷凍したタコは
質が悪いサインではないの?

タコの繊維を壊すために冷凍する必要があることを学んだ。すでに急速冷凍してあれば、家でする手間がそれだけ省けるということ。迷うことはない。変な下処理がされているわけではないから!

タコは足をカールさせる
必要があるのはなぜ?

それは、熱をゆっくり浸透させるため。
そのために足だけを10秒間ブイヨンの中に沈め、次に1分間、湯から出して中まで熱を浸透させ、表面を冷ます。この作業を数回繰り返して足をカールさせる。
その後、全体をブイヨンの中に沈めて加熱を終える。

まちがいだらけの常識

コルク栓を
ブイヨンの中に入れて
タコを茹でると
柔らかくなると
言われているのはなぜ?

この習慣は長く続いているが何のメリットもない。昔は、タコは港で大きなシチュー鍋で茹でていた。茹で具合を確かめるときに引き上げやすいように、表面に浮いていたコルク栓に引っ掛けていた。時を経るにつれて、いつの間にかこの加熱方法がタコを柔らかくするのに良いと言い伝えられるようになった。まったく馬鹿げた話だ。コルクに含まれるタンニンはコラーゲンを安定させ、タコの繊維は硬いままになる。だから、どうかブイヨンの中にコルク栓を入れないように!

LA QUALITÉ DES LÉGUMES
野菜の品質

たくさんのグリンピースのさやをむくことを考えて、目を回す人がいることを知っている。ジャガイモの皮を休日にむいておく人もいれば、皮にはビタミンがたっぷり含まれていると子どもたちに信じさせようとする人もいる。今こそ、野菜を調理するための正しい知識を身につけよう。

豆知識

冷蔵庫で保存すべき野菜と、そうでない野菜があるのはなぜ？

野菜は、摘み取られたり収穫された後も生きていて、できる限り長く生きるために養分を消耗し始める。その瞬間から、野菜の風味や食感が低下し始める。野菜を冷蔵庫に入れれば、細胞の変質や微生物による攻撃を抑えることができる。温暖な土地で栽培され、冷気に慣れている野菜にとっては、冷蔵庫は完璧な環境だが、より暑い地域で生産された野菜にとっては冷蔵で保存するのは逆効果だ。つまり、冷蔵庫の中では細胞の内壁が早く変質し、風味が失われる。したがって、トマト、ナス、キュウリ、ズッキーニ、インゲン、カボチャ、ウリ類、カブ、じゃが芋、ニンニク、タマネギ、エシャロットなどの野菜は常温の暗所で保存するのが望ましい。

反対に、たとえば、アスパラガス、ニンジン、ブロッコリー、レタス、きのこ類などは、表面の湿気が過剰にならないようにキッチンペーパーに包んで冷蔵庫で保存するのが望ましい。

野菜が古くなるとしなびるのはなぜ？

野菜の成分の大部分は水分だ。細胞の内壁を圧して野菜に張りを与えている。野菜は自然に地面から水を吸い上げ、蒸発によって失う。しかし、摘み取られたり、収穫されてしまえば、水分が補給されないため野菜の成分中の水分は蒸発し続け、元気を取り戻すことはなく、細胞は徐々に力尽きてしまう。その結果、野菜はしなびてしまう。普通、野菜を涼しい湿気のある場所で保存するのは、水分の蒸発を抑えるためだ。

ポリ袋に入っているレタスが市場で売られている無包装の新鮮なレタスより長持ちするのはなぜ？

ポリ袋の中には、蒸発を制限し、カットした葉をより長く保存できるガスが入っている。

レタスは「改良された環境で」保存されているようだ。これは、プラスチック・フィルムに包装されているスライス・ハムと同じ保存システムだ。

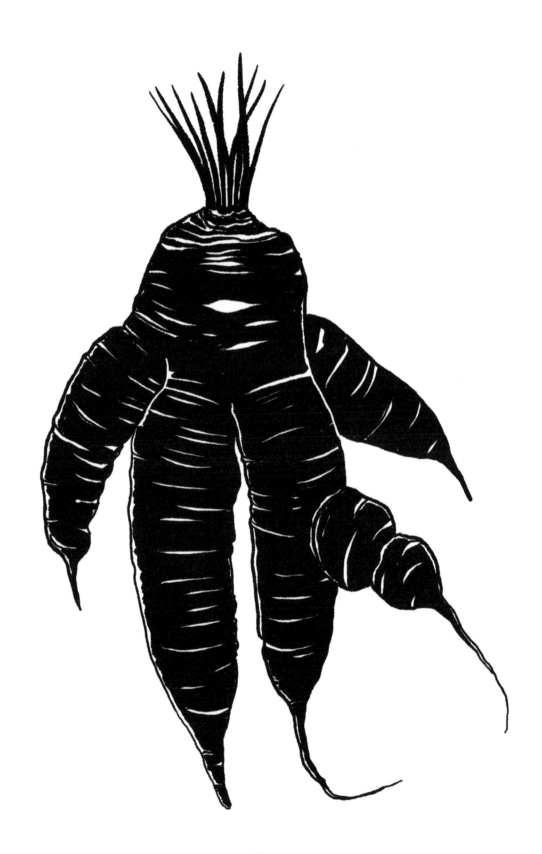

LA QUALITÉ DES LÉGUMES
野菜の品質

本当？な話

サラダはアントレとしてよりも
メイン料理の後に出されるのはなぜ？

軽い酸味のあるドレッシングのかかったサラダは、消化を助けるが、もうひとつあまり知られていない特徴がある。サラダは吐息の臭いを軽減する。信じられない？　もちろん、ちゃんと理由がある。レタスには、キノコやバジルと同じように、（ニンニクやタマネギの成分と同じ）硫黄を含む有機化合物と結合して無香分子を形成するアロマ成分（フェノール）が含まれている。簡単に言うと、レタスと硫黄を含む食品とを組み合わせると、臭いが消える。マジックだ！

インゲンの美しい緑色が失われることがあるのはなぜ？

それは、茹でる湯の温度と水質の問題だ。茹でる湯の温度が低すぎると、インゲンは黄色っぽくなる。水の酸性度が高すぎると、薄汚い茶色になる。幸いなことに、解決策が2つある。
1-　たっぷりの沸騰した湯で茹でる。
2-　必要なら、重炭酸ナトリウム（重曹）をひとつまみ入れて水の酸性度を下げる（「野菜の加熱」の項を参照）。

きのこ類は加熱するとボリュームが減るのはなぜ？

まず、きのこ類は野菜ではないことを明言しておく。きのこ類はそれだけで生物の分類上、植物、動物などと並ぶ独立した界※を形成している。しかし、料理に用いられることから、野菜の中で扱う。
本題に戻ろう。きのこ類の細胞は多くの野菜の細胞と異なり、細くて非常に壊れやすい。きのこを加熱すると細胞膜が急速に破れて、中に含まれている水分が流れ出る。きのこは成分の約90％が水分であるため、加熱によって、文字通りボリュームが減る。

※界は生物分類上の上級階級。

イチゴやリンゴは野菜？

そう。イチゴもリンゴも野菜だ！ビックリするのも無理はないが、どちらも正真正銘の野菜なのだ。説明しよう。
料理人にとって、果物と野菜の違いはシンプルだ。果物は甘く、よくデザートに使われる。野菜は甘くない、あるいは、ほとんど甘くない。「習慣的」にそう言われているが、辞書で定義を見てみると次のように書かれている。
「**野菜：**野菜は、少なくともその一部（根、球根、茎、花、種、実）が食料として用いられる食用植物である」
「**果物：**果物は、花が散った後、生殖に必要な種子を含む子房が受精し、成長してできる植物の器官である」
理解できただろうか？　果物は野菜である。なぜなら一部（この場合は実）が食用にされる植物であるから。さらに言えば、キュウリ、トマト、インゲンは果物である（と同時に野菜でもある）が、たとえば、ルバーブは正に野菜で、果物ではない。また、植物学者に言わせれば、イチゴ（またもや）、フランボワーズ、イチジク、バナナ、リンゴ、ナシなど、子房の形成が実がなるための「唯一の関与組織」ではない偽の果物あるいは「複合果物」もある。簡単に言えば、すべての果物は野菜だが、すべての野菜が果物だというわけではない！

豆類についての4つの疑問

**❶ 豆類を食べると
ガスが溜まりやすいのはなぜ？**

豆類は他の野菜に比べて消化しにくい。食べ物は主に胃と小腸で消化されるが、豆類はそうではない。豆類が消化・吸収されるには、大腸内の細菌叢で分解、発酵される必要がある。問題は、発酵によってガスが発生し、そのガスがうまく放出されなければならないことだ。唯一の出口は……。でも、心配ご無用。人間の身体は毎日、0.5～1ℓのガスを排出しているのだから。

**❸ 浸す水には塩を加えたほうが
いいのはなぜ？**

豆類にはでんぷんがたくさん含まれ、このでんぷんは豆が吸収した水分の一部を吸収して膨らむ。豆の中に水分がたくさんあれば、でんぷんは膨らみすぎて、豆の上皮を破る。浸す水に塩を加えれば、豆が吸収する水分を3分の1ほど減らすことができ、したがって、でんぷんが吸収する水も減り、膨らみすぎて豆の上皮が破れるリスクも減る。さて、どうすれば十分に火が通った美味しい豆ができるだろう……。

**❹ 豆類を加熱する水に
重曹をひとつまみ加える必要が
あるのはなぜ？**

加熱する水が石灰質を含む場合（石灰質はカルシウムの化合物である炭酸カルシウムとマグネシウムでできている）、その水にはカルシウムが含まれている。カルシウムは豆の細胞間の結合を強め、その結果、豆は柔らかくならない。何時間も加熱すればなおさらだ。決して料理できる代物でなくなる。しかし、重曹をほんのひとつまみ入れれば、重曹が石灰質をやっつけて消し去り、豆を柔らかくする。

**❷ 豆類は加熱する前に
水に浸す必要があるのはなぜ？**

豆類（フランス語で乾燥した野菜と書く）は乾燥している。水分が含まれていない。水分がないために硬く、そのままでは加熱できない。2つの解決方法がある。

オプション1：豆類をあらかじめ水に浸して水分を吸収させれば、簡単に加熱できる。

オプション2：そのまま水の中に入れて加熱する。加熱時間はずっと長くなり、表面と芯との火の通りに差ができる。

好きな方を選ぶといい……。

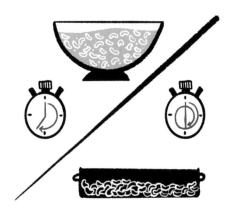

豆類は水に浸している間に水分を吸収する。
水に浸さない場合より、ずっと早く火が通る。

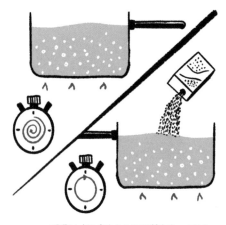

重曹は水に含まれる石灰質をやっつける。
そのため、豆にきちんと火が通る。

LA PRÉPARATION DES LÉGUMES
野菜の下ごしらえ

愛情を込めて選んだ美しい野菜を皿に並べてみると、あまり魅了的でなくなっていることがよくある。「いったいどうしたのかしら？　こんなに様子が変わっちゃうなんて」と怪訝に思ったことがあるのでは？　その謎を解いてみよう。

野菜の冷凍についての2つの疑問

❶ 家庭で冷凍した野菜は、加熱すると水分がたくさん失われるのはなぜ？

家庭で冷凍した野菜は、冷凍ハーブと同じ現象が起こる（「香草」の項を参照）。細胞内に含まれる水分の容積が増え、組織を壊してしまう。冷凍した野菜を加熱すれば、壊れた細胞の組織はもはや水分を保持できずに水分は無残にも流れ出てしまい、ヨレヨレで食感の感じられない野菜になってしまう。

❷ でも、購入した急速冷凍野菜はそうではないのはなぜ？

工場には家庭用の冷凍庫よりずっと大型で強力な冷凍庫がある。工場用冷凍庫は、冷却を加速できる冷風の通風装置がついており、−50℃まで急速に温度を下げることができる。野菜の冷凍で重要なのは、急速冷凍食品に求められる温度、すなわち−18℃に達するまでの時間だ。この時間が非常に短ければ、野菜中の水分は容積を増やす時間がなく、細胞は変質しない。

美味！

グラッセした野菜がとても美味しいのはなぜ？

あー、ニンジンとカブのグラッセ！　料理に詳しくない人のために説明すると、野菜のグラッセというのは、わずかの水にバターと砂糖を加えた中で煮詰めた野菜のこと。「グラッセ」と言われるのは、バターと砂糖を煮詰めた液に絡まった野菜に輝きが出て、ガラスの反射光のように見えるためだ。
野菜のグラッセが美味しいのには3つの理由がある。
1）煮詰めている間に、野菜に含まれる糖分がカラメル化する。
2）野菜に含まれる水分のほとんどが失われて風味が凝縮されるため、ぐんと美味しくなる。
3）その上、加熱されたバターの脂肪分が後味として残り、野菜のグラッセの風味がより長く感じられる。

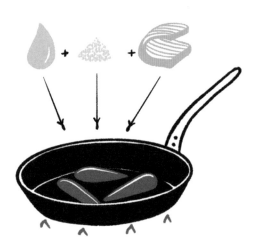

野菜は水と砂糖とバターが混ざった液体の中で煮詰まり、「グラッセ」される。

野菜は火を通す直前、
または生で食べる直前に切るべきなのはなぜ?

野菜の細胞はボールのような形で、中心には「液胞」と呼ばれる一種の液体があり、その周囲には、酵素、酸、糖分などが取り囲み、互いに接しているが、混ざってはいない。

野菜を切ると、たくさんの細胞が切られると同時に細胞中のすべてのものも切られる。細胞として野菜を構成しているが混ざり合っていないすべてのものが、包丁の一振りで、相互に作用し酵素反応を起こす。たとえば、タマネギを切ると涙が出るのもそのひとつだ。野菜の風味や食感を変質させるこのような反応を避けるために、野菜は加熱する直前または生で食べる直前まで切らないほうがいい。

トマトを熱湯に通す前に、
お尻に切れ目を入れると
皮をむきやすくなるのは
なぜ?

熱湯がトマトの皮を柔らかくする。この取るに足りない小さな切れ目があると、熱湯でトマトの皮がはがれる。あとはトマトをそっと掴んで、はがれた皮を取り除くだけ。

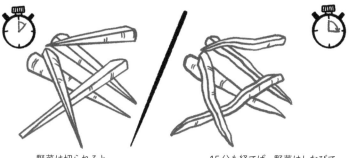

野菜は切られると、
しっかりとした食感や風味を
わずかな時間しか保てない。

15分も経てば、野菜はしなびて、
風味を失う。

野菜をオイルで加熱する場合、
その前に余分な水分を抜く必要があるのはなぜ?

これは非常に重要なことだ。余分な水分を抜いておけば、野菜はカリッと仕上がり、オイルで揚げたり焼いたりした後でも油っこくならない。どうすれば良いのだろう? 野菜を切り(薄切りまたは角切り)、次にザルに野菜を入れ、塩をふって混ぜ、1時間そのまま置く。その間に野菜の水分が抜け、塩が野菜の表面の水分を吸収し、膜を形成する。この膜が野菜を油で揚げている間に、野菜がオイルを吸収するのを妨げる。この作業は、オイルをたくさん吸収するズッキーニやナスには、とくに重要だ。

水抜きした野菜は
加熱用のオイルをあまり吸収しない。

野菜は加熱すると柔らかくなるのはなぜ?

野菜の細胞は非常に硬い布に少し似ている。加熱すると布の繊維の大部分が崩れ、もろくなり、硬さがほとんどなくなる。もっと科学的な言葉で言うとこうなる。細胞はペクチン、セルロース、ヘミセルロースから成る非常に硬いセメントのようなもので互いに結合している。加熱すると、このセメントがもろくなって柔らかくなり、大部分のペクチンが失われる。

もしこの後、茹ですぎたインゲン料理に出会ってしまったら、どうしてそんなにシナシナになったのか、調理した人に教えてあげるといい。

PATATES ET CAROTTES
ジャガイモとニンジン

最もベーシックな食材！　ジャガイモとニンジンがあれば、一日中、料理を楽しむことができる。どんな料理ができるか、どうすれば最良の風味を出せるか学んでいこう。

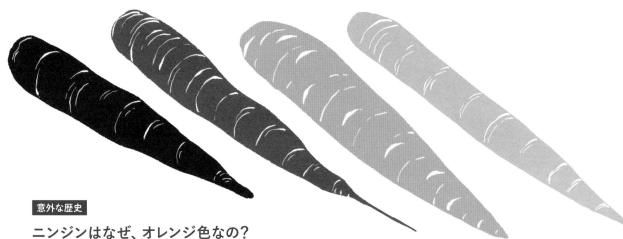

意外な歴史

ニンジンはなぜ、オレンジ色なの？

ニンジンはずっと昔から知られているが、もともとはニンジンは苦くて辛いものだったため、むしろその薬効性が利用されていた。19世紀になると、オランダでニンジンを食用にするための栽培法が開発され、試行錯誤の末にオレンジ色のニンジンが定着した。ちなみにオレンジ色はオランダのナショナルカラーだ。分かったかな？　今日、昔ながらの野菜を復活させたいという願いから、白や黄色、赤、あるいは紫のニンジンなど、さまざまな色のニンジンが再び栽培されている。

ニンジンは葉を切り落として
保存する必要があるのはなぜ？

そう、野菜栽培業者から買った葉つきニンジンはとても素晴らしいことは分かっている。問題は、葉つきニンジンは、畑から引き抜かれてしまった後、葉が乾燥するのを避けるために、根に蓄えられた水分や養分を消耗してしまうことだ。エネルギーを消耗すればするほど、ニンジンは貧弱になり、風味が失われる。さあ、急いで葉はバッサリと切り落とそう。

C.Q.F.D.／証明完了！

ニンジンは生で
食べられるのに、
ジャガイモは生で
食べられないのはなぜ？

ジャガイモにはでんぷんがたくさん含まれているが、ニンジンにはほとんど含まれていないから。でんぷん？　もちろん、でんぷんは小麦粉やコーンスターチに含まれていて、ソースをとろりとさせるものだ！要するに、生のでんぷんは消化しにくい。加熱すれば野菜の細胞に含まれる水分の一部を吸収して柔らかくなる。ニンジンにはでんぷんがほとんど含まれていないため、生でも食べられるが、ジャガイモは生で食べないほうがいい。

ジャガイモの皮についての3つの疑問

❶ ジャガイモが緑色になることがあるのはなぜ？

陽の当たる場所に保存しておくと、葉緑素の光合成が起こり、食用に適さない有毒物質ソラニンの濃縮が促進される。緑色の部分は絶対に取り除く必要がある。その部分は苦く、大量に口にすれば、嘔吐、めまい、幻覚、などを引き起こす可能性がある。

❷ ジャガイモを加熱するには、皮を残したままのほうがいいのはなぜ？

皮は外部からの攻撃に対する保護の役割を果たしている。また皮があることでジャガイモに含まれる水溶性の、つまり水に溶けてしまうあらゆるビタミンやミネラル塩を保持できる。加熱するときに皮を残しておけば、皮をむいて加熱した場合に比べて4倍も多くのビタミンやミネラル塩を保持できる。しかし、加熱後は、できるだけ早く皮を取り除かないと、土臭い風味がする。

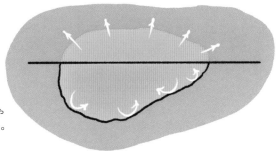

ジャガイモの皮は、加熱する間、ビタミンやミネラル塩をとどめおく。

❸ でも、茹でても、揚げても、皮は食べないほうがいいのはなぜ？

この点についてもまた、問題はソラニンだ。ソラニンはジャガイモを昆虫から守る役割をしており、人間にとっては紛れもない毒だ。大量に口にすれば、死に至ることさえある。

したがって、どんなハンバーガー店でも、皮つきのフライドポテトは絶対に避けるべき。

春から初夏にかけて "新"ジャガイモが出回るのはなぜ？

あー、それはジャガイモの中で最も良いものだ。"新"ジャガイモ、あるいは "初"ジャガイモと呼ばれるジャガイモは未熟なまま早めに収穫された品種。でんぷんは他のジャガイモより少ないが水分がより多く含まれ、バターと同じくらいとろけるように柔らかい。未熟であるため、ソラニンも少なく、皮も食べることができる。

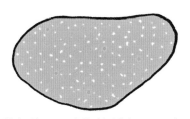

新ジャガイモには水分が多く含まれているが、でんぷんやソラニンは「熟した」ジャガイモより少ない。

新ジャガイモではピューレが作れないのはなぜ？

新ジャガイモでピューレを作れたらいいのに！ それも素晴らしいピューレを。でも、他の「新しくない」品種のジャガイモで作るより、水っぽくなる。でんぷんが少ないため、うまくまとまらない。

PATATES ET CAROTTES
ジャガイモとニンジン

ちょっと深掘り！

生の硬いジャガイモを加熱すると柔らかくなるのはなぜ？

ちょっと専門的だがスペースもあるので、説明しよう。ジャガイモの細胞にはでんぷんが詰まっており、熱されてでんぷんが膨張すると細胞膜が破裂し、やわらかな食感が生まれる。ジャガイモは収穫後に貯蔵される間に熟し、皮が厚くなってでんぷん含有量が増える。でんぷんが増えるとホクホクとした食感になる。一方、新ジャガイモはでんぷん量が少ないため、シャキシャキとした食感になる。

ときどき、ジャガイモが破裂するのはなぜ？

もちろん、それは加熱のしすぎ！
そして、またもや呪わしいでんぷんの仕業……。
加熱中にでんぷんの粒が膨れて、生のジャガイモのときより50倍もボリュームが増える。中のボリュームが増えすぎて、ジャガイモは破裂する。そうなると大変だ！

ポテトサラダにするには、60℃以下の湯で茹でる必要があるのはなぜ？

つぶれたジャガイモのサラダは口に入れるとピューレ状になる。最悪だ！ でも、そうならないための解決策がひとつある。ジャガイモを60℃以下の湯で茹でれば、中までゆっくり火が通り、ジャガイモ幾らか硬さをとどめている。そうすれば、サラダは見栄えが良く、美味く仕上がる。

ジャガイモはフライパンで加熱すると茹でるより時間がかかるのはなぜ？

フライパンでジャガイモを加熱する場合は、普通、小さく切って加熱するが、そのまま茹でるよりも時間がかかる。当然だ。さいの目に切ったジャガイモに火を通すには、さいの目の6面がすべてフライパンに接触して熱せられ、火が通る必要がある。念を押すが、フライパンでは、熱せられて火が通るのは熱源とじかに接する面しかない。ところが、鍋の湯の中では、さいの目切りにしたジャガイモの6面はすべてが熱い液体と接し、一度に火が通るため、火の通りがずっと早い。
「スライスしたジャガイモなら2面だけ火を通せばよい」だって？ そう、確かに。しかし、フライパンの中で、スライスしたジャガイモすべてを平らに並べることはできない。何枚かが重なってしまうため、重なった部分には火が通らない。やはり茹でるより時間がかかる。しかし、カモの脂を少し入れるとずっとうまくいく。

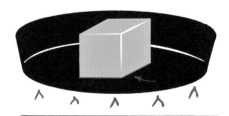

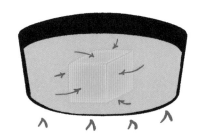

フライパンでは、ひとつの面しか熱源に接しないが、
茹でれば、一度にすべての面に火が通る。

ジャガイモを茹でるときは、熱湯でなく冷水から始めるべきなのはなぜ？

あー、そう、その通り。これはあまり言われないが、ジャガイモは湯が煮立ってからでなく、冷水から茹で始める。しかも、湯の温度は少しずつ上げる必要がある。正直なところ、少し面倒かな？　そう、でも、これにはごく単純な理由がある。ジャガイモは熱を非常に伝えにくい。どれくらい熱が伝わりにくいかと言えば、誰かが180℃のオイルでフライドポテトを揚げている間に、その中のポテトの先端を掴んでも火傷しないほどだ。熱湯の中にジャガイモを入れれば、外側には火が通っても中心部には熱が届かない。中心部に火が通るころには、外側は火が通りすぎている。すでに破裂しているかもしれない。だから、ジャガイモの中心部にまで徐々に熱が浸透し、ムラなく火が通るように、湯の温度は徐々に熱くする必要がある。

でも、ニンジンは冷水からではなく沸騰した湯で茹でるのはなぜ？

ニンジンはまったく違う。ニンジンには「ペクチン」が含まれている。これは水溶性食物繊維のひとつで、ニンジンの細胞と細胞をつないでいる糊のようなものだ。強火で煮るとペクチン同士の結合が切れてしまうため、ペースト状につぶれてしまうが、60〜70℃でニンジンを煮ると、ペクチンとカルシウムがうまく結合する。結果、しっかりとした食感に仕上がる。

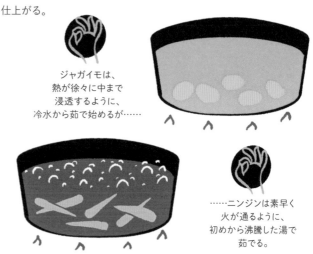

ジャガイモは、熱が徐々に中まで浸透するように、冷水から茹で始めるが……

……ニンジンは素早く火が通るように、初めから沸騰した湯で茹でる。

ジョエル・ロブションのポテトピューレが世界一美味しいのはなぜ？

彼のレシピは世界中に広まっている。本当に、私が食べたことのあるピューレの中で最高に美味しい！　そう、皮をむいたジャガイモ1kgに対し、250gのバターを使う。彼は小ぶりのラット種というジャガイモを使い、他の品種のジャガイモは使わない。それに冷たいバターと温めた牛乳を加える。彼のピューレが世界一美味しいのは、ラット種のジャガイモ、冷たいバター、温かい牛乳だけが理由ではない。本当の理由は、聞いたことがないだろうが、ピューレのテクスチャーを非常にきめ細かくするために、非常に細かいふるいに2回もかけ、30分以上、手作業でかき混ぜて空気を取り込む。その結果、究極のきめの細かさを持つふんわりとしたピューレになる……。

C.Q.F.D.／証明完了！

ポテトのスフレはなぜ膨らんでいるの？

スライスしたポテトを1回、140℃の揚げ油の中に入れると、表面は熱で乾燥し、不透過性の薄い皮ができる。次に180℃の揚げ油の中にもう一度入れると、まだジャガイモの中に残っている水分が蒸気に変わり、膨れて皮を押し上げる。思い出してほしい。蒸気はもとの水の1700倍もの容量になることを。

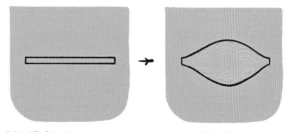

一度目に揚げたときは、スライスしたポテトの表面に皮ができる。

二度揚げすると、ポテトの中の水分が蒸気になる。

LA MATURATION
熟成

肉の熟成についてはきっと聞いたことがあるだろう。しかし、ほとんどの人は、ちょっと寝かせただけの肉と丁寧に熟成させた肉を区別しないで、熟成について語っている。魚も種類によっては熟成させることができるのを知っているだろうか?

ちょっと深掘り!

熟成させると肉の質が良くなるのはなぜ?

屠殺後、枝肉の細胞内で乳酸が生成され、枝肉は次第に死後硬直の状態になる。次に、さまざまな酵素が硬直した筋肉の組織を分解し、枝肉は軟化する。この第二のプロセス中に、分解したタンパク質が美味しいアミノ酸を生成し、ある種の炭水化物が糖質に変わり、肉に濃厚な風味をもたらす。それだけではない! このプロセスの間に肉は柔らかくなる。つまり、最も硬いコラーゲンが結合組織に変わり、加熱すると簡単にゼラチンになる。そのため、熟成肉は加熱しても、あまり縮まないで、ジューシーさも失いにくい。

とくに牛肉を熟成させることが多いのはなぜ?

確かに、牛肉は熟成すると質が向上するが、すべての肉がそうなるわけではない。たとえば、若鶏や仔羊、豚の枝肉は1週間は熟成させることが可能だが、それ以上だとすえた臭いがし始める。牛肉の場合はまったく異なる。あばら肉、サーロイン、ランプなどの部位は8週間まで問題なく熟成できる。屠畜後2週間熟成させると、柔らかさが80%増す。しかし、特定の肉は風味を高めるためにその後さらに、通常、約7週間熟成させる。200日間さらには300日間まで熟成させる精肉店もあるが、風味や柔らかさは8週間で得られ、300日も熟成させる例は非常に稀だ。

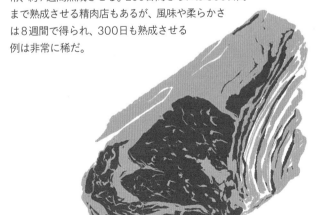

熟成させた肉が非常に美味しいのはなぜ?

熟成、あるいはむしろ専門家の言うように「アフィナージュ[1]」は、熟成用貯蔵室の温度や湿度、通風を調整して、肉固有の風味と食感を高めることである。貯蔵室は通常、温度が1〜3℃、湿度が70〜80%に調整されているが、動物の品種や年齢、脂身の量や質、肉のきめの質などに応じてパラメータを変える場合がある。そこが熟成のスペシャリストの腕の見せ所だ。

アフィナージュの期間中、肉に含まれる水分の一部が蒸発し(当初の重量の40%)、糖分と特定の風味は凝縮し、脂肪は酸化し、特定の風味が凝縮され、その他の風味は高まる。みごとにアフィナージュされた牛肉には、普通の牛肉には見られない風味、たとえば、チーズ、カラメル、バター、ドライフルーツ、赤いフルーツなど、あらゆる風味が漂う。

※1:「アフィナージュ」は「精錬」や「精製」という意味で、チーズの熟成などにもこの言葉が用いられるが、著者は、単に寝かせるだけでなく、貯蔵室の温度、湿度、通風状況などを積極的に微妙に調整する熟成方法をとくにアフィナージュと言っている。

豆知識

熟成させた肉と寝かせた肉は違うの?

多くのいわゆる「熟成」肉は冷蔵室で4〜6週間寝かせただけにすぎない。確かに、それでも風味と柔らかさを得られるが、熟成させた肉とは言いがたい。

魚を「熟成させる」のは、そんなに特別なことなの？

魚を「熟成させる」前に、死後硬直が早すぎて硬くなりすぎるのを避けるため、特別な条件下で締めなければならない。釣り上げられた魚は、引きずられて常温の大きな水槽に入れられる。魚は捕られたストレスでグリコーゲンの一部を失うが、船が陸に戻る間に魚は水槽の中でリラックスし、体内に蓄えていたグリコーゲンの一部が再生される。体内にグリコーゲンがないと、死後硬直がより早く起こり、身がすぐに硬くなり、その質は取り返しのつかないほど変質する。グリコーゲンのストックが再生されると、一匹一匹、最善の条件でストレスを感じさせずに活け締め（「日本の魚」の項、P.179参照）という方法で締める。次に、血抜きをし、太い針で脊髄を引き抜き、最後に、皮を覆っている粘液が身について細菌が移ることのないよう細心の注意を払いながら皮を剥ぐ。正確な動きと必要な清潔さを保つために、ひとつの作業ごとに包丁を完璧に洗い、まな板を交換する。こうして身を「熟成させる」または「熟させる」準備が整う。日本料理のスペシャリスト、増井千尋氏[2]は、時間の流れ以外に何ら手を加えないで魚の身に起こる変化を「時の料理」と表現している。

※2：フランス在住のフードジャーナリスト。

魚も熟成させるのはなぜ？

知らなかった？ そう、魚も熟成させる。もっとも「熟成」という言葉は適切とは言えないが、牛肉のように風味や柔らかさを高めるためではなく、魚の身を変質させて、新しい風味、新しい食感をもたらし、非常に美味しいアミノ酸を引き出すのだ。

日本以外では魚を熟成させないのはなぜ？

日本以外でも行われているが、非常に稀だ。なぜなら、第一に、熟成させる魚は上質のものでなければならないから。第二に、活き締め方式で処理しなければならないから。そして、そのテクニックをマスターする必要があるからだ。熟成期間は魚の種類とその保存条件に左右される。マグロやタラなら短くても1週間、ヒラメはベテランの手にかかれば2週間までは熟成させることができるだろう。並外れた風味が生まれる。

熟成魚が主に高級寿司店で出されるのはなぜ？

寿司は、何の技巧も凝らさずに、魚を最もシンプルな姿で提供する。完璧な魚でありさえすれば良い。
高級寿司店では、料理人は自分で魚を熟成させ、柔らかいのにコリコリして、とろけるような食感が味わえる魚、あるいはしっかりとした歯ごたえと上質の旨味が味わえる、魚の最適の頃合いのものを選んで出す。

LES MARINADES
マリネ

マリネは食材を長持ちさせ、香味をつける。しかし、食材を柔らかくするわけではない。はっきりさせよう。

中世に肉を
マリネしていたのはなぜ？

それにはちゃんとした理由が2つある。

1）マリネをすると、肉をより長く保存できる。肉を液体で覆えば、肉が直接空気に触れるのを避けられるため、酸化して腐るのを遅らせることができる。

2）マリネをすると肉の状態を隠すことができる。つまり、肉の色が濃くなり、良い肉なのか腐っているのか見分けることができなくなる。さらに、マリネの風味で悪い臭いや傷んだ肉の味をごまかすことができる。

マリネ液は
魚のほうが
浸透しやすいのは
なぜ？

魚の繊維には動物の繊維とは違ってコラーゲンがほとんど含まれていない。マリネ液は簡単に魚の身の中に入り込むことができる。でも、マリネ液に数時間も浸したままにしてはいけない。そんなことをすれば、もともとの風味が覆われてしまう。それは本当に残念！

マリネ液は肉を柔らかくしないのはなぜ？

それは、マリネ液が肉の中まで浸透しないだけのこと。マリネ液の粒子は非常に大きく、肉の繊維の中に入り込めない。科学者たちが1片の肉にマリネ液が浸透する時間を測定したところ、4日経っても肉の中に5mmも浸透しなかった。

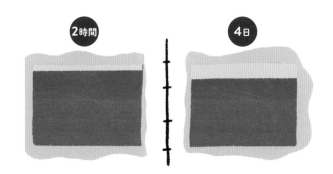

2時間　4日

肉をマリネするには、小さく切ってから
マリネ液に浸ける必要があるのはなぜ？

マリネ液は肉の中にほんの少ししか、せいぜい2〜3mmしか浸透しないことが分かった。普通の肉でそうなのだから、イノシシのもも肉なら、マリネ液の効果があるのは全重量の1％にも満たないだろう。しかし、このもも肉を3cm角の小片に切れば、それぞれの肉片の中に2〜3mmずつ浸透するだろうから、全重量の30％以上にマリネ液が浸透することになる。そうすれば、ずっとずっとたくさんの風味がつく。

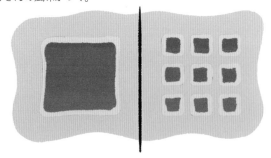

マリネ液は肉片が大きくても、
小さくても、2〜3mmしか浸透しない。

マリネ液に
オイルを加えることが
よくあるのはなぜ？

オイルは風味や香気を吸収する。大部分の芳香成分はオイルに溶ける。したがって、マリネ液にオイルを加えれば、マリネされている食品に風味や香りがより早く移る。

酢、ワイン、レモンなどの
酸も同じ？

かつて、マリネ液に酸を加えていたのはより長く保存できるからだった。酸はある種の細菌を殺すものの、水分を吸収するため、マリネして長く保存されている肉は乾燥していた。今日は、あまりたくさんは加えない。少し爽やかなアクセントをつけるために少し加える程度で、よく言われるように、酸が肉を柔らかくすることはない。

肉によっては、マリネする前に
こんがりと焼いておく必要があるのはなぜ？

赤ワインや酢のように酸を含むマリネ液は肉の表面のタンパク質を変性させる。タンパク質は変性してしまうと、肉に焼き色がつくのを妨げる。そのため、マリネする前に焼き色をつけておく必要がある。

あらかじめ焼いた肉のほうが
マリネの効果が高いのはなぜ？

肉を焼くとき、ほんの小さな切れ目が生じて、肉片の表面積が著しく増す。マリネ液に接する面積が大きいほど、肉に移る風味は多くなる。その結果、マリネの効果が著しく増す。最高！

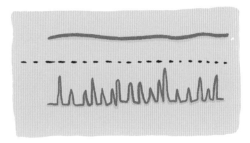

肉があらかじめこんがりと焼かれて、
切れ目が入っていると、肉とマリネ液が接する面が大きくなる。

バーベキューで焼く食材もマリネするのはなぜ？

「肉を1〜4時間マリネする」と書かれているレシピを信じてはいけない。それは何の役にも立たない。その程度の時間では、マリネ液はほんの数ミリメートルも肉に浸透しない。バーベキューで焼くときに重要なのは、赤く燃えている炭の上にマリネ液が垂れて煙が上がることだ。この煙が食材にたくさんの風味や香りをもたらす。煙を立ち上らせて、食材によりたくさんの風味をつけるために、芳香オイルを数滴ふりかける料理人もいる。

LES VINAIGRETTES
ドレッシング

うーん！　ドレッシングのほんのりとした酸っぱさで舌乳頭がハッと目覚め、ちょうどいい味だと満足する。フランスではどの家庭にもドレッシング担当がいることを知っていた？　このページは彼らのためのものだ……。

C.Q.F.D.／証明完了！

ドレッシングの調合は塩と酢から始めるべきなのはなぜ？

「めっちゃ、超かんたん！」私の6歳の息子ならそう言うだろう。塩は水（酢に含まれる）に溶けるが、オイルには溶けない。オイルの中に塩を入れれば、塩は溶けないで結晶のまま残るだろう。

あー、そうか「その後、酢を加えれば塩は溶けるだろうから、同じこと」と言いたいんだね。ところが、違うのだ。あなたが思っているようにはならない。オイルを入れると、油の薄い層が塩の結晶を包んで、塩が酢と接触するのを妨げる。そのため、なかなか溶けない。まあ、自分で試してごらん。

オイルと酢が混ざらないのはなぜ？

一見混ざったように見えるが、乳濁は長く続かない。それは、オイルの分子と酢に含まれる水の分子が互いに絡みつかないから。何時間もかき混ぜても、分離してしまうのは避けられない。どうしようもない、これは自然が決めたことだから……。

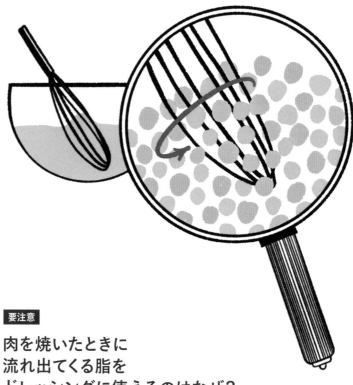

要注意

肉を焼いたときに流れ出てくる脂をドレッシングに使えるのはなぜ？

そのことは「オイルとその他の油脂」の項で説明したが、ここでもう一度取り上げよう。若鶏や羊のもも肉をローストすると流れ出てくる肉汁に含まれる脂をサラダのドレッシング用オイルの代わりに使ったり、野菜グリルにかけたりするとぐんと美味しくなる。驚くほどのアクセントと旨味がもたらされる。どのようにすれば良い？　肉汁を冷蔵庫で一晩寝かせ、翌朝、表面に浮いた脂を集め、ドレッシングの酢の中で溶かすことだ。

**❶ ドレッシングにマスタードを
少し加えるとちょうど良い粘性が
得られるのはなぜ？**

マスタードはすべてを変える。なぜなら、マスタードはふたつの成分をつなぐ絆の役割を担うから。一方でオイルはマスタードと結合し、他方でマスタードは酢と結合する。その結果、ドレッシングに粘りが出てくる。喧嘩ばかりする2人の家庭が仲良しの3人の家庭に変わる。人生とは、そんなもの……。

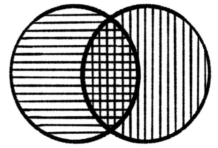

マスタードはオイルの分子と、酢に含まれる水の分子を
結びつけ、ドレッシングをちょうど良いテクスチャーにする。

**❷ ドレッシングは
少し粘り気があるほうが
いいのはなぜ？**

ドレッシングがサラリとしすぎていると、サラダの葉の上を素早くすべり落ちて、サラダボールの底にたまる。粘り気があれば、サラダの葉にくっついてちょうど良い味がつく。ドレッシングに粘り気を出すために、マスタードの代わりに卵黄を加えればクリーミーなドレッシングになるし、ハチミツを加えれば甘みのあるドレッシングになる。

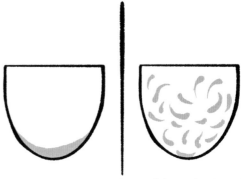

サラリとした液体ドレッシングはサラダボールの底に溜まるが、
少し粘り気のあるドレッシングなら、サラダの葉にくっつく。

ドレッシングをかけるのが早すぎると、サラダの葉がしなびてしまうのはなぜ？

「酢は酸だからサラダの葉を酸焼けさせる」とよく言われる。しかし、葉を酸焼けさせるのは酢ではない！ 説明しよう。サラダの葉は脂質を含んだ非常に薄い保護膜で覆われている。オイルと酢は仲が悪いから、酢はこの脂質を含む膜の上を滑り落ちる。ドレッシングのオイルは葉の上に留まり、この保護膜を通過するため、サラダの葉を傷めてしまうのだ。

**では、マスタードを加えたドレッシングなら、
サラダの葉がそれほど早く
黒くならないのはなぜ？**

葉の上にとどまったオイルが葉を傷めることが分かった。酢とオイルを混ぜ合わせた中にマスタードを少し加えてきちんと泡立てると、密度の高い美しい乳濁液になる。オイルはこの乳濁液の中に「閉じ込められる」ため、サラダの葉はすぐには黒くならないで、しばらくパリッとしている。

葉の上にとどまったオイルが
葉を萎れさせる。

酢は葉の上をすべり落ちる。

LES SAUCES
ソース

マヨネーズ、ベアルネーズソース※1、オランデーズソース※2は、すべてオイルと卵を
ベースにしたソースだ。しっかり乳濁させる方法を知っておく必要がある。

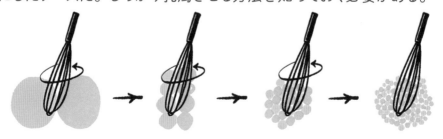

※1：ステーキにかけるエストラゴン、エシャレット、酢、卵黄を使った乳濁ソース。
※2：バター、レモン、卵黄を使った乳濁ソース。

上手な作り方

マヨネーズを作るとき、オイルを少しずつ注がなければならないのはなぜ？

少しのオイルと卵黄を一緒に泡立てると、卵黄に含まれる
水分の滴とオイルの滴とに分散する。これをさらに泡立て
ると、細かい滴がさらに細かい滴に分散する。魔法が起こ
るのはこのときだ。一方では卵黄が水にくっつき、他方で
は卵黄の微細滴がオイルにもくっつく。全体に粘りが出て、
まとまる。

しかし、初めからオイルを入れすぎると、このたっぷりの
オイルは微細滴に分散しないため、マヨネーズはまとまら
ない。したがって、最初はオイルを少しずつ加え、まとま
り始めたら、大胆に加えていく。

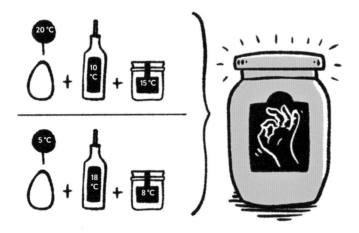

マヨネーズの材料の温度が
さほど重要ではないのはなぜ？

オイルを冷蔵庫で保管していれば、冷えたオイルはマヨネーズを凝固させるの
を妨いでくれる。しかし、他の材料の温度は少しも重要ではない。卵黄または
マスタードに含まれる水分は冷蔵庫の中で凝固しない。マヨネーズを作るとき
の材料の温度は、さほど重要ではないのだ。ずっと昔の習わしに惑わされない
ように！

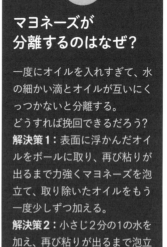

マヨネーズが
分離するのはなぜ？

一度にオイルを入れすぎて、水
の細かい滴とオイルが互いにく
っつかないと分離する。
どうすれば挽回できるだろう？
解決策1：表面に浮かんだオイ
ルをボールに取り、再び粘りが
出るまで力強くマヨネーズを泡
立て、取り除いたオイルをもう
一度少しずつ加える。
解決策2：小さじ2分の1の水を
加え、再び粘りが出るまで泡立
てる。

ベアルネーズソースを作るとき、
最初に酢の中でエストラゴンを加熱し、次にこれを取り出し、
最後にまたエストラゴンを入れるのはなぜ?

エストラゴンはこのソースの香りの中核となるため、エストラゴンの風味ができるだけたくさん浸み込むよう、最初にエストラゴンの葉を加熱する。次に、これを取り出すのは、加熱すると、葉が柔らかくなり、加熱しすぎたほうれん草のようにグチャグチャの美しくない塊になるから。最後に、爽やかで上品な風味が出るように、別の新鮮な葉をもう一度入れると美味しいソースができあがる。

プロの裏技

ベアルネーズソースやオランデーズソースは 分離することがあるのはなぜ?

ベアルネーズソースあるいはオランデーズソースは強火で長く加熱しすぎると、加熱初めに注いだ水または酢や卵黄に含まれている水分が蒸発する。水分が十分にないと乳濁が安定しないで分離する。卵黄は加熱しすぎると固茹で卵のように硬くなり、ダマになってソースから分離する。このソースを作るとき、常にかなりの水分が必要で、卵黄の粘りを出すため、硬くならない程度に温めておく必要がある。

分離してしまったソースを簡単に直せるの?

❶ ソースを3分の1ほどボールに空け、小さじ1〜2杯の水を残りのソースに加える。力強く泡立てる。

❷ 乳濁したら、取り出したソースを少し加え、さらに泡立てる。

❸ 取り出した残りのソースを少しずつ加え、ソースに粘り気が出るまで、絶えずかき混ぜる。

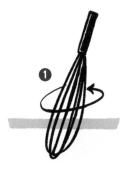

ベアルネーズソースと オランデーズソースは なぜ粘り気が出るの?

卵を茹でるときのことを考えてみよう。卵を熱湯に入れると、液体だった卵黄が3分後には半熟に、つまり少しドロドロし始め、次に柔らかく、あるいはペースト状になり、最後には硬く、しっかりした歯ごたえになる。ベアルネソースやオランデーズソースの加熱もこれと同じことだ。熱せられて粘り気が出た卵黄をバターと混ぜると美味しいソースになる。

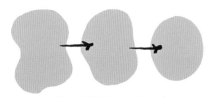

熱した卵黄が多いほど、
粘りが出る。

まちがいだらけの常識

8の字に かき混ぜるのは 無駄なの?

この古い教えは忘れよう。調理される卵黄をうんざりさせるだけだ!
重要なのは、泡立て器を鍋全体に打ちつけるようにかき混ぜること。卵の分子は8の字でかき混ぜられようが、4の字でかき混ぜられようが、知ったことではない。
何ら違いはない。

FONDS ET BOUILLONS
フォンとブイヨン

いや、いや、違う、フォンやブイヨンを作るというのは、沸騰した湯の中に乾燥したキューブを投げ込むことではない。美味しいだし汁は調理するもの……。

美味！

インスタントに比べて ずっと風味の高い フォンやブイヨンが できるのはなぜ？

フォンやブイヨンあるいはフュメを作るというのは、固体の材料（肉、野菜、香辛料など）の風味をできる限り液体（水）に移すということだ。ちょうど、お茶を淹れたり、乾燥した葉を煎じたりするのと同じだ。実際、フォンやブイヨンを作るというのは、肉や野菜を煮出すことなのだ。

フォンやブイヨンを作るのは素材を煮出すこと。

ブイヨンの水についての2つの疑問

❶ 煮出す水の質が 最も重要なのはなぜ？

水はブイヨンの材料を煮るだけでなく、主要な材料でもある。つまり、フォン、ブイヨン、フュメの材料の大部分は水である（そこにさまざまな風味を加える）。水に最初から味（塩素などの）がついていれば、煮出した後、ブイヨンの中にその味が感じられるだろう。だから、水の味が他の材料の風味とぶつかったり、覆い隠したりしてしまわないよう、できる限り無色透明の水でなければならない。

❷ 水道の湯を使っては いけないのはなぜ？

水道の湯は、蛇口に届くまでに水道管に付着している何らかのミネラルを溶かしてくるため、不味い味がついている。フォンやブイヨンの基本は、また、キッチンで調理されるあらゆる料理の基本は、水道の湯は決して使わずに、水を使わなければならない。湯は食器を洗うにはちょうど良いが……。

ブイヨンには加熱前にも
加熱中にも塩を入れてはいけないのは
なぜ？

材料の風味が水の中に移るのを妨げる可能性のあることは、すべて避けるべきだ。加熱始めに水に塩を加えると、液体の濃度が高くなる。そして液体の濃度が高ければ、新たな風味をあまり吸収しなくなる。したがって、ブイヨンの加熱初めには、決して塩を加えないこと。

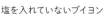

塩を入れていないブイヨン　　塩を入れたブイヨン

コショウも
入れてはいけないのは
なぜ？

かつては、肉はまったく清潔なものではなかった。そのため、コショウの殺菌特性を利用して細菌を殺すためにコショウを加えていた。今日は幸いなことに、コショウはこのような用途で使用されていない。

コショウは、お茶やバーベナと同様に、液体の中で熱すると煎じられる。あまり長く煎じると、苦く、えぐくなる。ブイヨンに苦みやえぐみを加えたいのでない限り、加熱前にも加熱中にもコショウを加えないこと。

C.Q.F.D.／証明完了！

水の量が重要なのはなぜ？

風味の濃度が一定以上になると、水は風味で飽和し、数時間加熱を続けても新たに風味を吸収できなくなる。つまり、カバンと同じだ。カバンがいっぱいになると、それ以上物を入れることができない。ここで良い方法がある。最初にかなり多くの水を入れておけば、最大限に肉の風味を水の中に取り出すことができる。

鉄またはステンレス

では、ブイヨンを作る鍋の材質が重要なのはなぜ？

鋳鉄などのある種の材質では、熱はまず鍋の厚みの中に蓄積されてから、鍋全体に放出される。したがって、液体は底面からも側面からも同じように熱せられ、どこもむらなく熱せられる。

その他の材質、たとえば、鉄やステンレスなどは熱を蓄積せず、熱を受けたところだけが熱くなる。つまり、底面は非常に強く熱せられるが、側面はほとんど熱せられない。その結果、鍋の中の材料の場所によって火の通りにむらが生じ、風味の面でもむらが生じてあまり良い結果が得られない。最後に、少し専門的なことだが、鋳鉄は穏やかな放射熱を放出するが、鉄やステンレスは強烈な放射熱を放出する。フォンやブイヨンで求められるのは穏やかな熱だ。さあ、鉄とステンレスにはご退場願おう！

鋳鉄

FONDS ET BOUILLONS
フォンとブイヨン

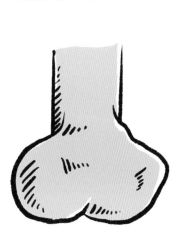

肉片の大きさが重要なのはなぜ？

フォンやブイヨンを作るときの一番大切な目標は何かをもう一度思い出してみよう。材料のさまざまな風味を最大限に引き出すことだ。大きな塊の肉を入れれば、肉塊の中心部に含まれる風味が液体に到達するまでに分厚い肉を通り抜けなければならない。この距離が長すぎて、風味の一部は液の中まで到達できない。これでは少しもったいない……。

あまり分厚くない小片に切った肉を入れれば、薄片の中から液体まで風味が通り抜ける距離は短くなり、風味が液体に移りやすくなる。そうすれば、ブイヨンの風味がぐんと増す。

骨は水に入れる前にこんがり焼く必要があるのはなぜ？

骨そのものに味はない。骨の主な成分はカルシウム。旨味を出すのは関節の軟骨、特定の骨に含まれる骨髄、そして骨の上にくっついたまま残っている肉の小片だ。

骨をこんがり焼けば骨の上に残っている肉の小片や軟骨のある部分、骨髄でメイラード反応が起こり、風味が立ち上る。だから骨をブイヨンに入れると、ずっとたくさんの風味が得られる。

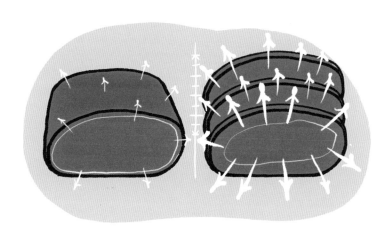

肉片が薄ければ風味はより早く
ブイヨンの中に広がる。

プロの裏技

ブイヨンは弱火でじっくり加熱する必要があるのはなぜ？

フォンやブイヨンを作るためには、コラーゲンが含まれる肉を使う必要がある。なぜなら、コラーゲンは熱せられるとゼラチンに変わり、多くの風味をもたらすから。

ここにちょっとした問題がある。コラーゲンが美味しいゼラチンに変わるためには、高すぎない温度でじっくり熱する必要がある。そう、美味しいブイヨンは、決して小さな泡が立ったり波うったりすることのない80℃前後の弱火で、じっくり加熱しなければならない。では、どうやって温度を確認すればいいだろう？ 泡が1つ2つ静かに上がり始めたら、そのときが限界温度だ。このようにして仕上げたフォンやブイヨンは、今まで作ってきたのとはまったく違うものになるはず。

ブイヨンの「不純物を取り除く」とレシピによく書かれているのはなぜ？

よくそう言われるが、それは料理についてよく耳にする馬鹿げた通念のひとつだ。ブイヨンの中には、野菜についていた土を入れたりしない限り、不純物などない。ブイヨンの中に浮いている微粒子は剥がれ落ちた小さな肉片で、不純物ではない。そもそも、牛のあばら肉を調理するだけで、どんな不純物が入ると言うのだろう？　不純物など何もない。

フォンはまず蓋をして加熱し、その後、煮詰めるべきなのはなぜ？

蓋をしないと水の一部が蒸発し、あたかも煮詰めたかのように液体の量が次第に減っていく。液体は、肉の持つすべての風味が出尽くす前に飽和状態になる。なんと残念なこと！　蓋をすれば水分の蒸発を防ぐことができ、肉の風味を最大限液体の方に移すことができる。煮詰めるのは、風味がたくさん液体に移った後で、決して同時にではない。

ものすごく煮詰めたフォンのことを「グラス」と言うのはなぜ？

フォンの水分が減れば減るほど濃縮され、ゼラチン状のとろみが増す。フォンがものすごく煮詰まると、まるでガラスに光が反射したようにつやつやとして見えるのは、このためだ。

灰汁についての2つの疑問

1 一般に「灰汁」と呼ばれるものは、本当は灰汁ではないの？

灰汁とは、液体の表面に浮かんだ不純物が液体と混ざったものだ。フォンやブイヨンには不純物はない。したがって灰汁はない。

2 灰汁でなくても、「灰汁を取る」必要があるのはなぜ？

灰汁だと思われているものは表面に浮かんだ白い気泡だ。これはタンパク質と凝固した肉の脂肪と空気が混ざったものだ（泡になるのは空気があるため）。この気泡はブイヨンに苦みをもたらす。そのため取り除く必要がある。気泡はブイヨンを高すぎる温度で加熱すると増える。しかし、もっと低い温度で加熱すれば、普通は現れない。

FONDS ET BOUILLONS
フォンとブイヨン

上手な作り方

ブイヨンに浮いた脂は取り除くべき？
取り除かないでいい？

舌乳頭がフォン、またはブイヨンに含まれる脂の薄い膜で覆われると、その量によって多少の差はあるが、ブイヨンの風味がほんのりと、多少とも長く感じ取られる。表面に浮いた脂を取り除いていないブイヨンは風味が長く感じられるが鮮明さに欠ける。反対に、表面に浮いた脂を取り除いたブイヨンは風味が非常に鮮明に感じられるがすぐに消える。表面に浮いた脂を少しだけ残しておけば、風味はより長く、しかも鮮明に感じられる。

でも、取り除いた脂はちょっとした味の宝庫だから絶対に捨てないで！ 4～5日、冷蔵庫で保存し、ドレッシングに入れるオイルの代わりにすると味がぐんと引き立つ（「ドレッシング」の項を参照）。グリル野菜にかけてもいいし、魚をソテーするのに使ってもいい。1～2時間、常温に置いて液体状にしてから使用する。

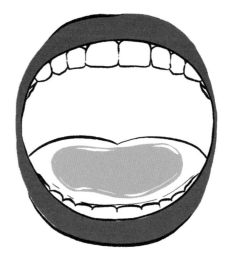

舌乳頭がブイヨン内の脂で覆われると、
風味の感じ方と口の中に残る長さが変わる。

ブイヨンの表面に浮いた脂を取り除くのに
食パンを使うといいのはなぜ？

ふつう、ブイヨンの表面に浮いた脂を取り除くには、脂を凝固させるため一晩寝かせる。しかし急いでいるときは、ブイヨンの表面に平らな食パン1切れを素早くかすめさせると、熱いままでも脂を取り除くことができる。パンが脂を含んだ液体の一部を吸収するため、ブイヨンの表面に浮いた脂の一部が取り除かれる。

美味しいブイヨンがゼリー状になるのはなぜ？

加熱中に、肉に含まれるコラーゲンが美味しいゼラチンに変わる。かなりたくさんコラーゲンが含まれている上質の肉、またはたくさんの家禽の骨を使えば、ブイヨンは一晩でゼラチンに変わる。ブイヨンがゼリー状になっていれば、美味しい風味がたくさん出ているサイン。

まだブイヨンが熱くても、食パン1切れをブイヨンの表面に
サッとかすめさせると、脂の一部を取り除くことができる。

❶ ブイヨンを澄ませるのはなぜ？

ブイヨンを澄ませるとは、できる限り澄み切ったブイヨンにするために浮いている微細な粒子をできるだけたくさん取り除くことだ。澄ませるには、卵白、ひき肉、小さなさいの目に切った野菜を混ぜ合わせたものを使う。まずブイヨンに卵白を入れて熱すると、浮いている微細な粒子が卵白の中に取り込まれてブイヨンが透明になる。

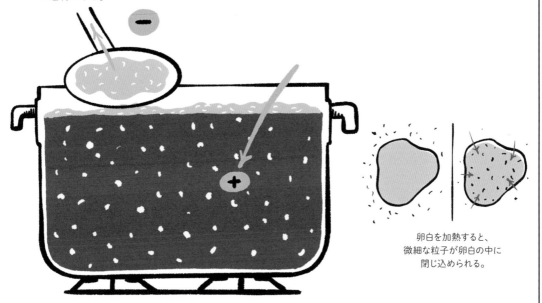

卵白を加熱すると、
微細な粒子が卵白の中に
閉じ込められる。

ブイヨンを澄ませるとは、風味の詰まった微細な粒子を取り除き、
肉や野菜を加えて旨味を増すこと。

❷ それから、ひき肉と野菜を加えるのは？

ブイヨンを澄ませるためには、ブイヨンを熱しながら浮いている微細な粒子を取り除く。ここで問題が生じる。取り除いた微細な粒子にはたくさんの風味が詰まっている。これを取り除けば、風味がずっと乏しくなる。そこで、失った旨味を取り戻すために、ひき肉とさいの目切りの野菜を加えて、ブイヨンに再び風味を与える。

美味！

ブイヨンに醤油を一筋たらすと「美味しく」なるのはなぜ？

旨味について聞いたことがあるだろう。ない？　旨味は第五の味覚と言う人もいるが、それは正確でない。厳密に言うと、旨味は美味しいという感覚。調理中のブイヨンやフォンに、醤油を一筋たらす、またはパルメザンチーズをひと振りすると、旨味が少し加わる。その風味を特定することはできないが、美味しいという感覚が得られる。

LET FUMETS
フュメ

フュメとは魚のブイヨンのこと。自分でフュメを作ってみれば、乾燥キューブを放り込んだだけのスープとの違いに驚くだろう。これ以上美味しいものはない！

要注意

フュメは水の質が重要なのはなぜ？

肉のブイヨンと同様に、水はフュメの主要な材料だ。不快な後味が残る可能性がある中程度の品質の水では、決して美味しいフュメはできない。ダメ、ダメ、ダメ、できる限り無色透明の水でなければ！

フュメに入れる魚のアラについての3つの疑問

❶ フュメを作るには、魚のアラを十分にすすぐ必要があるのはなぜ？

骨についている血の痕や粘液、鱗にくっついている可能性のあるあらゆるものを取り除く必要がある。えらをきちんと取り除いて、腸が残っていないか慎重に確認する。骨、頭などのアラは良いが、内臓はダメ。

❷ 魚のアラを小さくカットして入れる必要があるのはなぜ？

魚のアラを小さく切って入れれば、鍋の中であまり場所を取らず、全体を覆う液体が少なくて済む。液体が少なければフュメは濃くなり、風味が増す。液体が多すぎれば、風味は薄まる。

❸ その他の材料を加える前に、魚のアラを5分間炒めて水分を出させるのはなぜ？

魚の骨や頭をそのまま水の中に入れて加熱し始めるより、最初に魚のアラをバターまたはオリーブオイルで弱火で炒めてから水を入れると、ずっと豊かで複雑で深い風味が出る。したがって、魚のアラを5分間シュエ（炒めて水分を出させる）してから野菜を加え、さらに5分間炒める❶。その後に白ワインを加え、2〜3分煮詰める❷。最後に水を注ぐ❸。

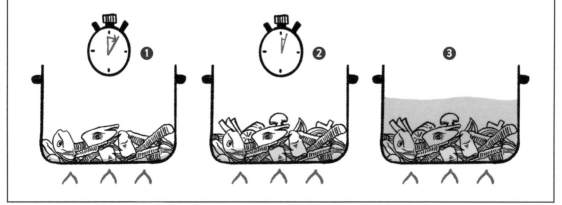

フュメは沸点以下の温度で加熱する必要があるのはなぜ？

フュメは魚の骨と頭を煮出したものだ。液体の温度は風味が液体に移れるだけの熱さでなければならないが、高すぎてもいけない。湯の表面が揺れる寸前の80℃前後、すなわち、表面に泡が1つか2つ静かに上がってくる温度で加熱する。それ以上熱くならないように！

フュメは冷蔵庫で一晩寝かせると、ゼリー状になるのはなぜ？

骨にはコラーゲンが含まれており、コラーゲンは加熱するとゼラチンに変わる。これを冷やすと、ゼラチンが濃くなり、ちょうど肉のブイヨンで見られるのと同じように、ゼリーのようなとろみが出る。

フュメを30分間寝かせる必要があるのはなぜ？

加熱している間に、野菜や魚の骨や頭から微細な粒子が離れて出てくる可能性がある。30分間、フュメを寝かせておくと、それらの微細な粒子が鍋の底に沈む。そうすれば、濾し器にたくさんの微細な分子が移ることを避けられる。

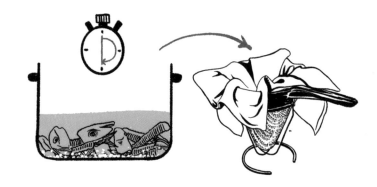

……その後で濾し器に通すのはなぜ？

美味しいフュメは完全に透明だ。透明なフュメにするためには、あらゆる固形物を取り除かなければならない。そこで、世界一のフュメを作るために、濾し器に通す。

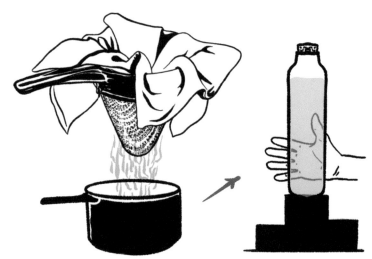

濾した後、さらに少し煮詰める必要があるのはなぜ？

加熱するとき、魚の骨や頭が水で覆われるよう、また、あまり早く風味で飽和状態にならないように、かなりの水を鍋に入れている。旨味で満たされた液体は、さらに美味しいフュメにするために、3分の1程度に煮詰めて濃縮する必要がある。

CUISSON ET TEMPÉRATURE DES VIANDES
肉の加熱調理と温度

精肉店員がこう言うのを聞いたことがあるだろう。「ロースト肉は、ヒートショックを避けるために、調理する1時間前に冷蔵庫から出しておくんだよ」と。さあ、そんな間違ったアドバイスは忘れよう。肉の加熱調理に関する正しい知識をこっそり教えてあげよう。

まちがいだらけの常識

「ヒートショックを避けるために」
あらかじめ肉は常温に出しておくというのは馬鹿げたこと?

「ヒートショックを避ける」という考えはとんでもない間違いだ! ためしに、ステーキをヒートショックがまったくない常温にして、フライパンでこんがり焼いてみたらいい。何か新しいことに気がつくだろう……。肉をこんがり焼くには、肉とフライパンの温度の差が大きくなければならない。ヒートショックがなければ、メイラード反応は起こらない。したがって、こんがり焼けないのだ。そう、肉によってはあらかじめ冷蔵庫から出しておく必要があるが、それはヒートショックを避けるためでは決してない。

ヒートショックは肉を硬くする?

そのように言われるのは、冷蔵庫から出したばかりの肉を熱したフライパンで焼くと硬くなるという考えからだろう。しかし、あらかじめ常温においた肉を焼けば硬くならないのだろうか? いや、そうではない。まったく違う。考えてみよう。
冷蔵庫の温度(5℃)と常温(20℃)の差は15℃だ。冷蔵庫の温度と常温の差である15℃が、加熱し始めるときのフライパンの温度200℃に影響を与えると本当に思っているの? 私はバーベキューをするときのように400℃近い温度について話しているのではないんだ!
肉が硬くなるのは、中までよく焼けるのを待っている間に表面が焼けすぎるから。ヒートショックとは何の関係もない。
冷蔵庫から出したばかりのステーキ肉をレアに焼くためには、肉の温度は5℃(冷蔵庫の温度)から50℃(レアに焼けた肉の温度)まで変化するので加熱による温度差は45℃だ。肉をあらかじめ常温、

すなわち20℃にしておくと、加熱による温度差は30℃。したがって、加熱時間はより短くなり、中まで火が通りながら、表面が焼けすぎることを避けられ、肉はより柔らかく、よりジューシーに焼ける。これが、肉をあらかじめ冷蔵庫から出しておく唯一の理由!

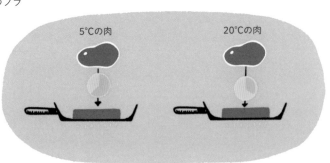

肉をあらかじめ冷蔵庫から出しておけば、
ソテーする時間は短くなる。

ではやはり、肉は加熱するかなり前に常温に戻しておく必要があるの?

ある人は「30分前に出しておきなさい!」と言い、またある人は「少なくとも焼く1時間前には出しておいたほうがいい……」と言う。そうだろうか? 冷蔵庫から出してどれくらいの時間で肉の温度が常温になるか、温度計で確認すればいいだけのことでは? よし、用意はいいね。やってみよう。

200gの上方腹部肉（カイノミ）は肉の中心部が20℃になるのにおよそ2時間かかる。4cmの厚みの牛のあばら肉なら4時間、直径7cmのロースト肉なら5時間でも十分ではない。肉をあらかじめ出しておくのはいいが、30分前では何の役にも立たない……。

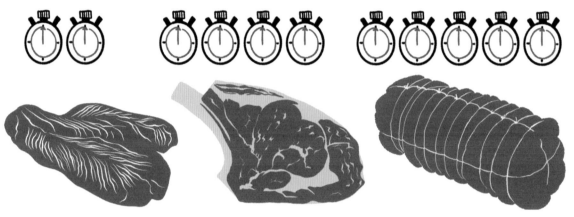

上方腹部肉（カイノミ）は2時間。　　牛のあばら肉は4時間。　　牛のロースト肉は5時間以上。

冷蔵庫から出すタイミングは肉の厚みで決まる?

加熱に長い時間がかかる大きな塊肉（丸鶏、羊のもも肉など）は、熱が中心部まで浸透する速度が非常にゆっくりで、加熱を始めるときに受ける15℃の温度差は肉の柔らかさやジューシーさに何ら影響しない。加熱時間が数分長くなるだけだ。いずれにしても、若鶏や羊のもも肉は中心部まで常温になるのに6〜7時間はかかる! そんなに長く常温に放置しておけば、細菌に汚染されてしまう危険がある。だから、加熱前に冷蔵庫から出しておくのはやめたほうがいい。しかし、薄い切り身（ステーキ肉や薄切り肉など）は加熱時間が非常に短いから、事情は異なる。この場合は、中心部に火が通るころに表面が焦げてしまわないように、肉の中の温度が高くなっていることが絶対に必要だ。肉の中心部が常温、すなわち20℃に近い温度になっているよう、そしてレアに焼くのに温度差が30℃以上にならないように、薄い切り身の肉は加熱する2時間前に冷蔵庫から出しておく必要がある。

プロの裏技

私の友人トーマスは、大きな塊肉をちょっと変わった方法で加熱する。でも最高のできばえになるのはなぜだろう?

長年、化学と料理の研究を続けている専門家のトーマスの加熱方法は常識的な方法とはまったく違うが、いつも最高の焼け具合に仕上がる。牛の大きな塊肉の場合は、大きなヒートショックを与えてから、ゆっくり加熱する。

1)トーマスはロースト肉や大きな塊肉を冷蔵庫から出すとそのまま高温に熱したココット鍋に入れる。肉の表面はすぐに温度が上がり、一瞬でこんがりと焼き色がつくが（ちょうど肉を常温に戻して焼いたときのように）、肉そのものは冷たいため、肉の表面のすぐ下の温度はなかなか上昇しない。だから、強火で加熱しすぎる部分は最小限ですむ。せいぜい0.5mmだ!

2)次に肉をココット鍋から取り出し、数分間、休ませる。

3)火を70℃前後に弱めてから、ロースト肉をココット鍋に戻し、蓋をして中心部がちょうど良い温度になるまで加熱する。ひと言で言うと、肉に素早く焼き色をつけた後、加熱温度を下げて、仕上げる。その結果は最高!

COUVRIR OU NE PAS COUVRIR ?
蓋をする？ それともしない？

蓋をする必要がある？ ない？ 蓋をして、後で蓋を取る？ それとも、その反対？ それとも両方？ フゥ——、どうすればいいか誰も知らない……。でも、この質問に対しては、ごくシンプルな説明ができる。

蓋をするのはなぜ？

蓋をして加熱することには次のような長所がある。

蓋をすると、鍋やフライパンの中の食材から出る水分が逃げないで鍋の中にとどまる。湿った環境の中で加熱されるため、ほとんど乾燥しない。

その一方で、湿った空気は乾燥した空気より熱をずっと良く伝えるため、湿った空気の中では速く火が通る。オーブンでの加熱がそのいい例だ。

しかし、蓋をして加熱することの短所もある。それは、食材が「湿っている」ため、焼き色がなかなかつかないことだ。

蓋をしないのはなぜ？

蓋をしないと、汁は蒸発し、食材から出る水分も逃げ、加熱に時間がかかる。

長所は、食材が乾燥するため、焼き色がつきやすいことだ。

しかし、大きな塊肉の場合は注意が必要だ。肉の中心部が焼けないうちに、表面は焼けて、すぐに乾燥してしまう。この問題を避けるために、高すぎない温度で加熱する必要がある。

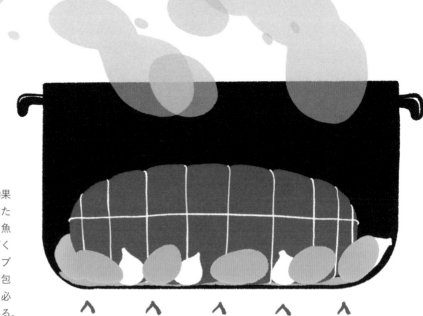

上手な作り方

魚のフィレを紙で包む必要があるのはなぜ？

紙で包むと蓋をした鍋のような効果があり、魚のフィレは非常に湿った環境の中で加熱される。そのため、魚がパサパサにならない。香草、ごく小さく切った野菜、数滴のオリーブオイルなどを添えても良い。紙に包んで加熱するのは焼き色をつける必要のない魚の姿蒸しにも適している。

蓋をしないで加熱すると蒸気が逃げるため、
食材に焼き色がつき、美味しい焼き汁もできる。

野菜ソテーは、蓋をする
必要がないのはなぜ？

野菜ソテーで大事なことは、サッと炒めて表面に焼き色をつけると同時に中まで素早く火を通すことだ。野菜のシャキシャキ感を損なわないように、必ず、中火から強火で加熱し、野菜の表面に含まれる水分を蒸発させる必要がある。したがって、蓋をしない。

でも、野菜のロースは
加熱始めに蓋をするのはなぜ？

オーブンで野菜をローストする場合は、乾燥することなく熱が野菜の中までしっかり火が通るように、加熱始めにアルミホイルで包む必要がある。中まで火が通ったら、アルミホイルを外す。そうすると、蒸気が逃げ、オーブンの熱くて乾燥した空気の中で野菜に焼き色をつけることができる。

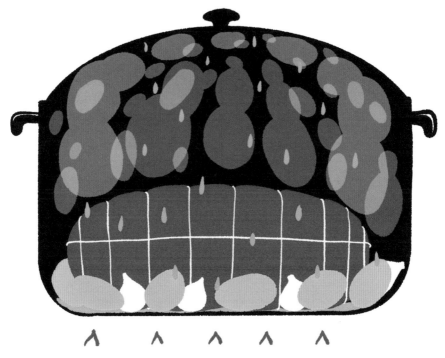

蓋をして加熱すると、調理器具の中に蒸気が留まる。
湿った空気の中で食材にゆっくり火が通る。

ちょっと深掘り！

肉の部位によっては、
まずは蓋をしないで加熱して、
後で蓋をする必要があるのはなぜ？

牛の大きなあばら肉は乾燥させないように弱火で加熱する必要がある。そこで、初めは強火で肉のすべての面に焼き色をつけ、風味を引き出してから火を弱め、蓋をして、ジューシーさを保ったまま、肉の中心部まで熱をゆっくり浸透させる。この方法だと、肉はパサパサにならずに中まで火が通る。

ローストビーフやポーク、チキンは
初めは蓋をしないで、次に蓋をし、
その後、また蓋を取るの？

蓋をしないココット鍋で肉や立派なローストチキンの表面に焼き色をつけた後、中心部の水分が逃げて肉がパサパサにならないように蓋をする。
中まで火が通ったら蓋を取り、肉の表面の水分を蒸発させて、カリッとさせる。

LES VIANDES SAUTÉES
肉のソテー

普通、肉のソテーはソテー鍋で加熱し（だが、フライパンでソテーしても非常にうまくいく）、肉のポワレはポワロン（小型の片手鍋）で加熱する。

あー、フランス語のなんとややこしいこと！　まあ、とにかく、肉をソテーするとどんなことが起こるか見ていこう。

冷蔵庫から出しておいた肉を拭く必要があるのはなぜ？

冷えた肉を風通しの良い場所に置いておくと、空気の湿気が肉の表面で凝結し、水の膜ができる。この水気は絶対に拭き取る必要がある。さもないと、肉はこんがり焼けるどころか、この水で煮えることになる。

肉に残っている水気が底に溜まって、
きれいに焼けるのを妨げる。

上手な焼き方

フライパンに一度にたくさんの肉を入れてはいけないのはなぜ？

フライパンの底を焼きたい肉で覆い尽くせば、大失敗するだろう！　説明しよう。

1) フライパンの中に肉の切り身をたくさん入れれば、フライパンの温度が下がり、肉に含まれる水分がすぐには蒸発しない。肉はカリカリに焼けるどころか、ぶよぶよになる。

2) 肉の切り身がくっついていると、水分が蒸気に変わっても逃げるスペースがない。そのため、肉はこんがり焼けないで、蒸気で加熱されることになる。

肉をソテーしながら、焼き汁をかける必要があるのはなぜ※？

フライパンまたはソテー鍋の中あるいはグリルの上では、肉は下側しか焼けない。非常に熱い焼き汁をかければ、肉の上側にも火が通る。そうすれば、肉の下側と上側で火の通りにむらがあまりできない。知っておくべき素晴らしい秘策、それは、フライパンの底にある焼き汁をかき集めて肉の上におく。

その結果、肉はぐんと美味しくなる！

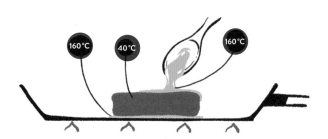

焼き汁で肉の上側にも火を通せば、風味も増す。

肉を加熱するとパサパサして硬くなるのはなぜ？

加熱している間に、肉に含まれる水分の一部が蒸発する。これは本当だが、肉が乾燥するのはそれだけが理由ではない。肉を熱すると、あるタンパク質が凝固し、網のようなものを形成しながら互いに結びつく。さらに熱し続けると、また別のタンパク質が凝固し、第二の網を形成する。こう

して次々と網が形成され、肉の中の水分は網の中にしっかりと閉じ込められる。こうなると、噛んでもほとんどジューシーさを感じられない。実際は、非常に良く焼けた肉にもあまり焼けていない肉と同じくらい肉汁があるのだが、感じられないだけだ。

ステーキを焼く前に、フライパンまたはグリルを熱くしておく必要があるのはなぜ？

肉は、実際のところ70％が水分だ。学校の授業で習ったことをちゃんと理解していれば、水をいくら熱しても100℃以上にはならないことを知っているはず。したがって、フライパンが200℃に熱せられていたとしても、肉に含まれる水分がステーキの表面を120〜130℃以上にするのを妨げる。非常に熱くなったフライパンまたはグリルにステーキ肉を置いても、肉がフライパンまたはグリルを冷やす。あまり急激にフライパンが冷えないようにするために、最初にフライパンを非常に熱くしておく必要がある。

美味！

肉を焼くと、白い煙が出るのはなぜ？

それはごく単純なこと。肉には、他のあらゆる食材と同様に、たくさんの水分が含まれている。熱すると水分の一部が蒸気に変わる。この蒸気は、しばしば、たくさんの匂いをもった芳香成分を道連れにする。肉を焼くと、いい匂いのする白い煙が立ち込めるのはそのためだ。

C.Q.F.D.／証明完了！

では、肉を焼くとあちこちに飛び散るのはなぜ？

天板またはフライパンの底に脂があると、肉から出た水分と脂が接触して爆発し、あちこちに飛び散るのだ。

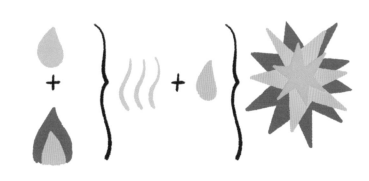

LES VIANDES SAUTÉES
肉のソテー

C.Q.F.D.／証明完了！

肉をソテーするとき、ひっくり返すのは1度だけと考えられていることが馬鹿げているのはなぜ？

「肉をひっくり返すのは1回だけ！」と書かれているレシピをよく見る。そこで、私は確かめてみた。厚さ6cmのヒレの丸い切り身を厚さ3cmのもの2枚に切り、同じフライパンで同時に焼いた。1枚は30秒ごとにひっくり返し、もう1枚は焼き始めてから3分後に1回だけひっくり返した。

中心部が50℃に達したとき、2枚ともフライパンから取り出した。その結果、次のことが分かった。

第一に、1回だけひっくり返した肉の中心部が、もう一方の肉の中心部と同じ温度になるのに、42秒長く時間がかかった。

第二に、2枚のヒレ肉の焼き方の違いを確かめるために、両方とも半分に切ってみた。その結果には決定的な違いがあった。同じレベルのレア、つまり中心部が50℃になったとき、1回だけひっくり返した肉❶は、焼けすぎで、上側も下側も5mm以上の層（これは肉全体の厚さの半分以上だ）が非常にパサパサしていた。ところが、30秒ごとにひっくり返した肉❷はパサパサしている層は上側も下側も1mm足らずだった。

1回だけひっくり返すのが良いか、何度もひっくり返すのが良いかという実験の結果は一目瞭然だ！

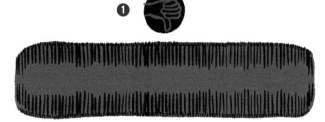

1回だけひっくり返した肉は、焼けすぎの分厚い層ができる。

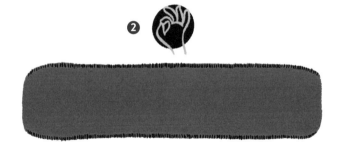

30秒ごとにひっくり返した肉は焼きすぎの層は非常に薄い。

何度もひっくり返す方がいいのはなぜ？

肉の中に熱が伝わるのは、主に肉に含まれる水分を介して行われる。水分がなければ熱は伝わらない（あるいは、ほんの少ししか伝わらない）。肉が加熱されると、フライパンに接する面の水分が蒸発して失われ、乾燥する。乾燥すればするほど、熱は伝わらない。そのため、肉の中心部まで熱が伝わるのにより長く加熱する必要がある。その結果、肉は焼けすぎになる！

けれども、何度もひっくり返せば、表面は乾燥する暇がなく、水分によって熱は中心部まで速く伝わる。加熱時間も短くなるから、焼けすぎの層も減る。

肉を焼いた後に休ませると
最高の仕上がりになるのはなぜ？

肉を焼くと表面が乾燥して固くなる。焼いた後に休ませれば、乾燥した部分が、まだ肉の中心部に残っている水分を吸収して湿り気を取り戻し、再びジューシーになる。肉汁は少し冷めると粘り気が出て、肉を切ったときに流れ出にくくなり、噛んだときにジューシーさを感じられる。

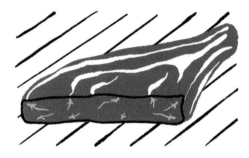

休ませている間に、肉汁がいき渡り、
粘り気が出てくる。

まちがいだらけの常識

焼き汁をかけても肉が
潤うわけではないのはなぜ？

肉が潤うには、上にかける焼き汁が肉の内部まで浸透する必要がある。だが、残念なことに、焼き汁は肉の内部には浸透しない。マリネ液について学んだように、焼き汁が肉の内部に2〜3mm浸透するのに数日かかる（「マリネ」の項、P.180参照）。だから、分かるだろう、数分では肉の中には何も入っていかない！

フォークを突き刺して肉をひっくり返しても、
肉汁は逃げない？

「焼いている間に、フォークで肉を突き刺してはダメ、肉汁が逃げるから！」こんなくだらない忠告を何回聞いたことだろう？　そんなことを言う人は、肉には水分がたっぷり含まれているから、ほんの小さな穴からでも肉汁が全部逃げ出すと考えているのだろう。焼き皮の中には焼き汁が閉じ込められているから、焼き皮をつついたら肉汁が逃げ出すと思っている。彼らの理論によれば、肉を突き刺すと、肉汁が噴き出すに違いない！　しかし、そんなことはまったく起こらない。肉はたくさんの筋繊維が管のように集まってできている。フォークで肉を突き刺すと、数本の筋繊維を突き刺していることになるが、突き刺された繊維の数は全体に対してごくごくわずかにすぎない。あまりにわずかで測定さえできないほどだ。肉をひっくり返すのは自分が良いと思う方法ですればいい。どのようにひっくり返しても、厳密には何も変わりはない。

休ませた後、
少し熱する必要が
あるのはなぜ？

肉を休ませると、乾燥してカリカリになっていた表面は湿り気を取り戻し、たるんでくる。肉を再びサッと加熱すると、美味しいカリッカリの焼き皮に戻すことができる。したがって、肉の両面を数秒間、熱したフライパンの上に置く。これぞ一流シェフの秘策だ……。

焼き皮が肉汁を閉じ込めていないのはなぜ？

それは単に、焼き皮は不透過性ではないし、肉汁は筋になった焼き皮の裂け目から流れ出ることができるから。そのことを確かめるのはきわめて簡単だ。焼いた後に、肉をアルミホイルに包んで休ませると、底に肉汁が溜まる。この肉汁は焼き皮を通って出てきたものだから、焼き皮は不透過性ではない。

LES VIANDES BRAISÉES
肉のブレゼ（蒸し煮）

いや、違う。肉のブレゼはブレーズ（炭火）の上で焼いた肉のことではなく、適度な蒸気で蒸した肉のこと。

鉄製やステンレス製のココット鍋の底に野菜を敷き詰める必要があるのはなぜ？

肉を鍋の底にじかに置いてしまうと、鍋底に接している部分だけが、ソテーしたようにすぐに焼けてしまい、他の部分にはなかなか火が通らない。しかし、鍋の底に野菜を敷き詰め、その上に肉を置けば、熱源に直に接する部分がないため、肉全体が蒸気で加熱される。

ブレゼは蒸気で加熱すること。
鍋の底に野菜を敷き詰めれば、肉が液体の中で
煮られる状態になるのを避けることができる。

……そして、液体も少々加える？

ブレゼの原理は、肉の下に敷き詰められた野菜から出る水分と加えたわずかな液体（フォン、ブイヨン、ワインなど）で肉を加熱すること。この水分と液体が蒸気に変わり、蓋の方に上って圧縮され、再び液体になって落ちながら肉に注がれる。このプロセスで肉にあらゆる風味が加わる。このように湯気の立ち込めた湿った環境のため、肉汁がたくさん失われるのを防ぎ肉も柔らかくなり、溶けたコラーゲン組織によって美味しいソースもできる。

上手な作り方

肉をブレゼするには、鉄製やステンレス製でなく、鋳鉄製のココット鍋でないとダメなのはなぜ？

弱火でコトコト煮るには鋳鉄製の鍋が理想的だ（「鍋・フライパン類」の項を参照）。鉄製やステンレス製の鍋は強火でサッと加熱するのには適しているが、ブレゼするにはふさわしくない。肉を上手にブレゼするために、ふさわしい鍋を手に入れる出費を惜しんではいけない。鋳鉄製鍋を選べば、最高の仕上がりになる。

ここに注目！

美味しいブレゼ肉を作るには、長時間じっくりと煮込む必要があるのはなぜ？

コラーゲン（またもコラーゲン）が分解するには非常に時間がかかる。完全に分解され、非常に風味の高いアミノ酸が液体の中に出てくるまでには数時間かかる（P.126「肉の硬さと柔らかさ」の項を参照）。

❶ 加熱温度は60℃を超えるくらいの温度がちょうどいいのはなぜ？

コラーゲンは55℃前後で溶け始める。この温度は加熱するのにはパーフェクトな温度だが、微生物（細菌）は60℃以上でないと死なない。したがって、加熱する温度は少なくとも60℃に達している必要があるが、それ以上の高温だと美味しさは得られない。気をつけてほしいのは、60℃というのは肉の温度のことでオーブンの設定温度のことではないということ！ オーブンは120℃がパーフェクトだ。

もうひとつ気をつけて欲しいのは、豚肉の場合はあらゆる寄生虫を死滅させるために80℃以上の温度で加熱しなければならないこと（「肉の品質」の項、P.120参照）。その場合は、オーブンの温度を140℃に調節する。

オーブンの中では、ココット鍋は上からも、下からも、側面からも熱せられる。

❷ オーブンでブレゼすると、素晴らしい仕上がりになるのはなぜ？

肉をムラなく加熱するには、上側も下側も側面も熱する必要がある。ココット鍋をコンロの上に置けば、熱は下からしか当たらない。ところが、オーブンではあらゆる側面から、鍋の蓋からさえも熱が当たる。

そうして、ムラなく火が通る。

コンロの上では、ココット鍋は下からだけ熱せられる。

上手なブレゼの仕方

ココット鍋に目張りをするのが望ましいのはなぜ？

ココット鍋の中の湿気が失われると、肉は乾燥し、ソースは煮詰まって焦げるリスクがある。小麦粉、卵白、水を混ぜ合わせたもので鍋と蓋のすきまに目張りをすれば、蒸気が逃げるのを防ぎ、肉にはパーフェクトに火が通る。

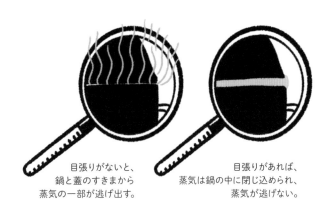

目張りがないと、鍋と蓋のすきまから蒸気の一部が逃げ出す。

目張りがあれば、蒸気は鍋の中に閉じ込められ、蒸気が逃げない。

LES VIANDES POCHÉES
肉のポシェ（茹で煮）

肉のポシェは液体の中でゆっくりと丁寧に加熱すること。簡単に思えるかもしれないが、いろいろな技がある。

肉をポシェする前に
下茹でするのは無駄なの？

昔はそうしていた。冷蔵庫がなかったため、肉はしばしば傷んだり、腐ったりしていたからだ。下茹では、肉を洗って嫌な味がブイヨンに移らないように取り除く意味がある。今は、肉は冷蔵庫で適切に保存されるようになったため、この習慣はない。ポシェする前に下茹でする必要はない、それは中世の習慣！

でも、ポシェする前に
肉をこんがり焼くのはなぜ？

ポトフを作るときは、ポシェする前にフライパンで肉をこんがり焼く料理人もいる。肉に風味がつき、その結果、ブイヨンに風味が加わるので、これは良い考えだ。もっと良いのは、ポシェするのに使うココット鍋で肉をこんがり焼き、次にブイヨンを肉の高さまで注ぎ入れ、その後、野菜を入れて蓋をすることだ。ココット鍋の底にこびりついた肉の焼き汁が少しずつ剥がれて、ブイヨンにたくさんの味がつく。

あらかじめこんがりと焼いた肉の焼き汁が
ブイヨンに風味をもたらす。

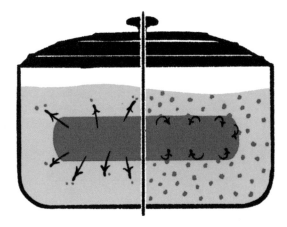

有名シェフの秘訣、それは肉は絶対に水ではなく
ブイヨンでポシェすること。

上手な作り方

肉は水ではなく、必ずブイヨンで
ポシェするべきなのはなぜ？

肉のフォンを準備するとき、肉と野菜を水の中に入れて数時間加熱すると、風味が水の中に移ってフォンになる。
水で肉をポシェすれば（野菜を入れたとしても）、まったく同じ原理で肉の大部分の風味は水の中に移ってしまう。それではまったく意味がない。
では、どうすればよいだろう？
最も重要なことは、加熱中に肉の風味が損なわれないようにすること。風味を損なわないためには、ポシェする液体がすでに風味で満ちあふれ、新たに風味を受け入れないことが必要だ。そうすれば、肉は美味しさを失わない。したがって、肉は、ポトフと同じように、必ずブイヨンの中でポシェすること。絶対に、水の中でポシェしてはいけない！

ポシェする液体の中でコショウを加熱してはいけないのはなぜ？

すでに何度も何度も話してきたが（「コショウ」の項、P.45参照）、繰り返そう。コショウは液体の中で長く加熱されると煎じられ、苦く、えぐくなる。それを確かめるには、少しの水の中にコショウを数粒入れて20分間加熱するだけで十分証明されるだろうが、ちゃんとした香辛料店ならそのことを教えてくれるに違いない。いずれにしても、コショウの風味が肉の中に浸透するなどと思わないほうがいい。だから、コショウは最後にふること！

ポシェの液体にコショウを加えては
絶対、絶対、ダメ！

鍋の素材が重要なのはなぜ？

鋳鉄製のココット鍋と鉄製のココット鍋では肉に熱を伝える仕組みが異なる（「鍋・フライパン類」の項、P.27参照）。鋳鉄は熱を吸収した後、鍋の底からも側面からも、肉のあらゆる面にゆっくり熱を伝える。鉄は熱を吸収しないため、受けた場所からだけ熱を伝えるだけだ。唯一の場所、つまり鍋の底だけが急激に熱くなる。したがって、鋳鉄製鍋でポシェするか鉄の鍋でポシェするかによって、その仕上がりはまったく違ってくる。非常に美味しいポシェにしたいなら、鋳鉄の鍋を選ぶこと！

鍋のサイズも仕上がりに影響するの？

すでに学んだように、肉をポシェするときに重要なのは、茹で汁の中にできるだけ風味が逃げないようにすること。茹で汁が少なければすぐに風味でいっぱいになるため、肉は風味をとどめることができる。茹で汁が最小限ですむように、鍋のサイズは並べた肉よりほんの少し大きい程度で十分だ。

鍋が大きいと、液体がたくさん入り、
肉はより多くの風味を損なう。

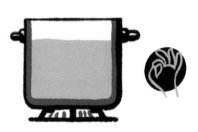

鋳鉄製のココット鍋は熱を
あらゆる面に伝える。

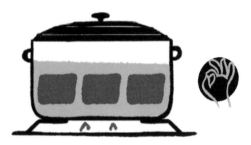

鍋が小さければ、液体は少ししか入らないため、
肉は風味をあまり損なわない。

LES VIANDES POCHÉES
肉のポシェ（茹で煮）

プロ並みのポシェを作るための3つの疑問

❶ 茹でるのは、冷たい茹で汁から始めても、熱した茹で汁から始めても変わらないのはなぜ？

肉は熱したブイヨンの中に入れると、「収縮して風味がより多く保たれる」とよく言われるが、それは馬鹿げている。その論理は根本から間違っている！水から茹でても、湯から茹でても結局、肉は収縮すれば肉汁を絞り出す。したがって風味も一緒に絞り出される。そういうこと。それでも、ある科学者たちが、冷たい茹で汁で加熱し始めた場合と、熱い茹で汁で加熱し始めた場合とで何か違いがあるか確かめてみた。まず肉片を2つに切り、ひとつは沸騰した湯の中に、もうひとつは冷水の中に入れる。そし

て、それぞれ20時間加熱し、その間、15分ごとに取り出して重量を測り、観察した。
その結果は決定的なものだった。2つの肉片は、加熱し始めてから15時間はまったく同じ重量だけ減っていたが、15時間後から20時間までは、熱湯で加熱し始めた肉のほうが重量がより多く減った。ところが、食感や風味、ジューシーさは、湯から加熱し始めた肉も、水から加熱し始めた肉も、何の違いもなかった。

❷ 肉は沸騰したり、表面が軽く揺れたりしない温度でポシェする必要があるのはなぜ？

鍋の中で沸騰している湯を見たことがあるだろう。大きな気泡が表面に上がってきて、あらゆる方向に揺れ動いている。沸騰した液体の中で肉をポシェすれば、気泡が肉からごく小さな小片を少しずつ剥がして表面に浮き上がらせる。すると、これらの肉片は溶けた脂と気泡中の空気と混ざり合って白い泡に

なる。この泡のことは「灰汁」とも言われる（「フォンとブイヨン」の項、P.189参照）。しかし、沸点以下の温度でポシェすれば、液体が揺れ動くのを最小限に抑えられ、肉片はあまり剥がれないため、表面に泡となって浮き上がることもあまりなく、素晴らしい仕上がりになる。

❸ 鍋に蓋をする必要があるのはなぜ？

鍋に蓋をすると、蒸気に変わった液体が鍋の中に閉じ込められ、肉の上に再び落ちて肉に風味をもたらす。さらに、蓋をしなければ、蒸気は鍋から逃げるので、液体の量が減って肉が液体からはみ出してしまい、はみ出した部分が乾燥する。そうなると、ブイヨンに水を足さなくてはならず、ブイヨンが薄くなり、肉の風味がブイヨンの方に出てしまう。だから、ポシェするときには蓋をしよう！

ブイヨンの表面に
できる泡は
灰汁ではないの?

まずは「灰汁」という言葉の定義を知っておく必要がある。「灰汁」とは、熱せられて揺れ動く液体あるいは発酵した液体の表面にできる多少とも不純物を含んだ白い泡の塊のことだ。したがって、灰汁があるということは不純物がなければならない。しかし、野菜を泥つきのまま入れたり、清潔でない場所に放置しておいた肉を入れたりしない限り不純物は入らない。不純物がないのなら、灰汁が出来ることはない。そもそも、ニンジンのピューレを作ったり、牛のあばら肉を料理するとき、不純物はどうしている?

何もしていない。そう、不純物などないからだ。そして、不純物がないのなら、灰汁はない。あるのは泡だ。

でも、その泡は
やはり取り除く必要が
あるのはなぜ?

泡ができたとしたら、それは高すぎる温度で肉をポシェしたから。泡ができてしまったら、やはり、取り除く必要がある。ブイヨンの中に拡散している泡は苦くて、えぐいから。

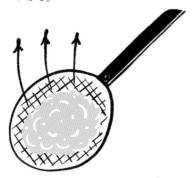

卵白、野菜、ひき肉で
ブイヨンを澄ませる必要があるのはなぜ?

「フォンとブイヨン」の項ですでに説明したが、重ねて言う。ブイヨンを透明にするには、卵白だけで十分に効果がある。しかし、ブイヨンを澄ませるときには風味も一緒に少し取り除かれてしまう。そこで、ブイヨンの旨味を減らさず、損なわれた風味を補うために、細切れの野菜とひき肉を加える。

でも、卵白を使ってブイヨンを澄ませるのは
時代遅れなの?

そもそも卵白を使ってブイヨンを澄ませるのは、どんなに小さな肉片や野菜くずも取り除いて、透き通った液体にするため。しかし、今日では、どんなに微細な肉片も完全に取り除いて、ブイヨンを完璧な透明にすることのできる非常に目の細かい布製濾し器もある。もし卵白を使って澄ませるのが面倒なら、濾し器を買うといい。

どんなに小さな肉片や野菜くずも
取り除くために、濾し器の中に
濾し布を敷くといい。

肉のポシェは食べる前日に調理するほうが
いいのはなぜ?

肉に含まれているコラーゲンは加熱するとゼラチンに変わり、自身の重量の何倍もの液体を吸収するという特徴がある。ポシェした肉を一晩寝かせると、肉はブイヨンを少しずつ吸収し続けて、一層ジューシーになる。前日に調理したポトフがいつも最高に美味しいのはそのためだ。

LA CUISSON DU POULET
若鶏の加熱調理

若鶏をオーブンでローストしたり、串に刺して焼く様子は何度も目にするため、どうすればうまく焼けるか知っていると思っているだろう。でも、はっきりさせておきたいことが幾つかある!

知っておくべき情報

ローストする前の若鶏に
コショウを絶対にふりかけては
いけないのはなぜ?

鶏の皮は外敵による攻撃から身を守るための不透過性保護膜だ。若鶏を焼いている間に、(塩とまったく同じように)コショウは皮を通過しないで、表面に留まっている。また、コショウは140℃以上の熱で加熱されると焦げて(「コショウ」の項を参照)、せっかくの美味しい皮が苦くなる。だから、コショウは加熱前にふりかけないこと。

若鶏のローストは、一方のもも肉を下にして
焼き始めて、次にもう一方のもも肉を下にして
焼くというのはおかしい?

ココット鍋で焼く場合は、それでうまくいく。もも肉を下にすれば、熱源に直に接するもも肉から火が通るが、むね肉には始めは火が通らない。オーブンでローストする場合は、それは何の意味もない。オーブンだともも肉にもむね肉にも同じ強さの熱が当たる。それでは、むね肉は焼けすぎでパサパサになる。だから、オーブンで焼く場合、それは当てはまらない。

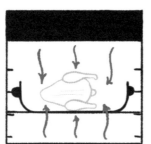

ココット鍋の場合、
最初に火が通るのはもも肉だけ。

オーブンでは、もも肉にも
胸肉にも同時に火が通る。

詰め物が
ローストチキンに風味を
もたらさないのはなぜ?

マリネ液が若鶏の肉の中を2～3mm浸透するまでに10時間ほど必要なのに(「マリネ」の項、P.180参照)、もっと短い時間で詰め物の味が浸透すると思う? 冗談だろう! とりわけ、詰め物と肉の間には胸郭の骨がたくさんある。詰め物の風味がこれらの骨を通り抜けることができると思う? ウ——ン、はっきり言って……無理。

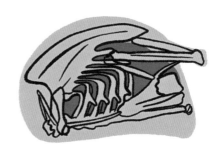

若鶏をローストするのは
串刺しが一番とは
限らないのはなぜ?

串刺しのローストとは、精肉店のショーウインドーの前で立派な若鶏を回転させながら焼いているあれだ。でも、そのむね肉はきっと焼けすぎでパサパサになっている。なぜなら、むね肉はもも肉や手羽肉よりずっと早く火が通るのに、串がぐるぐる回転しているため、むね肉も他の部位と同じ強さの熱を受ける。串刺しで上手に焼くには、ほとんどの時間、背中を熱源に向けて、串が回転するのを止めておく必要がある。そうすれば、むね肉にはよりゆっくり火が通り、柔らかく、ジューシーに焼き上がる。

鶏のむね肉が乾燥しやすいのはなぜ？

鶏のむね肉には脂がほとんどないため早く火が通る。反対に、その他の部位の肉は脂が多くコラーゲンが含まれているため、より長く加熱する必要がある。要するに、むね肉に火を通すのは、他の部位の肉より20分短くする必要がある。

若鶏をローストするときは、むね肉を上にするのではなく、むね肉を下にして調理皿におくべきなのはなぜ？

むね肉を上にして置けば、オーブンの火をじかに受けることになる。一方、横の位置にあるもも肉には火がゆっくり通る。むね肉は早く火が通って乾燥し、もも肉や手羽肉はゆっくり熱が伝わるのだから、これではダメだ！

これを解決するには、鶏をできるだけオーブンの高い位置に置き、むね肉を下にする。こうすれば、火が通るのに時間がかかる部位はオーブンの熱をじかに受け、むね肉にはゆっくり火が通る。

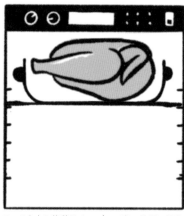

ローストする若鶏はオーブンの高い位置に置き、むね肉を下側にする。

若鶏のローストは加熱が終わった後に休ませてはいけないのはなぜ？

加熱が終わった後に若鶏のローストを休ませれば、大惨事になるだろう。休ませている間に、肉汁が肉の中に広がり、皮は肉汁の一部を吸収してぶよぶよになる。カリッカリの美味しい皮にお別れだ！

タイミングが重要だ。加熱終了の15分前に若鶏のロースト肉をオーブンから取り出して休ませる❶。次に、非常に高温のオーブンに若鶏を戻し入れて加熱を仕上げ、もう一度皮をカリカリにする❷。

若鶏の皮には何も注いではいけないのはなぜ？

若鶏の皮は乾燥するとパリッパリになる。焼いている間に、水またはブイヨンを注げば、皮に湿り気を与えることになる。湿り気ということは……。説明の必要がある？ 若鶏の皮に注いでもいい唯一のものは脂だ。脂には水分が含まれていないから、カリッカリになる。

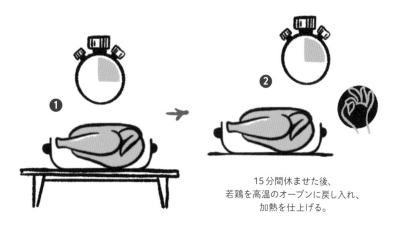

15分間休ませた後、若鶏を高温のオーブンに戻し入れ、加熱を仕上げる。

TERRINES ET PÂTÉS
テリーヌとパテ

テリーヌもパテも同じようなものだと思われやすい。しかし、「家禽のテリーヌ」や、「狩人のテリーヌ」、あるいは「日曜日のパテ」など、種類はさまざま。パテとテリーヌを十把一絡にしてはいけない！

テリーヌとパテの違いは何？

テリーヌとパテの違いについては、さまざまなことが、さまざまな媒体に書かれている。たとえば、材料のみじん切りのサイズが違うとか、肉の質が違うとか、加熱時間や加熱方法が違うとか……。そんなことより、これらの言葉の語源を理解すれば十分だ。「パテ（pâté）」とは「パート（pâte）」（パイ生地）に調理した材料を包んで加熱したもので（pâte>pâté）、テリーヌは同じ材料をパイ生地に包むのでなく、陶器のテリーヌと呼ばれる容器に入れて加熱したものだ。

ではなぜ、テリーヌを焼くときにパイ生地で包むことがあるの？

元来、パイ生地はテリーヌを保存するために使うシンプルなパン生地だった。このパン生地は加熱した後の詰め物のジューシーさを保つという利点もあった。次第に、菓子職人がアイディアを膨らませ、折り込みパイ生地やブリオッシュ風のパイ生地など、さまざまに工夫したパイ生地を使うようになった。今日では、彫刻のようなパイ生地さえある。

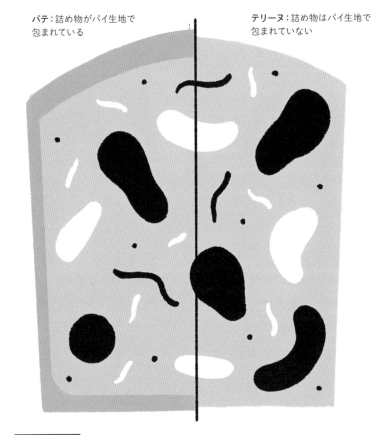

パテ：詰め物がパイ生地で包まれている

テリーヌ：詰め物はパイ生地で包まれていない

「肉を塩漬けする」必要があるのはなぜ？

「肉を塩漬けする」とは「加熱する48時間前に肉に塩をふる」という意味だ。これは、仕組みは分からないものの、詰め物を乾燥させないために非常に古くから行われていた方法だ。今日、私たちは食材に塩をふれば何が起こるか知っている。24時間あれば、塩は肉の深部まで浸透して肉に含まれるタンパク質を変性させる時間がある。その結果、タンパク質は加熱してもあまりねじれなくなり、肉汁は押し出されない。そして、詰め物はジューシーさを保つことができる。

テリーヌは楕円形の型に入れて焼くのを避けるべきなのはなぜ？

楕円形の容器は、中央と両端で幅が違う。テリーヌの中央に詰め物がたくさん集まるため、中央と両端で火の通りが違ってきてしまう。

均等に仕上げるならテリーヌのどの面も均等な幅と厚みになるように、長方形の容器を使うこと。

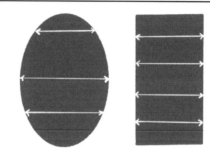

楕円形の容器では、中央と両端でテリーヌの幅と厚みが異なるが、長方形の容器なら、どの部分も同じになる。

160℃に熱したオーブンでテリーヌを湯煎鍋に入れて加熱するのに意味がないのはなぜ？

元来、テリーヌは薪用かまどで焼いていたが、薪では温度を正確に調整できないため、テリーヌの入った容器を湯煎鍋に入れていた。かまどの温度が400℃まで上昇しても、水は100℃以上にはならないことを知っていたからだ。160℃のオーブンで湯煎鍋に入れたテリーヌを加熱するのは意味がない。なぜなら、テリーヌの底は100℃で加熱されるのに、テリーヌの上側は160℃で加熱されるから。湯煎鍋に入れるなどという馬鹿げたことはしないで、120〜140℃に熱したオーブンの中に直接、入れること。そのほうがずっと美味しくできる。

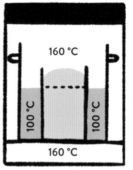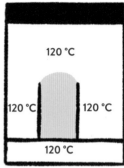

湯煎にかけないほうが、むらなく焼ける。

プロの作るパテについての3つの疑問

❶ パテのパイ生地に蒸気穴を一つあける必要があるのはなぜ？

加熱中に詰め物は水分を少し失い、それが蒸気になる。この蒸気がパイ生地の中に閉じ込められると、パイ生地が柔らかくなってしまう。1つか2つ穴をあけておけば、蒸気が外に逃げることができ、パイ生地はパリパリのままになる。

❷ 蝶つがいのついた型を使うほうがいいのはなぜ？

パテを包んでいるパイ生地は崩れやすいため、型から取り出すときに崩れないよう、分解できる型を使ったほうがいい。

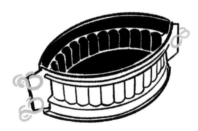

❸ パテの中にゼリーを入れるのはなぜ？

加熱中に膨らんだパテの詰め物は、冷めると収縮して不格好な隙間ができる。普通、焼き上がった直後に乾燥を防ぐため、詰め物とパイ生地の間にゼリーを蒸気穴から少し入れる。次に、詰め物の形が整ったら常温におき、さらにもう少しゼリーを加える。

LA CUISSON DES POISSONS

魚の加熱調理

蒸す、ソテー、ベニェ（衣揚げ）など、魚の加熱方法はいろいろあるが、急ごしらえにはできない。何といっても、魚の身は崩れやすいため丁寧に慎重に扱う必要がある。簡単に説明しよう。

上手な扱い方

魚はあらかじめ 冷蔵庫から出しておく 必要があるのはなぜ？

肉と同様、魚は調理する前に、身の温度が少し元に戻るよう冷蔵庫から出して布巾の上に置いておく必要がある。フィレの場合は15〜20分、1尾丸ごとの場合は30〜40分そのままにしておく。

そうしておけば、中まで火が通る前に魚の表面が焼けすぎたり、パサパサになったりするのを避けることができる。でも気をつけて。これはいわゆる「ヒートショック」とは何の関係もない（「肉の加熱と加熱温度」の項、P.194参照）。

フィレは調理する15〜20分前に冷蔵庫から出しておく。

1尾丸ごとの場合は、調理する30〜40分前に冷蔵庫から出しておく。

まちがいだらけの常識

レモン汁で 「魚を調理できる」はうそ？

気をつけて。よく言われるようにレモン汁で「魚を調理する」ことはできない。魚は熱の作用でしか料理できない！

ただ、レモンの作用は加熱による作用に非常に近い。レモン汁をかけると、熱の効果ではなく、酸の効果で魚のpHが変わり、身が白くなって引き締まる。でも、身は生のままだ。加熱と同じような現象が起こるが、結果は異なる。

魚は肉を加熱するときより 低い温度で加熱する 必要があるのはなぜ？

魚のタンパク質は肉のタンパク質より低い温度で変性し、結合組織に含まれるコラーゲンの量は少ないものの、より低い温度でゼラチンに変わる。肉は60℃になると肉汁が外に出始め、70℃で乾燥し始めるが、魚は45℃で収縮し始め、50℃で乾燥し始める。

したがって、魚の身の温度が加熱によって高くなりすぎるのを絶対に避ける必要がある。

**❶ 魚はある種の肉のように
長時間加熱する必要がないのはなぜ？**

魚は水中に生息する。あらゆる面で肉と異なるのはそのためだ。陸上で生活する動物には、自分を支え、移動するために太い骨格、強力な筋肉、分厚い結合組織がある。しかし魚は、海や大洋で水の密度で支えられているため、締まった筋肉も分厚い結合組織も必要ない。魚の筋肉は締まってなく、結合組織も分厚くないため、肉よりずっとずっとはやく熱が通る。

魚は水の密度に「支えられて」いるが、
陸上で生活する動物は筋肉によって支えられている。

**❷ 加熱した魚の身が
ほぐれやすいのはなぜ？**

魚の筋肉はコラーゲンに囲まれた筋肉繊維でできているが、地上の動物の筋肉のようなまっすぐな形ではなく、"W" の形を取りながら互いに絡み合っている。問題は、魚のコラーゲンは陸上動物のコラーゲンよりずっと低い50℃前後で分解することだ。50℃に達するや否や、筋肉はコラーゲンで支えられなくなり、絡み合いがほどけて、薄片状にほぐれる。

コラーゲンが分解すると、
筋肉は薄片状にほぐれる。

❸ 肉のように、加熱後に魚を休ませるのは意味がないのはなぜ？

肉を加熱後しばらく休ませると、肉の表面の乾燥した部分が中心部に残っている肉汁を吸収して柔らかさを取り戻す。また、この肉汁が冷めると、とろみが出る。しかし魚の場合は、休ませても同じようなことは起こらない。魚には結合組織があまりたくさん含まれていない上に、身の温度はもっと急激に下がる、また、魚の身は崩れやすい。加熱後、魚を休ませれば、冷たくなった魚を食卓に出すことになる。

ここに注目！

マグロは他の魚に比べて、加熱すると
ずっと乾燥しやすく、硬くなりやすいのはなぜ？

マグロのように長い時間、勢いよく遊泳する魚の身は、その筋肉細胞中にたくさんのタンパク質が含まれており、これらのタンパク質は高温に熱せられると凝固し、その一部は他のタンパク質が収縮するときに魚のエキスと一緒に押し出される。その結果、身がすぐに乾燥する。また、押し出されずに残っているタンパク質は筋肉繊維の間で凝固し、互いにくっつき、身が硬くなる。

LA CUISSON DES POISSONS
魚の加熱調理

蒸す

蒸すと火の通りがはやいのはなぜ？

それは単に、蒸し器の中の湿った空気が加熱をはやめるから。蒸すのはとくに身の薄いフィレの加熱に最適で、中まで完全に火が通らないうちに表面に火が通りすぎるのを避けることができる。どうしても魚を1尾丸ごと蒸したいなら、70℃前後の低い温度で加熱すれば、中も表面もむらなく火が通るだろう。

蒸し器の中で
魚のフィレを重ねては
いけないのはなぜ？

蒸気はそれぞれのフィレの周りを通りながらすべてを加熱する。フィレを重ねれば、重なっている部分には蒸気が通れないため、むらなく加熱することができない。

蒸した魚の皮が
ゼリー状になってべとつくのはなぜ？

魚の皮には粘液や脂肪分、非常にたくさんのコラーゲンが含まれている。粘液は普通、加熱する前に取り除くが、蒸している間にゼラチンに変わるコラーゲンは残っている。このゼラチンが皮をゼリー状にする。

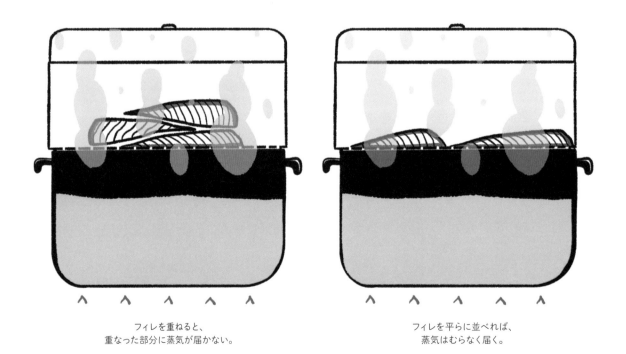

フィレを重ねると、
重なった部分に蒸気が届かない。

フィレを平らに並べれば、
蒸気はむらなく届く。

魚は水でなくフュメで茹でるべきなのはなぜ？

水で茹でた魚の茹で汁を飲んでみれば、茹でる前に野菜や香草を入れておいたとしても、その茹で汁は魚の味がするだろう。この味は、茹でている間に魚から出た風味によってついた味だから、魚は味が抜けて美味しくなくなっているはずだ。これは残念なこと……。茹でている間に、魚から風味が出てしまわないようにするためには、風味に満ちた液体の中で茹でる必要がある。だから、魚はフュメの中で茹でること。簡単で素早くできるからと言って、決して水でポシェしないように。

上手なポシェの仕方

ポシェする大きな魚を
非常に熱い液体の中に
入れてはいけないのはなぜ？

グツグツ煮立った液体の中に大きな魚を沈めると、魚の表面にはすぐに火が通るが、中心部まで熱が届くころには、表面は茹ですぎになる。しかし中火で茹でれば、熱はゆっくり伝わり、表面に火が通りすぎずに、中までむらなく茹で上がる。

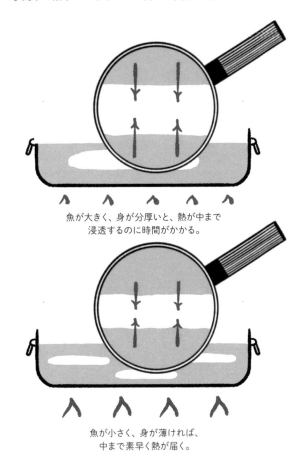

魚が大きく、身が分厚いと、熱が中まで
浸透するのに時間がかかる。

でも、小さな魚の場合は？

小さい魚はもちろん煮立った液体の中でポシェすれば良い。熱は分厚い身の中を通り抜ける必要がないから、表面に火が通りすぎることはない。小さい魚は非常にはやく茹で上がる。

魚が小さく、身が薄ければ、
中まで素早く熱が届く。

プロの裏技

オーブンでポシェすると素晴らしいできばえになるのはなぜ？

このポシェの方法は1986年に世界最高のシェフに選ばれ、次いで1989年にレストランのガイドブック「ゴ・エ・ミヨ」によって世紀のシェフに選ばれたスイス人の料理人フレディ・ジラルデが考案した。彼の料理技法はきわめて知的だ。ポシェとグリエを組み合わせ、皮はカリカリで、身は柔らかくとろけるように仕上げる。まず、香草を敷き詰めたフライパンに魚のフィレを置き、白ワインを魚の皮の位置まで注ぎ入れる。次に、このフライパンを蓋をしないまま熱したオーブンのグリルモードで、約15分加熱する。グリルの熱がワインを熱しながら魚の皮を乾燥させ、魚はワインでポシェされる。数分後、みごとにカリッカリの皮とポシェされた身が手に入る。驚くべき裏技！

LA CUISSON DES POISSONS
魚の加熱調理

ソテー

分厚い魚はソテーに向かないのはなぜ？

フライパンで加熱する場合は、普通、かなり高温で素早く加熱する。分厚い魚だと中まで十分火が通らないうちに表面が焼きすぎになる。だから、ソテーはむしろフィレか、あまり大きくない魚の丸焼きが適している。

ソテーする場合は、皮の扱いが非常に重要なのはなぜ？

加熱中、皮が身を保護している。皮がパリッとこんがり焼ければ、熱はゆっくり中に伝わる。ゆっくり熱が伝わるということは、むらなく火が通るということ。皮つきのフィレの場合、必ず強火で皮側から焼き始め❶、皮がこんがり焼けたら、弱火でそのまま焼き続け、ひっくり返して身側を弱火で焼く❷。

❶ 皮が焼けると熱がゆっくり中に伝わるが……。

❷ 身には熱がはやく伝わる。

グリエ（網焼き）

大きな魚をグリエするとき、分厚い部分に切り込みを入れる必要があるのはなぜ？

魚の厚みは場所によって違う。中央部分は分厚いが、縁と両端は薄く、短い時間で火が通る。むらなく火を通すための最も簡単な方法は、2cm間隔で深さ4～5mmの切り込みを入れること。そうすれば、最も分厚い部分にもはやく簡単に熱が通る。

切り込みを入れると、熱が通る中心部までの距離が短くなり、全体にむらなく火が通る。

塩釜焼きが素晴らしく美味しいのはなぜ？

魚を塩の層の中で焼く場合、塩の層と魚の間に隙間がまったくない。魚の身から出る蒸気が身のすぐそばでブロックされるため、魚は乾燥することなく、あらゆる風味を保てる。

塩釜焼きは魚に塩味をつけるためではないの？

塩釜焼きをする場合、ペースト状の塩の塊を作るために、レシピによっては、小麦粉や卵白、ハーブまたは香辛料をブレンドした粗塩が用いられる。この塩の塊は加熱すると乾燥して溶けなくなる。塩は溶けないため、塩味はつかない。

塩釜は魚の水分を閉じ込めるため、
加熱し焼けても乾燥しない。

紙包み焼きは風味が高まるのはなぜ？

紙包み焼きは、湿気が狭い空間の中に閉じ込められ、魚は自分から出るエキスの中で蒸される。ハーブや香辛料、数滴のオリーブオイルなどを加えても良く、そうするとまた新たな風味が醸し出される。でも、アルミホイルを使うのは避けること。アルミホイルを使うなら、その上にクッキングシートを1枚重ねる必要がある（「ぜひ揃えたいキッチン用品」の項、P.14参照）。

ベニェした魚がとても美味しいのはなぜ？

加熱すると、衣の外側が乾燥してすぐカリカリになる。そうなると、衣は熱が魚の中まで伝わるのを遅らせると同時に、魚の水分が衣を通り抜けて蒸気になるのを妨ぎバリアになる。最終的に、魚は自分の水分で蒸される状態になり、カリカリの衣に包まれた身は風味が高く柔らかいままだ。

美味！

揚げた骨は食べることができるのはなぜ？

揚げた骨は本当に美味しい！ もちろん、どんな魚でもというわけではない。大きな魚の骨は食べられないが、たとえば舌平目などの骨は食べられる。魚の骨には動物の骨ほどカルシウムは含まれていないが、コラーゲンは動物のコラーゲンより柔らかい。本当にこれは美味しいから、すぐやってみるべきだ！

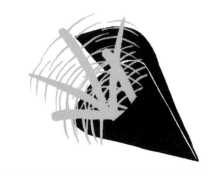

LA DÉCOUPE DES LÉGUMES
野菜の切り方

野菜は切り方次第で、その味や形、加熱時間、さらには一緒に加熱する他の食材の味まで変わることを知っていた？　知らない？　では、ニンジンを手に取って切ってみよう。

野菜の表面積が重要なのはなぜ？

このことについてはあまり語られないが、野菜の表面積は料理において非常に重要なこと。ところで「表面積」とは何だろう？　細切れの食材は大きく切った食材より早く火が通ることは誰でもよく知っている。しかし、あまり知られていないことがある。それは、野菜が小さく切ってあるほど、加熱中に周囲の環境と接する面積が大きくなるということだ。これが「（接触）表面積」で、風味や香気が互いにその面を介して出入りする。

ひとつの例を挙げよう。おや、ちょうどここにニンジンがある！

ニンジンが丸のままの場合、そのニンジンはひとつの体積を持つ。この体積を平面に展開するとひとつの面になる。ニンジンの皮をむき、その皮をひとつひとつ並べてみよう。それがこの体積を持つニンジンの表面積だ。次にこのニンジンを薄くスライスすると、ニンジンの体積は同じままだが、表面積は増大する。さらにさいの目に切れば、表面積はもっと増える。分かるかな？

続けよう。ニンジンを小さく切るほど、表面積は増え、加熱方法によって、風味をたくさん失ったり、反対に風味をもらったりする。たとえば、小さな角切りにしたニンジンを水の中で加熱すれば、たくさんの風味が失われる。でも、ほんの少しの水とバターと砂糖を一緒に加熱すれば、ニンジンにバターと砂糖の風味がたくさん加わる。

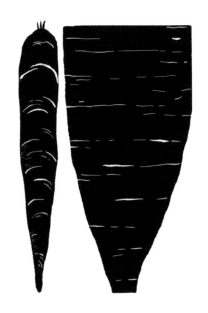

平らに置くと、
ニンジンの表面積はこうなる。
すごくない？

ちょっと深掘り！

表面積は加熱や仕上がりに大きく影響するのはなぜ？

では、表面積と切り方に応じて変わる加熱時間について考えよう。ニンジンが大きくカットされているほど加熱に時間がかかり、小さいほど加熱時間は短くて済む。当たり前だ！　そこが少々ややこしいところでもあり、面白いところでもある。

丸ごとのままのニンジンを非常に長い時間加熱しても、ニンジンの形は丸みを帯びて凸凹がないため、小片が剥がれ落ちることはほとんどない。

短い時間で加熱するためにニンジンを角切りにすれば、崩れずに無傷のままだ。しかし、長い時間加熱し続ければ、角切りの角がすぐ加熱しすぎになり、剥がれ落ちてピューレのようになるだろう。剥がれ落ちた小片は液体を濁らせる。その液体がフォンやブイヨンなら、大変なことだ。でも、それがソースなら、崩れ落ちた小片がソースに加わり、ソースを濃密にし、風味をもたらす。そうなれば、紛れもなく大満足！

さまざまな切り方とその表面積

※野菜を水またはブイヨンなどの中で加熱した場合、ブイヨンの風味が強ければ、野菜からは風味は逃げずに、逆にブイヨンの風味を吸収する（ポトフなど野菜の味を生かす料理ではこれが良い）。味のついていない水（湯）で加熱すれば、野菜から風味が湯の中に出て失われる（ブイヨンを作るときはこれで良い）。

厚み2mmの細長い薄切り

加熱によって早く風味が失われる、または得られる※が、長時間の加熱でも形はあまり崩れない。
2〜4時間の加熱：
家禽のブイヨン、肉のブレゼ

厚み4mmの細長い薄切り

加熱によって早く風味が失われる、または得られるが、長時間の加熱でも形はほとんど崩れない。
3時間以上の加熱：
ブイヨン、ポトフ

1mm以下の角切り

加熱によって非常に早く風味が失われる、または得られる。
10〜30分の短い加熱：
濃いソースのフォン

2〜3mmのブリュノワーズ（みじん切り）

加熱によって非常に早く風味が失われる、または得られる。
15分から1時間の中程度に短い加熱：
濃いソースのフォン

4〜5mmのマティニョン（細切れ）

加熱によって早く風味が失われる、または得られる。
30分から2時間の中程度に長い加熱：
ソースのフォン

10〜15mmのミレポワ（角切り）

加熱によって中程度に早く風味が失われる、または得られる。
2〜4時間の長い加熱：
ソースのフォン

厚み1mm、長さ4〜5cmのジュリエンヌ（千切り）

加熱によってきわめて早く風味が失われる、または得られる。
超短い加熱：
つけ合わせ、または、ソースのフォン

厚み3mm、長さ4〜5cmのバトネ（短冊切り）

加熱によって早く風味が失われる。
短い加熱：つけ合わせ

7〜8mm角のジャルディニエール（拍子木切り）

加熱によって中程度に早く風味が失われる。
中程度に短い加熱：
つけ合わせ

LA CUISSON DES LÉGUMES
野菜の加熱調理

最初に言っておくが、野菜の加熱は肉や魚の加熱とはまったく違う。野菜はすべてを平らに置けば、決して色あせたり、火の通りが悪くなったりしない。

シンプルにソテーした野菜のいい香り!

野菜の加熱方法が肉や魚の加熱方法とはまったく違うのはなぜ?

野菜を加熱する目的は、細胞膜同士を結びつけている結合組織を壊して柔らかくすることだ。肉や魚はもともと「柔らかい」食材だから(加熱して柔らかくする必要のある硬い肉を除いて)、加熱する目的はこれ以上柔らかくすることではなく、肉や魚に含まれるタンパク質を凝結させて変性させることだ。いずれの場合も、熱の作用を利用するが、その効果は非常に異なる。

でんぷんをたくさん含む野菜をその他の野菜とは区別する必要があるのはなぜ?

でんぷんはジャガイモや豆類、穀物のような特定の植物のエネルギー貯蔵物質だ。これらの野菜は「でんぷん質の野菜」という名前で区分される。でんぷんは、加熱しないと消化しにくいという特性がある。ためしに生のジャガイモを食べてみるといい。

でんぷんを加熱するにはもちろん熱が必要だが、水も必要とする。その水は、生のジャガイモをソテーしたりする場合は、ジャガイモに含まれる水分で足りる。

いずれの場合も、でんぷんに火が通り、消化しやすくなるまでにはある程度の時間がかかる。

でんぷんを含まない野菜は食感が重要で、たとえばニンジンなら生のままから十分に火を通すものまで、インゲンはアルデンテでなど、さまざまな火の通し方がある。

野菜はあらかじめ湯がいておくことがあるのはなぜ?

湯がくというのは、加熱時間や野菜の大きさに応じて、野菜をあらかじめ1〜3分、サッと茹でておくこと。加熱の仕上げは別のときに行う。この利点は、二段階に分けて加熱することで野菜の旨味が少しも損なわれないことだ。したがって、あらかじめ野菜を湯がいておいて、数時間かけて煮込んだ料理に付け加えるためにサッと加熱して仕上げたり、招待した客が訪れてから仕上げたりすることができる。

野菜をブイイする湯に塩を入れる必要があるのはなぜ？

湯に塩を加えると野菜が早く柔らかくなるため加熱時間が短くなり、その結果、野菜の細胞内の水分があまり失われない。早く火が通れば、芯のシャキシャキした食感はそのままで、みずみずしさも失わないため、細い野菜にとっては非常に都合が良い。

……でも、塩を入れないほうがいい野菜もある？

反対に、ジャガイモのように加熱に時間がかかる野菜は、湯に塩を加えるのは絶対に避けるべきだ。芯に火が通るころには、外側が柔らかくなりすぎて、崩れてしまう。

野菜は水でブイイするよりもブイヨンでブイイするほうがいいのはなぜ？

野菜を煮ると、野菜の風味の一部が煮汁の中に出てしまう。ブイヨンで煮れば、浸透現象によって、風味がすぐにたくさん失われることはない。煮込む野菜の皮を洗って手早くブイヨンを作るうまい手がある。野菜のくずを約10分煮立たせ❶、次にこれを取り出し❷、この「ブイヨン」の中で料理する野菜を煮込む❸。

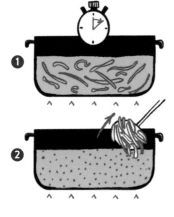

どうやったら効果的？ 調理の科学

緑色野菜はたっぷりの沸騰した湯で加熱する必要があるのはなぜ？

緑色野菜を加熱するときに問題になるのは、加熱の仕方が悪いとすぐに黄ばむということ。この問題を避けるためには、まず、なぜ色が変わるのかを理解する必要がある。これには2つの理由がある。ちょっと専門的だが、それほど難しいことではないので聞いてほしい。

❶ 緑色野菜の細胞には熱湯に入れるとたちまち溶けてしまう小さな気体の袋がたくさん含まれている。この気体が植物から放出されるとき、クロロフィラーゼという酵素が生成され、この酵素が緑色野菜の色素クロロフィル（葉緑素）を変質させる。この酵素は60〜80℃前後で非常に活発に働くが、沸騰温度である100℃に達すると消滅する。

緑色野菜をわずかの量の沸騰した湯の中に入れれば、湯の温度が急激に下がり、クロロフィラーゼは活性化し、湯の温度が再び上昇するまでの間、クロロフィルを破壊し続ける。

しかし、たっぷりの量の沸騰した湯に緑色野菜を入れれば、湯の温度はあまり下がらず、クロロフィラーゼは活性化しないため、野菜の緑色は失われない。

❷ 緑色野菜は加熱中に酸味の一部を失い湯の中に流れ出て、湯を少し酸性にする。問題は酸性の水が緑色野菜を褐色にすることだ。

大量の湯で緑色野菜を加熱すれば酸は薄められ、あまり褐色にならない。湯に小さじ半分の重曹を加えると酸が除去される。しかし、多すぎてはいけない。緑色野菜が柔らかくなりすぎるから。

野菜を茹でたら、その後すぐに冷水にくぐらせるのはなぜ？

茹でてすぐ食卓に出す場合は、冷水にくぐらせる必要はない。しかし、後で温める必要があるとき、またはサラダにするときは、このステップは欠かせない。茹でた野菜をザルに入れたままにしておけば、野菜を長い間、熱いままにしておくことになる。そうすると、加熱が続き、食べるころには、火が通りすぎている。しかし、冷水にくぐらせれば、直ちに野菜は冷めて、加熱が続くのを防げる。そうそう、野菜が冷めたら水切りをするのを忘れないように。さもないと、野菜は水を吸収しスポンジのようにブヨブヨになる。

LA CUISSON DES LÉGUMES
野菜の加熱調理

蒸す

蒸した野菜は、茹でたり、煮たりした野菜より食感が良いのはなぜ？

水分で加熱すると、野菜は水を吸収し、スポンジのようにフニャフニャになりやすい。
蒸気で蒸すと野菜の周りにある液体が少なく（蒸気中の水分は水そのものより少ない）、それほど水分を吸収しないため、食感があまり損なわれない。

蒸す場合、野菜によって火の通りがまちまちになりがちなのはなぜ？

蒸気の欠点は野菜に接触するとすぐに冷めることだ。その上、野菜は動かないため（沸騰する湯の中では野菜は動いている）、場所によっては熱が通りにくいところがある。そのため、火の通りがバラバラになりやすい。唯一の解決方法は、すべての野菜を薄く平らに並べられる非常に大きなセイロを用意することだ。

上手な蒸し方

蒸し器に入れる水に野菜の皮や香辛料を幾らか入れるといいのはなぜ？

水で加熱するときと同様に、蒸気は野菜の風味の一部を道連れにする。そのため、ほんのわずかではあるが野菜の風味が損なわれる。その埋め合わせをするために、野菜の下で熱する水の中に、野菜の皮や香辛料を加えるといい。
蒸気がくず野菜の風味や香辛料の香気で満たされていれば、野菜は風味をよりたくさん保つことができる。さらに先を行って、ニンジンをニンジンジュースで蒸す料理人もいる。そうすれば、非常にリッチな風味の蒸しニンジンができ上がるだろう。いいねえ、そう思わない？

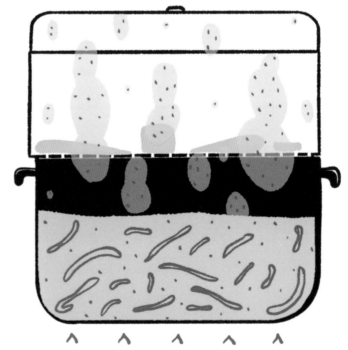

蒸気を風味で満たすために、
蒸し器の水に野菜の皮や香辛料を
迷わず入れよう。

加熱する液体が重要なのはなぜ？

ブレゼするには液体が必要だが、その量は鍋の中で蒸気を出すに十分なだけでよく、ブイイするのとは違う。一般に、鍋の中に十分な蒸気を作るには、鍋に入れた野菜の高さの4分の1の高さを超えないようにと考えられている。液体は水でもいいが、野菜または肉のブイヨンならもっといい。

加熱時間が長いため、野菜と液体の間で相互作用が起こり、浸透現象によって風味の交換が起こる。野菜のブイヨンを用いる場合、ブイヨン中のニンジン、きのこ類、セロリなどの風味がブレゼする材料より風味が強くないと、材料に思うように風味がつかないだろう。ブレゼをどんな風味に仕上げるかによって、ブイヨンを選ぶといい。

より美味しい ブレゼにするためには、大きなソテー鍋を使うほうがいいのはなぜ？

それは、すべての野菜が同じ量の蒸気を浴び、均一な加熱ができるよう野菜が重なるのを避けるため。ソテー鍋が大きいほど、野菜を重ねずに並べられる。

C.Q.F.D.／証明完了！

野菜は85℃以上の温度で、なおかつ沸騰させないでじっくり煮込むのが望ましいのはなぜ？

野菜の細胞はペクチンによって互いに結合し、バラバラにならない強度を保っていることをすでに学んだ。85℃はペクチンが崩れ始める温度で、水が沸騰する100℃になると、水は野菜をあらゆる方向に動かしながら蒸発し始める。85℃をわずかに超える温度を保っていれば、野菜は煮崩れすることなく、柔らかくなる。

プロの裏技

ブレゼの始めの段階で、香草材料とバターを加えると良いのはなぜ？

香草材料（タマネギ、ニンニク、きのこ、タイムなど自分の好みで）を炒めると、風味が出てブイヨンに移り、さらには煮汁や野菜の風味を豊かにする。

バターはほんの少し脂っぽさを加え、煮汁を乳濁させ、後味をもたらす。これぞ、ちょっとしたシェフの裏技。

煮汁の豊かな風味がブレゼ野菜を
一層美味しくする。

LA CUISSON DES LÉGUMES
野菜の加熱調理

エチュベ（素材の持つ水分だけで蒸し煮する）

エチュベは野菜の風味が最も保たれるのはなぜ？

これは野菜そのものの風味を最もよく保つ加熱方法である。たくさんの液体の中や蒸気の中で旨味を失ってしまうこともなく、こんがり焼けた香りやカラメルのような香ばしさもつかない。野菜そのものの風味の中で加熱される。

C.Q.F.D.／証明完了！

最高の仕上がりにするには大きくて縁の浅いソテー鍋を使う必要があるのはなぜ？

すべての野菜が鍋底の熱が当たる部分にじかに接するように、野菜が重なり合うことを避ける必要がある。そうすれば、すべての野菜にむらなく火が通る。また、鍋の縁が浅いほど、蒸気が狭い空間の中に閉じ込められ、鍋の中は蒸気で満たされ、野菜の水分があまり失われない。

……そして、ほんのわずかの水？

これは、野菜に含まれる水分があまりたくさん失われることなく、鍋の中に湯気が立ち込めるようにしたいためだ。したがって、敷き詰めた野菜の高さの4分の1の高さだけ水を加え、蓋をして、蒸気をソテー鍋の中に閉じ込める。野菜は加えた水の蒸気と野菜そのものから出る水分の蒸気で加熱される。

たくさんの蒸気と
非常にリッチな煮汁、
これがエチュベの秘密。

オーブンでの加熱は 水分や蒸気での加熱より ゆっくりなのはなぜ?

ひとつの理由は、空気は液体(水、ブイヨン、オイル)より、また熱したフライパンよりも熱を伝えにくいため。もうひとつの理由は、オーブンで加熱すると、食材から一部の水分が出て蒸気になり、食材に貼りつくように留まって保護バリアの役目をし、加熱を遅らせるから。

また、オーブン加熱だと、 非常に美味しそうな風味が 得られるのはなぜ?

オーブンでは、調理皿に直接接している面だけでなく、あらゆる面に熱が当たるため、ソテー鍋やフライパンより広い面積に焼き色がつき、高い風味が得られる。

上手なエチュべの仕方

オーブンに入れる前に、 野菜に少しオイルをかける 必要があるのはなぜ?

いくつか理由がある。
1) オイルは、野菜よりオーブンの空気熱をずっと速く、たくさん捕えるため、オイルをかけると野菜の温度を高めて加熱を速める。
2) 野菜の表面の温度が上昇して早く焼き色がつき、加熱時間が短縮される。
3) オイルが野菜に含まれる糖分をカラメル化し、信じられないほどたくさんの美味しい風味を放つ。

野菜をオーブンで加熱するとき、 野菜が重ならないように置く必要があるのはなぜ?

野菜が重なっていると、重なっている部分に熱が伝わりにくく、とりわけ、下になっている野菜から蒸気が逃げ出しにくく、パリッと焼けないで、しなってしまう。

大きなぶつ切りにした野菜は、 初めはアルミホイルで覆う必要があるのはなぜ?

アルミホイルで覆うと、野菜は野菜そのものの水分で加熱されて乾燥しない❶。15分ほどしたら、オーブンから出してホイルを取り、オリーブオイル小さじ2〜3杯をふり注ぎ❷、かき混ぜ、オーブンに戻して野菜をこんがり焼き、カラメル色にする❸。

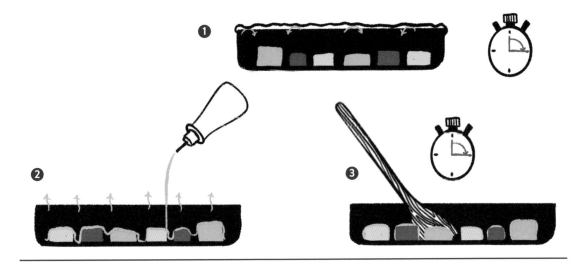

LA CUISSON DES LÉGUMES
野菜の加熱調理

ソテー

野菜をソテーすると
非常に美味しくなるのはなぜ？

ソテーは非常に高い温度である。そのため、メイラード反応がたくさん起こり、野菜の食感を残したまま野菜中の糖分がカラメル化する。
野菜ソテーを成功させるために重要な4つのコツがある。
1- 素早く火が通るように、野菜はごく薄く切る。
2- メイラード反応が起こるように強火にする。
3- メイラード反応がたくさん起こるように、また野菜がフライパンや中華鍋にくっつかないように、そして揮発性の香気を逃さないように、適量のオイルを使う。
4- 野菜が焦げないように絶えずかき混ぜる。

健康のため

野菜のソテーは
たくさんの栄養分が逃げないのは
なぜ？

この加熱方法は液体を使わずに非常に素早く行う。栄養分が溶けだす時間がなく細胞内に閉じ込められたままのため、野菜本来の持ち味が損なわれない。

ここに注目！

ソテーには中華鍋が
最適なのはなぜ？

中華鍋には野菜炒めに適する大きな利点が2つある。
1）底が丸くなっているため、絶えずかき混ぜても、野菜が中央に戻ってくる。
2）フライパンやソテー鍋よりずっと高温に耐えられ、優に400℃を超えられる。
加熱速度が非常に速く、メイラード反応がたくさん起こり、野菜は加熱してもシャキシャキした歯ごたえを失わない。
文句なしに最高！

中華鍋の熱は
野菜の歯ごたえを
保ったまま素早く
炒めることができる。

野菜ソテーに
バターを使うのは
避けるべきなのはなぜ?

バターは130℃を超えると焦げる。フライパンでは200℃前後、中華鍋では300～400℃というソテーに必要な高温には耐えられない(「バター」の項を参照)。

オイル以外の油脂を
使うこともできるのは
なぜ?

ああ、それは食通たちが好むちょっとした技だ。オイルの代わりにガチョウかカモの脂を使うと野菜にカモやガチョウの香りがつく。アスパラガスやインゲンでやるとこの上なく美味しい……。

野菜が非常に小さく切ってあれば、フライパンまたは
中華鍋に直接オイルを入れるほうがいいのはなぜ?

「オイルとその他の油脂」の項で、フライパンで加熱する前に食材にオイルをかけると良いということを学んだ。しかし、ごく小さく切った野菜をソテーする場合は事情が違う。なぜなら、野菜がフライパンまたは中華鍋に接する面は非常に小さいため、大量のオイルで野菜をくるんでも意味がない。
したがって、まずフライパンまたは中華鍋を熱し、煙が出たらオイルを注ぎ、すぐに小さく切った野菜を入れる。そして絶えずかき混ぜながら焦がさないように炒める。

加熱の最後に鍋底に焼きついた焼き汁を
伸ばす必要があるのはなぜ?

加熱中に、たくさんの美味しい焼き汁ができる。フライパンの底にこびりついたこの焼き汁を取り戻さないのはいかにももったいない❶。そこで、アジアで行われているように、醤油を少々たらし、小さじ2～3杯のブイヨンを入れてこびりついた焼き汁を剥がし❷、美味しいソースのフォンを作る❸。バターを少々加えてもいい。

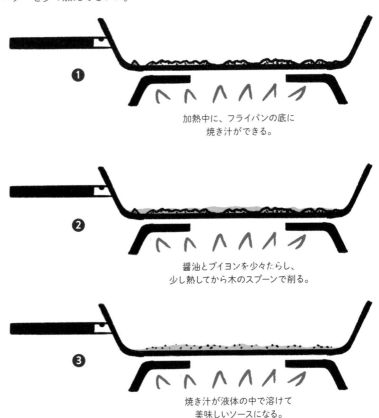

❶ 加熱中に、フライパンの底に
焼き汁ができる。

❷ 醤油とブイヨンを少々たらし、
少し熱してから木のスプーンで削る。

❸ 焼き汁が液体の中で溶けて
美味しいソースになる。

LES FRITES
フライドポテト

「フライドポテト、フライドポテト!」毎週末に、子どもたちがこう叫ぶ。正直なところ、ファーストフードの冷凍ポテトで済ませたい誘惑にもかられる。でも、ダメダメ、楽することに負けてはダメ!　自家製の本物のフライドポテトを作ろう。子どもたちのヒーローであれ、そしてフライドポテトの王様になろう!

どうやったら効果的?　調理の科学

フライヤーの数に応じて
ジャガイモを選ぶ必要があるのはなぜ?

詳しく述べよう。フライヤーの数によってジャガイモの種類を選ぶ必要がある。

2つのフライヤーで揚げる場合、でんぷんをたくさん含んだジャガイモを選ぶといい。これには2つの理由がある。

1) ジャガイモに含まれる水分の一部はでんぷんが膨らむのに使われる。でんぷんの含有量が多いジャガイモほど、含まれる水分は少ない。フライドポテトから蒸発する水分が少なければ、最初のフライヤーから2番目のフライヤーに移る間に油がポテトにあまり浸透しない。

2) でんぷんは非常に短い時間でフライドポテトの表面をこんがりカリカリにする。

しかし、ひとつだけのフライヤーで揚げる場合は、でんぷんの含有量が少なく、水分が多い、したがって柔らかいジャガイモを選ぶ必要がある。これにも単純な理由がひとつある。ひとつのフライヤーで揚げると、より時間がかかり、水分の蒸発が長く続く。ジャガイモの中に水分が多い方がジャガイモは溶けるように柔らかいまま揚がる。

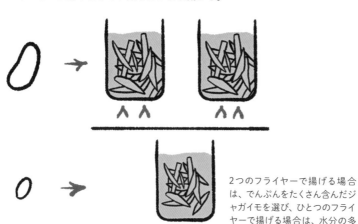

2つのフライヤーで揚げる場合は、でんぷんをたくさん含んだジャガイモを選び、ひとつのフライヤーで揚げる場合は、水分の多い柔らかいジャガイモを選ぶ。

豆知識

「当店のフライドポテトは
手切りポテト」
と謳っているレストランが
あるのはなぜ?

その店のフライドポテトは冷凍ものではなく、品質の高い自家製だということを暗に宣伝しているのだ。ジャガイモを包丁でカットすれば、ひとつひとつのフライドポテトはどれも同じではない。少し太かったり、長かったりする。このように不揃いであることで、ひとつひとつが独特の風味を持つ。機械で切ったフライドポテトはどれも同じ風味だ。包丁で切ったフライドポテトは風味も歯触りも非常に豊か。

ポテトフライヤーについての2つの疑問

ポテトは2つのフライヤーで
揚げるべきなのはなぜ?

ジャガイモは熱が外側から中に伝わることで加熱される。しかし、ジャガイモには熱を非常に伝えにくいという問題がある。厚み8mmのフライドポテトを180℃のオイルで揚げるとき、中が100℃に達するのに5分かかるが、その間に、外側は火が通りすぎて黒焦げになる。

この問題を解決するには、初めは120〜130℃のあまり高くない温度のフライヤーで加熱して、外側が焦げないように中を加熱する❶。次に、180℃に熱した2番目のフライヤーに入れ、カリッとさせるために2分間、加熱する❷。ほら、中まで火が通ったカリッカリのフライドポテトのでき上がり!

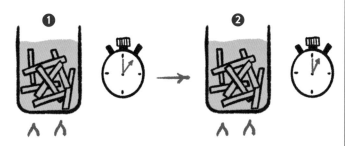

では、ひとつのフライヤーで揚げても
非常に良い結果が得られるのはなぜ?

そう、分かっている。私は先ほどフライドポテトは2つのフライヤーで揚げるべきと言ったばかりだ。だが、それはオーソドックスなフライドポテトの作り方。ひとつのフライヤーでもうまく揚げられるのだ!　時間は少し長くかかるが、2つのフライヤーで作るのと変わらない美味しさになる。

❶ ココット鍋にジャガイモを入れ、常温の揚げ油をヒタヒタに入れて15分間、弱めの火力で熱する。絶対にかき混ぜないこと!

温度が上がってくるにつれ、ジャガイモに含まれる水分がゆっくり蒸発し、中にちょうど良く火が通る。

❷ 表面がこんがりとし始めたら、さらに10〜15分加熱する。オーソドックスな揚げ方より低い温度のため、ジャガイモの水分はあまり失われずに、外側はカリッカリで、中は柔らかい。

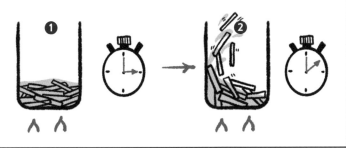

失敗した
フライドポテトが
脂っこいのはなぜ?

1番目のフライヤーで揚げるとき、ジャガイモに含まれる水分の一部が蒸気に変わって、ジャガイモから失われる。この蒸気は非常に小さな泡となってオイルの中を上っていく。ジャガイモからこの泡が出ている間は、オイルはジャガイモの中に入れない。しかし、ジャガイモをフライヤーから出すと、内圧が急に下がり、蒸気が再び液体になる。ジャガイモは失った水分の埋め合わせをするために、ジャガイモを覆っているオイルを吸収する。そうなるとおしまいだ。ジャガイモは中まで油っこくなる。

幸いなことに、この問題を解決する方法が2つある。

1- ひとつめのフライヤーからフライドポテトを出したら直ちに2番目のフライヤーに入れる。

2- フライヤーから出したらすぐ、フライドポテトがオイルをほんの少ししか吸収しないように、ふき取る。

どんな揚げ方でも、
フライドポテトの
オイルをすぐに拭く
必要があるのはなぜ?

ジャガイモを上手に揚げれば、油っぱいのは外側だけだ。でも、そのオイルの量は非常に多い。100gのフライドポテトに25gのオイルがついている。これは実に全重量の4分の1に当たる。フライヤーから出したらすぐオイルをキッチンペーパーで拭き取れば、この残留オイルの4分の3を取り除くことができる。そうすれば、重量の25%だったオイルを10%に減らせるのだ。わざわざ拭き取る価値は十分にある。

LES ŒUFS POCHÉS
ポーチドエッグ

ポーチドエッグ、それは正にアートだ。上手に作るコツを教えよう。

ポーチドエッグを作るときは
特に新鮮な卵を選ぶべきなのはなぜ?

卵が非常に新鮮なら、卵白は濃厚で卵黄の周りにまとまっている。そのため、茹で水の中にほとんど散らばらない。ところが古い卵だと、卵白は水のように液状になっている。そんな卵をポシェすれば大惨事だ。卵白が鍋の中に散乱し、卵黄が卵白から離れてしまう。完全な失敗!

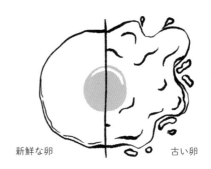

新鮮な卵　　　　　　　古い卵

上手な作り方

ポシェする前に
卵をふるいに通す
必要があるのはなぜ?

1週間以上前に購入した卵を使う場合、液状になった卵白を取り除いて濃厚な部分だけを残すために、ふるいの上で卵を「割る」必要がある。

ポシェする湯に酢を加えるといいのはなぜ?

酢は湯を酸性にして卵白が凝固するのを早める。卵白がより早く凝固すれば、鍋の中に卵白があまり散乱しない。でもたくさん加えないように。大さじ3〜4杯で十分だ。また、卵白に色がつかないように、無色の酢を選ぶこと。半熟卵や固茹で卵を茹でる湯にも酢を入れるといい。不幸なことに殻にひびが入ってしまったら、酢が即座に卵白を凝固させて保護栓を形成する。

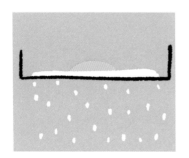

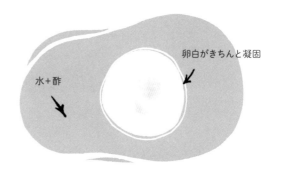

卵白がきちんと凝固

水＋酢

卵を熱湯でポシェするのは避けたほうがいいのはなぜ?

「肉のポシェ」の項で学んだように、湯が沸騰すると、あらゆる方向に揺れ動き、大きな泡が上がってくる。泡がブクブク噴き出している熱湯の中で気を使いながらポーチドエッグを作りたい?　湯を沸騰させ、それから火を弱めて、ほんの少し揺れる程度の温度にする。そうすれば、湯の動きは激しすぎず、ポシェするのにちょうど良い。

卵は片手鍋の中にじかに割り入れるより、
茶碗の中で割るべきなのはなぜ？

卵の形がくずれないように、湯の中で散乱するのを避ける必要がある。熱湯の中に直に卵を割り入れると、卵白が散乱し、ポーチドエッグは失敗に終わる。

しかし茶碗の中で割り❶、熱湯の中にそっと卵を入れれば❷、卵白の凝固が少しずつ始まり、卵白は散乱しない❸。これでポーチドエッグは完璧！

C.Q.F.D.／証明完了！

片手鍋の中に
あらかじめ渦を作ると
いいのはなぜ？

ポシェする湯に渦を作り（たとえば、時計の針の方向にスパチュラを回しながら）、卵を入れると渦の中に取り囲まれる。難点は、卵が細長い楕円形になりがちで、オーソドックスなポーチドエッグより形が美しくないことだ。

豆知識

前もってポーチドエッグを作っておき、
後で温めることができるのはなぜ？

ポーチドエッグを数人分一度に作るのはやはり難しい。

うまいやり方がある。前もってポーチドエッグを作り、ボールに入れた冷水に沈めておく。次に、片手鍋で沸かした湯気が立ったばかりの、沸騰したり、揺れ動いたりしていない湯にもう一度、2〜3分入れるだけでいい。湯の温度は温めるのに十分な程度で、もう一度加熱されるほどの高い温度にならないように。

LES ŒUFS DURS ET AU PLAT
茹で卵と目玉焼き

誰かが「あっちへ行って、卵でも焼いてこい！」と追い立てられていたけれど、彼が作るのは目玉焼き、それとも茹で卵？

固茹で卵は沸騰点以下の温度で茹でる必要があるのはなぜ？

成分中の水分を失いすぎない卵を茹でるコツは、沸騰点以下の温度で茹でること。こうして水分がたくさん蒸発しすぎないようにすれば、パーフェクトな固さの茹で卵ができる。加熱時間は10～11分で良い。

気をつけて！

茹ですぎの茹で卵の白身はゴムのようで、黄身は砂のよう……

卵は加熱時間が長いほど、成分中の水分がたくさん殻を通って蒸発する（「卵」の項を参照）。卵白の水分が少なくなると、卵白は硬くなり、弾力が出てゴムのようになる。卵黄の水分が少なくなると、卵黄は砂のような舌触りになる。ちょうど良い固茹で卵を作るのはそれほど難しくないが、それでもやはりちょっとした注意が必要だ。

……そして、腐った卵のような臭いがするのはなぜ？

卵を高温で茹でると、卵白はゴムのようになり、卵黄は砂のような舌触りになった後に、成分中のタンパク質が分解されて硫化水素が放出され、腐った卵のような匂いをもたらす。また、この硫化水素が卵黄の鉄と反応して、卵黄の周りを緑色にする。これは卵を茹ですぎた証拠。

茹ですぎの卵／パーフェクトな固茹で卵

上手な茹で方

固茹で卵を作るとき、加熱中に卵を揺らす必要があるのはなぜ？

そう、揺らす。でも、そっと。卵黄は卵白よりも密度が乱れやすい。卵黄はカラザという薄膜によって卵の両端から支えられているが、急速に加熱すると殻の近くにずれてしまう。加熱中に卵を揺らすと、卵黄は中央にとどまり、加熱のしすぎが避けられる。あくまでもそっと揺らすこと！

揺らした茹で卵

揺らさなかった茹で卵

目玉焼きを作るとき、「濃厚卵白」を破るほうがいいのはなぜ？

とても新鮮な卵は卵黄がたくさんの濃厚卵白に囲まれている。目玉焼きがうまく焼けないのは、いつもこの卵白が原因。なぜなら、普通の卵白は62℃で凝結するのに、濃厚卵白は64℃で凝結するからだ。

問題は、この濃厚卵白が普通の卵白の上に浮かんでいること。濃厚卵白に熱が届くまでに、とろりと流れる美味しい卵黄が乾燥して硬くなる。

だから、フォークの歯を濃厚卵白の下に通して、これを破り、卵黄から剥がす必要がある。そうすれば、卵黄を加熱しすぎないで卵白にむらなく火を通すことができる。

―――――― どうやったら効果的？　調理の科学 ――――――

目玉焼きを焼いている間に卵黄に塩をふるのは避けるべきなのはなぜ？

塩は親水性である、つまり水を吸収する。卵黄に塩をふれば、塩の結晶の一粒一粒が卵黄に含まれる水分をほんの少し吸収し、卵黄はその場所だけ乾燥する。よく見ると、黄身に薄い小さな斑点がついているのが分かるだろう。目玉焼きに塩をふるのは、白身だけ、または焼いた後にしよう。

ミラーエッグの黄身が見えないのはなぜ？

黄身を覆う濃厚卵白が透明になって鏡のように光を反射すると、「ミラーエッグ」だと言われる。黄身を焼きすぎないでミラーエッグを作るには、卵をオーブンで焼くか、できるだけぴっちり蓋をして、熱源にじかに接しない濃厚卵白が蒸気で加熱されるようにするといい。

魚を食べると
頭が良くなると
言われるのはなぜ?

掲載項目一覧

〈翻訳版参考文献〉

『料理の科学大図鑑』 スチュアート・ファリモンド 著　辻静雄料理教育研究所 監修　2018年　河出書房新社
『応用自在な調理の基礎 ―フローチャートによる系統的実習書（西洋料理篇）』 川端晶子 著　2000年　家政教育社
『フランス料理の歴史（角川ソフィア文庫）』
ジャン＝ピエール・プーラン、エドモン・ネランク 著　山内秀文 翻訳・解説 2017年　KADOKAWA
『フランス食肉辞典』 田中千博 編著　1991年　三領書房
『フランス料理仏和辞典』 佐藤巌 著　1987年　イトー三洋
『フランス　食の辞典』 日仏料理協会 編　2007年　白水社
『新　フランス料理用語辞典』 日仏料理協会 編　2009年　白水社
『イタリア料理用語辞典』 町田亘・吉田政国 編　1992年　白水社

謝辞

エマヌエル・ル・ヴァロワに深く感謝する。本書の執筆中、変わらぬ信頼をもって私を支えてくれ、適切な助言を与えてくれた。これほど力強い協力者は他にいないだろう。ありがとう！

そしてヤニス・ヴァルツィコスにも心から感謝する。豊かな想像力と繊細さを生かした人間味溢れる筆致のデッサン、そしてギリシャ的な知性とイギリス紳士的な冷静さに。

エフハリスト ポリ、オンブレ！（ありがとう！）

また、マリオン・ピパールにも感謝。原稿を何度も読んで、修正し、誰にでも読みやすく、分かりやすく、楽しめるように編集してくれた（大変な作業だった！）、ありがとう！

レイアウトを工夫してくれたソフィ・ヴィエットと最終的な読み返しをしてくれたサブリナ・ベンデルスキーにも、ありがとう！

そして最後に、ずっと支えてくれた妻のマリーヌに大きな大きな大きな感謝を！

そして子どもたちにものすごくでっかい愛情を！ 君たちはひっきりなしに、なぜ、なぜ、どうして？ と質問してくれたね。だからお父さんはその答えが分からないときは必死になって調べたんだ。愛しているよ！

アルテュール・ル・ケンヌ

著者／ **アルテュール・ル・ケンヌ** Arthur le Caisne

料理研究家。アートディレクター。レシピ本のノウハウをイラストを使って分かりやすく分析した『La cuisine, c'est aussi de la chimie（料理は化学だ）』（フランス MARABOUT〈マラブー〉社／未邦訳）を2013年に、『フランス式おいしい肉の教科書』（小社刊）を2017年に出版し、どちらもフランスでベストセラーとなる。
『フランス式おいしい肉の教科書』はフランスでは2万8000部を発行※7カ国語での発売が決定。また、本書『フランス式おいしい調理科学の雑学』も発売から半年で4万3000部を発行し、テレビや新聞・雑誌など、多数のメディアでも取り上げられているほか、中国、台湾、韓国、ドイツ、イタリア、スペイン、ロシアでの発売が決まっている。　　　　　※2020年3月時点でのデータ

絵／ **ヤニス・ヴァルツィコス** Yannis Varoutsikos

アーティスト・ディレクター、イラストレーター。フランスのMARABOUT（マラブー）出版社の書物のイラスト、デザインを多数手掛けている。主にイラストを手がけた本として『Le vin c'est pas sorcier』（2013※改訂版2017）〈日本語版『ワインは楽しい！』（小社刊）〉、『Le Grand Manuel du Pâtissier』（2014）〈日本語版『美しいフランス菓子の教科書』（小社刊）〉などがある。
lacourtoisiecreative.com

訳者／ **広野和美** Kazumi Hirono

フランス語翻訳者。大阪外国語大学フランス語科卒業。長年、実務翻訳に携わる。主な訳書に『フランス式おいしい肉の教科書』（小社刊）、『パリとカフェの歴史』ジェラール・ルタイユール著（共訳、原書房）、『北欧とゲルマンの神話事典』クロード・ルクトゥ著（共訳、原書房）などがある。

フランス式 おいしい調理科学の雑学
料理にまつわる700の楽しい質問

2020年4月24日　初版第1刷発行
2021年2月11日　　　第3刷発行

著者／ アルテュール・ル・ケンヌ
イラスト／ ヤニス・ヴァルツィコス

翻訳／ 広野和美
翻訳協力／ 株式会社リベル
制作協力／ 高橋信之（東京農業大学 応用生物科学部
食品安全健康学科 教授）
校正／ 株式会社 ぷれす
装丁・DTP／ 小松洋子
制作進行／ 関田理恵

発行人／ 三芳寛要
発行元／ 株式会社パイ インターナショナル
〒170-0005 東京都豊島区南大塚2-32-4
tel. 03-3944-3981　fax. 03-5395-4830
sales@pie.co.jp

印刷・製本／ シナノ印刷株式会社

© 2020 PIE International
ISBN978-4-7562-5350-7 C0077
Printed in Japan